社会工作概论

主　编　张　明
副主编　汪　萍　朱爱华

苏州大学出版社

图书在版编目(CIP)数据

社会工作概论 / 张明主编. —苏州：苏州大学出版社,2017.7
ISBN 978-7-5672-2105-5

Ⅰ.①社… Ⅱ.①张… Ⅲ.①社会工作－概论 Ⅳ.①C916

中国版本图书馆 CIP 数据核字(2017)第 082174 号

内容简介

本书在借鉴大量国内外已有研究成果的基础上，对社会工作的历史、理论、方法和实务做了比较全面的介绍。全书阐述了社会工作的基本概念、起源与发展、哲学基础和专业伦理、人类行为与社会环境等基础理论知识。系统地介绍了个案工作、小组工作、社区工作、社会工作行政、社会政策、社会工作督导、社会工作研究等社会工作的主要专业方法。简要地介绍了儿童、老年、残疾人、矫正等社会工作主要实务领域的基本知识，并对社会工作的发展态势进行了初步探讨。本书可以作为社会工作及其相关专业本专科学生的参考书和教材，同时适宜政府部门的相关行政人员、社会服务机构的实际工作者和对社会工作有兴趣的人士阅读使用。

社会工作概论
张　明　主编
责任编辑　许周鹣

苏州大学出版社出版发行
(地址：苏州市十梓街1号　邮编：215006)
宜兴市盛世文化印刷有限公司印装
(地址：宜兴市万石镇南漕河滨路58号　邮编：214217)

开本 700 mm×1 000 mm　1/16　印张 18　字数 323 千
2017 年 7 月第 1 版　2017 年 7 月第 1 次印刷
ISBN 978-7-5672-2105-5　定价：45.00 元

苏州大学版图书若有印装错误，本社负责调换
苏州大学出版社营销部　电话：0512-65225020
苏州大学出版社网址　http://www.sudapress.com

目录

第一章　绪　论 /001
　　第一节　什么是社会工作　/001
　　第二节　社会工作与相关学科的关系　/011
　　第三节　社会工作的功能　/015

第二章　社会工作的起源与发展　/019
　　第一节　社会工作产生的背景　/019
　　第二节　社会工作的产生与发展　/021
　　第三节　中国社会工作的历史与发展　/029

第三章　社会工作的哲学基础、价值观与专业伦理　/037
　　第一节　社会工作的哲学基础　/037
　　第二节　社会工作的专业价值与伦理　/042
　　第三节　社会工作的职业操守　/049

第四章　人类行为与社会环境　/053
　　第一节　人类行为和社会环境的含义及其关系　/053
　　第二节　人类行为与社会环境的相关理论　/058
　　第三节　生命周期与人类行为、社会环境　/062

第五章　个案工作　/070
　　第一节　个案工作概述　/070
　　第二节　个案工作基本理论流派　/072
　　第三节　个案工作的基本过程　/081
　　第四节　个案会谈的各类技巧　/084

第六章　小组工作　/090
　　第一节　小组工作概述　/090

第二节　小组工作的理论基础与工作模式　/ 093
第三节　小组工作的过程　/ 101

第七章　社区工作　/ 109
第一节　社区工作概述　/ 109
第二节　社区工作的策略模式　/ 113
第三节　社区工作的程序　/ 121

第八章　社会工作行政　/ 128
第一节　社会工作行政的含义与性质　/ 128
第二节　社会工作行政计划　/ 132
第三节　社会服务机构运作　/ 136
第四节　社会工作人力资源管理　/ 141
第五节　社会服务资金筹集　/ 146

第九章　社会政策　/ 151
第一节　社会政策概述　/ 151
第二节　社会政策的意识形态　/ 154
第三节　社会政策的运行过程　/ 157
第四节　中国社会政策相关内容简介　/ 166

第十章　社会工作督导　/ 172
第一节　社会工作督导的内涵与特征　/ 172
第二节　社会工作督导的功能与意义　/ 174
第三节　社会工作督导的方法、类型与原则　/ 176
第四节　社会工作督导的内容　/ 180
第五节　社会工作督导的过程与技巧　/ 184
第六节　社会工作督导面临的挑战　/ 187

第十一章　社会工作研究　/ 194
第一节　社会工作研究的含义与功能　/ 194
第二节　社会工作研究的伦理准则　/ 197
第三节　社会工作研究的基本程序　/ 200
第四节　社会工作研究的方法论和研究范式　/ 207
第五节　社会工作研究的主要方法　/ 209

第十二章　社会工作实务　/ 215
  第一节　社会工作实务概述　/ 215
  第二节　老年社会工作　/ 219
  第三节　儿童社会工作　/ 227
  第四节　残疾人社会工作　/ 237
  第五节　矫正社会工作　/ 248

第十三章　社会工作发展态势　/ 258
  第一节　社会工作发展的背景　/ 258
  第二节　社会工作模式重构　/ 261
  第三节　社会工作发展的推进策略　/ 267

主要参考文献　/ 276

后　记　/ 282

第一章 绪 论

社会工作的思想源远流长,而作为一门新兴的专业和职业的社会工作,则是近现代社会的产物。19世纪末20世纪初,专业社会工作在西方发达国家诞生,其后渐次传播到其他国家或地区。一个多世纪以来,社会工作在解决社会问题、增进人类福祉的过程中逐步成长并发展成为一门学科。

第一节 什么是社会工作

一、社会工作的定义

在我国,学科意义上的社会工作一词是由英文 social work 直译而来。在英语世界中 social work 指的是专门从事社会服务的职业性的活动,在有些国家和地区,又被称为社会服务或社会福利服务。长期以来,关于社会工作的定义有许多不同的表述。有的把社会工作看成是由政府机构或民间团体所提供的社会服务;有的把社会工作看成是解决社会问题的工作;也有的把社会工作看成是一种助人的方法和技术;还有学者认为,社会工作与社会福利、社会服务三个名词可一并使用,因为这三者是指同样的一件事情。社会福利是理想目标,社会服务是实现理想目标的各种活动,而社会工作则是社会服务活动的方法和技术。也就是说,必须运用社会工作专业方法和技术开展社会服务活动,才能达成积极的社会福利目标。1959年,由美国社会工作教育委员会资助的《课程研究》项目中,对社会工作提出如下定义:社会工作以个人与其环境互动所形成的社会关系为切入点开展工作,寻求增强个人的社会功能——既包括单独的个人,也包括群体中的个人的社会功能。联合国于1960年出版的《国家社会服务计划的发展》指出,社会工作是一种用以协助个人及其社会环境,以使其更好地相互适应的活动。

关于社会工作的不同表述,早在1947年联合国举行各国社会工作教育概况调查时,33个国家所提供的"社会工作"定义就达33种。我国台湾学者李增禄通过研究多种不同定义后认为,这些定义可分为三类,而这三类又分别与社会工作发展的三个阶段相吻合。

第一类定义是把社会工作视为一种个人的慈善事业,是中上层社会人士基于人道主义或宗教信仰的驱使,自觉为社会上贫苦及不幸者举办的慈善施舍。这一定义反映了社会工作初期阶段的实际内容。

第二类定义是把社会工作视为由政府或私人社团所举办,以解决各种因经济困难所引起的问题为目的的各种有组织的活动,包括对社会上失业、贫苦、疾病、衰老、残疾、孤寡等各种经济方面的扶助与救济事业,也包括科学的调查活动、对贫穷的预防和待救者的设施重建等。这一定程度上反映了社会工作中期阶段的实际内容。

第三类定义是把社会工作视为一种由政府或私人社团所举办的服务事业。这种服务不分性别、年龄与贫富,以协助任何人发挥其潜能,使其获得美满有效的生活为目的。这个定义的要点在于:一是将社会工作的范围加以扩大,不仅包括对贫困者的扶助,还包括一个国家或政府保障人民经济安定与社会安全,以及促进社会福利的各种大规模或全国性的社会计划;二是将社会工作的中心不仅放在被救助者社会关系的调整和社会生活的改善上,而且放在整个社会制度与整个社会关系的调整和革新上;三是对被救助者的工作方式不仅限于物质的扶持,而且发展到专业的咨询服务,以协助其自主自立及其潜能的发挥;四是社会工作的对象不仅限于某些贫困者或遭遇其他社会问题的人,而是普及全体社会成员。

改革开放以来,随着社会学、社会工作专业的恢复与重建,我国学术界开始对社会工作的理论与实践进行探究。关于社会工作的定义,形成了一些不同的观点。费孝通先生于1981年指导和主持编写的《社会学概论》一书认为:社会工作就是在党和政府领导下应用各种社会力量(包括民间和各种群众团体的力量)对群众的社会生活福利事业进行管理,其中特别是对丧失或缺乏适应社会生活的人,采取适当措施,帮助他们恢复健全的社会生活,维持社会秩序,保持一定的社会制度的巩固与发展。① 王思斌认为,社会工作是以利他主义为指导,以科学的知识为基础,运用科学的方法进行的职业性的助人服务活动。② 李迎生认为,社会工作是遵循以人为本、助人自助、平等公正的专业价值观,在社会服务及社会管理等领域,综合运用专业知识、技能和方法,帮助有需要的个人、家庭、群体和社区,整合社会资源,协

---

① 《社会学概论》编写组:《社会学概论》,天津人民出版社,1984年版,第336页。
② 王思斌主编:《社会工作导论》,北京大学出版社,2011年版,第5页。

调社会关系,预防和解决社会问题,促进社会稳定和谐的专业和职业。① 顾东辉认为,社会工作即福利部门和服务机构针对个人、团体(家庭或小组)、社区、组织、社会等与其外在环境的不当互动而形成的弱势情况,利用专门的方法和技术,协助当事人改变或推动环境的改变,促进两者的适应性平衡。②

概而言之,学术界关于社会工作定义的不同表述主要分为三类:一是基于方法的,重点强调社会工作具有专业的方法、技巧,是专业的助人活动;二是基于内容的,重点强调社会工作针对特定对象、问题而开展,希望达成特定的目标;三是基于综合的,重点强调必须综合性地对社会工作进行定义。本书认为,一个学科的成立取决于它是否有稳定、明确的研究和工作对象,这种研究和工作对象规定了这一学科的本质。社会工作要取得自己在社会科学研究和工作中应有的地位与明确的角色,同样必须明确其研究和工作的对象。尽管社会工作可以普及到为全体社会成员提供社会服务,但社会工作的核心对象应该是社会弱者。当社会成员的社会性特征出现偏差或缺失,进而引发社会问题、影响社会秩序时,由社会工作者对其采取专业的服务活动。认识这一点,对于我们分析社会工作的介入领域很有帮助,比如孤寡老人、单亲孩子、留守儿童;代际冲突、亲子障碍、医患纠纷、劳资争议等,这些都是需要社会工作介入的问题,而这些问题本质上都是人的某一种社会关系出现了失衡。社会工作者的作用正在于运用专业方法帮助弥补这些缺陷,恢复正常的社会关系,增强社会功能。因此,宜将内容和方法相结合综合性地对社会工作进行定义。所谓社会工作,是指由社会工作者以利他主义为指导,运用科学原理和专业方法,帮助社会成员尤其是社会弱者解决生活困难,满足人们基本的物质和精神需求,预防和解决社会问题,以维持社会秩序,促进社会进步所采取的助人服务活动。在现代社会实践中,社会工作逐渐成为一门新兴专业和学科,形成了由社会工作的历史、理论、方法和实务等而构成的完整知识体系。

二、社会工作的基本要素及主要特征

(一)社会工作的基本要素

社会工作是社会工作者与服务对象的互动过程。作为一种专业助人活动,社会工作由服务对象、社会工作者、价值观、专业方法和助人活动等几个基本要素构成。如图1-1所示:

---

① 李迎生主编:《社会学概论》,中国人民大学出版社,2010年版,第6页。
② 顾东辉主编:《社会学概论》,复旦大学出版社,2008年版,第21页。

图 1-1　社会工作基本要素图

1. 服务对象

服务对象(也称受助者、案主或工作对象)是社会工作者直接服务或帮助的对象。服务对象的概念把社会工作者的工作看作是提供服务,接受服务者即服务对象。而受助者这一概念反映的是社会工作者向对方提供帮助,对方是遇到困难、自己不能解决并愿意接受社会工作者帮助的人。实际上,在社会工作中,提供帮助与提供服务具有基本一致的含义,即当事人遇到比较大的、自己难以解决的困难,需要别人帮助和支持。

服务对象或受助者的存在是社会工作得以发生的基本前提。没有服务对象或受助者,没有他们遇到的问题,社会工作就失去了对象,失去了必要性。所以,服务对象是社会工作的基本要素。社会工作的服务对象不只是个人,还可能是家庭、群体和社区等。对于服务对象,不应把他们看作是被动接受帮助的人,而应该把他们看作是有主动性、有潜能的人。

2. 社会工作者

社会工作者与服务对象(受助者)是社会工作存在的前提,没有社会工作者也就没有社会工作。那么,什么是社会工作者呢？英国国家社会工作协会(National Institute for Social Work)对社会工作者的定义是:受雇于社会服务机构或相关组织,在其雇佣契约中明确规定其社会工作者身份,在社会工作实务领域内履行义务的专业工作者。美国社会工作者协会(National Association of Social Worker,简称 NASW)对社会工作者的定义是:毕业于社会工作学院,运用他们的知识和技巧为个人、家庭、社区、组织与社会提供社会服务的人员。社会工作者帮助人们提高解决问题的能力,帮助他们获得所需求的资源,促进个体与人们及其环境的互动,促使组织负起对社会的责任,影响社会政策。在英、美等这些已经建立了完备的社会工作制度的国家和地区,社会工作者的身份比较容易确定。这些人一般受过社会工作专业的高等教育和训练,他们在社会福利机构专门从事针对有困难、有需要人群的社会服务,并被社会工作专业组织所认可。比如,在美国,社会工作者协会的会员资格是必须具有社会工作硕士学位的人。1970 年,美国社会工作者协会(NASW)才承认完成了由美国社会工作教育联会认证批准的社会工作专业点学业的,持有社会工作学士学位的人拥有会员资格。在英国,从事社会工作的人员必须在经英国中央社会工作教育与训练委员会(CCETSW)审核批准能够提供社会工作文凭训练课程的院校中进行两年"社会工作文凭"的课程训练,方可取得社会工作者的资格。另外一些国家和地区实行社会工作注册制度,那些具备专业条件并进行注册的被称为注册社会工作者。比如,在中国香港,社会工作者注册局办理社会工作者的"自愿"注册制度,注册的社会工作者必须有学士学位,并接受香港注册社会工作者(Registered Social Worker)工作守则的约束。《中国社会工作百科全书》对社会工作者的界定是:"从事社会工作的专业人员",这是对社会工作者的一个简要的定义。根据我国社会工作的具体情况并借鉴国际经验,我们可以做出如下初步界定:社会工作者是遵循社会工作的价值准则,运用社会工作专业方法,从事社会服务职业的人员。他们是有一定专业知识并从事社会福利服务的人员。社会工作者是接受一定的专业教育或培训从事职业化社会服务的人。社会工作者的素质、能力和经验直接影响着社会工作的进程与成效。应该说明的是,社会工作者不只是一个个体概念,也是一个群体概念。从一定意义上说,从事社会工作的不只是指单个的社会工作者,也指一个机构和一个团队。

根据以上界定,社会工作者具有如下基本特征:

(1)认同并遵循社会工作价值准则。社会工作的基本价值观念是为有困难的人群提供服务并促进社会公正,在我国表现为有全心全意为受助者服务的思想。从事这项工作的人应该以助人为目的,而不是在助人过程中牟取私利。

(2)从事社会福利服务。从事社会福利服务是社会工作者的职业活动,服务是这种职业活动的本质,这与以控制和管理服务对象的行为有本质的区别,社会工作者不是靠权力控制和支配他人的行政官僚。

(3)掌握一定的社会工作专业方法。社会工作者开展服务工作不是靠个人经验,而是更多地使用作为普遍经验的专业方法。这些方法经过无数人的实践被证明是有效的,同时也是通过教育和培训可以学得的。

(4)在一定的组织框架内开展活动。社会工作是一种现代职业,需要一定的专业规范和组织约束。一般来说,社会工作者要在某种社会服务机构或社会行政部门工作,即使独立工作也应该受专业组织监督。

以上这些有利于我们将社会工作者同慈善人士、行政官员、志愿者等区别开来。社会工作者在助人过程中要扮演多种角色,其主要角色包括提供直接服务的基本角色和支持这种服务的拓展角色。

(1)社会工作者的基本角色。支持者。社会工作者面对服务对象不但要提供直接服务或帮助，还要鼓励服务对象在可能的情况下自强自立，克服困难，即"助人自助"。因此，社会工作者应该成为服务对象积极反应的支持者、鼓励者，并应尽量创造条件让其能够自立或自我发展。在这里，对服务对象的授权和增能是社会工作者的支持者角色的重要组成部分。

倡导者。倡导是社会工作直接向服务对象提倡某种行为。在一定情况下，比如在服务对象必须采取新的行动才能有助于其走出困境但服务对象对新的行动又不了解时，社会工作者应该成为服务对象采取某种行为的倡导者，即向服务对象倡导某种合理行为，并指导他们以使其成功。当然，这里的倡导不是不顾服务对象接受程度的强行推动。

(2) 社会工作者的拓展角色。管理者。在社会工作过程中，社会工作者应该对该过程进行有效控制，同时，还必须对与助人相关的诸多资源、信息进行协调、安排和管理，以实现该过程的高效率，特别是不出现伤害服务对象等意外问题。管理者的角色不但对福利机构的运行来说十分重要，对个案工作、小组工作和社区工作也同样重要。

资源筹措者。在许多情况下，社会工作者为了有效助人，常常需要联络其他政府部门、企事业单位和广大社会人员，向他们争取服务对象所需要的资源，并将它们传递到服务对象手中。为服务的顺利开展筹措资源是社会工作者的重要责任。

政策影响者。由于某些社会问题并非由个人生理、心理因素所引发的，而是由社会制度因素造成的，因此，对造成这种问题的政策或制度进行改变就是必要的。社会工作者在服务过程中发现某些问题具有普遍性时，应该提出政策建议以改善社会政策，以避免社会问题的再次发生或缓减社会问题。

专业研究者。从某种意义上说，每一个社会工作者都是研究者。实际上，细致地了解服务对象的问题并给出正确判断就是研究问题。另外，社会工作者作为一个有心人，对自己的实践经验进行研究，可以提高专业服务水准，发展社会工作专业知识与理论，可以为社会政策的制定提供依据。

3. 社会工作价值观

社会工作价值观是社会工作者所持有的助人观念。它包括社会工作对助人活动的看法、对自己和服务对象的看法。社会工作的价值观是利他主义，即以帮助他人、服务于他人、促进社会福利和社会公正为自己行动的目标。价值观是社会工作的灵魂，因为社会工作是在其价值观的指导下进行的。社会工作作为专业的、职业性的助人活动，只有在牢固的价值观的指导下才会自觉地、持久地进行，才会尽最大可能去帮助他人、服务于工作对象。由于社会工作是一种真心实意的服务，而不是社会工作者要行使手中的权力，所以利他主义的价值观十分重要。价值观不仅表现在社会工作者对自己工作的看法上,更反映在他的全部工作之中。

4. 专业方法

社会工作是专门的助人活动,助人方法作为达到助人目的的手段和措施,在服务过程中占有十分重要的地位。社会工作的助人方法不只是指在实际工作中所使用的一般方法,而且是指社会工作者群体在长期的助人实践中形成的、经过实践检验后行之有效的做法,它们作为一种知识被社会工作者共享,并有效地支持着社会工作者的实践。科学的助人方法是现代社会工作的核心组成部分,以至于有相当多的社会工作者认为社会工作的核心就是一整套助人的方法。特别是在微观社会工作中,助人方法更凸显其重要性。总体而言,社会工作有个案工作、小组工作、社区工作等几种,但它们之中的每一个又由多种具体的方法组成。专业助人方法是社会工作者的基本功,也是社会工作者区别于一般助人者的明显之处。

5. 助人活动

助人活动是社会工作者依据其价值观向服务对象提供帮助或服务的行动,也是社会工作者与服务对象的互动及合作的过程。助人或服务活动将受助者的需求与社会工作者的服务活动连接起来,并通过连续的活动去实现社会工作的目标。由此看来,助人活动是社会工作最核心的部分,没有助人活动将各种要素连接起来也就没有社会工作。

当然,对于助人活动不能将其简单地理解为社会工作者对服务对象的单向支持,即认为它只是指社会工作者简单的提供帮助的活动。实际上,助人活动是双方围绕解决困难和问题而展开的持续互动。在助人活动中,社会工作者经过分析求助者或服务对象的问题,选择科学的、适合受助者需要的服务方法,向对方提供服务。而受助者则根据自己的需要和对来自社会工作者的帮助行为进行理解并做出反应。在这种互动过程中,双方互相理解对方的行动,相互合作,共同去达到克服困难、解决问题的目标。助人活动反映了价值观和工作方法,是社会工作的基本实践活动。

(二) 社会工作的主要特征

学术界关于社会工作特点的概括有多种表述,如我国台湾学者李增禄将其归纳为:第一,社会工作是一门学科,专以研讨有关帮助人群调整社会关系、解决社会问题为内容的学问。第二,社会工作是一种专业,专以帮助人们发展内在潜力,运用外在资源以求得自立自主的生活。第三,社会工作是一种技术,专以调适人际关系,维护个人和社会的和谐关系,以求得个人人格的充分发展,基本生活需要的充分满足。第四,社会工作是一种方法,用以协助个人、家庭、团体及社区的关系,解决社会问题,革新社会制度,制定社会政策,颁发社会立法。第五,社会工作是一种过程,专指社会工作者

所从事的专业服务,以及改进个人的社会服务与社区福利的各种活动过程。一般认为,社会工作具有以下几个特征:

第一,科学性与专业性。科学是反映自然、社会和人类思维规律的知识体系。专业是指具有较高深、独特的专门知识与技术和专门从事的某种学业或职业。21世纪以来,社会工作在发展过程中形成了系统的专业理论体系,有严谨的科学方法,有明确的工作对象和研究内容,有独特的工作形式与职业道德,有系统的专业教育与专业训练,还有系统的专业文化和公认的专业权威。社会工作这种鲜明的学科性和专业性已经得到了社会的认可。

第二,技术性和艺术性。社会工作十分注重工作方法和技术,并把科学的方法和熟练的技术当作社会工作成功的基本条件。面对不同的工作对象,社会工作分别采用个案工作、小组工作、社区工作等,这些方法都有一定的理论依据,凝聚着丰富的实践经验,具有较高的技术性和可操作性。由于社会工作面临的任务是复杂的,每一个问题的解决都需要社会工作者审时度势、娴熟地运用各种方法和技巧,才能有效地进行。因此,社会工作过程中充满了创造,具有艺术性。例如,同是心理抑郁,受助者可能出于不同的原因,社会工作者应根据个案工作或小组工作的原则,采用不同的具体方法和技巧去进行心理咨询,缓解受助者的心理抑郁。尤其是在社会发生急剧变化的时期,新的社会问题也不断出现,这就使得原有的工作方法、技巧可能不完全奏效而面临挑战,这样,社会工作者在已有社会工作原则、模式的基础上,以艺术性的创造去应对问题就显得更加必要。

第三,广泛性和动态性。传统的社会工作对象主要是指社会成员中的脆弱者,如失去依靠的鳏、寡、孤、独者,生活失去自立能力的残疾精神病患者,不能维持生活的贫困者等。随着社会工作由治疗型向预防型的转变,社会工作的对象逐步扩大,它不仅限于贫困者或遭遇其他社会问题的人,而是面向全体社会成员,它还包括政府和社会团体等对人民经济与社会安全的保障等。社会工作对象各自具有不同的特点,面临着不同的问题,这些问题并不是在短期内都能得到解决的,如个案工作,从立案、调查、会谈、制订治疗方案、评估到结案是一个程序化的过程。宏观的社会问题的解决周期更长。可见,社会工作面对的是不断变化的社会和个人,所要解决的问题也在不断发生变化,因此,社会工作是一个过程,具有动态性的特征,在社会工作的过程中,既要照顾到暂时利益,又要考虑到长远利益,做到标与本相结合。

三、社会工作的分类和实务领域

(一)社会工作的分类

社会工作方法是指社会工作的实施方法,也就是如何去助人的过程与步骤。它是一个具有多层次、开放性的系统,随着社会工作的发展,社会工作的方法系统也在不断充实。按照不同的标准,社会工作可以划分为不同的类型。一般来说,按照社会工作者与服务对象接触的方式来划分,社会工作方法包括直接社会工作方法和间接社会工作方法两个方面。

1. 直接社会工作方法

直接社会工作方法是指社会工作者直接面对社会工作对象,在双方接触过程中,通过具体的、细致的、操作性的工作,取得社会工作服务效果的方法。直接社会工作方法主要有个案工作、小组工作和社区工作三种,它们是产生最早、被普遍采用的社会工作方法。

(1) 个案工作(case work)。个案工作是社会工作发展史上最早运用和推广的一种专业方法。它是在社会工作中,采用个别的方式,向工作对象包括单个的社会成员或家庭提供服务,通过提供物质帮助、精神支持等方面的服务,协助个人或家庭解决困扰的问题,治疗心理或社会病态,预防其问题的复发,增强其适应社会生活的能力,增进社会福利,以达到维护和发展社会成员及其家庭健全功能的目的。

(2) 小组工作(group work)。小组工作又称团体工作,是以小组成员和整个小组为工作对象,运用社会工作技巧,通过小组过程以及社会工作者的协助,使这些成员和小组获得群体经验、行为的改变及社会功能的恢复与发展,以增进团体成员在身体和精神上的健康,从而发挥社会所希望的团体功能。

(3) 社区工作(community work)。社区工作以社区为服务对象,运用社会调查分析技术,了解社区的需求与问题,动员社区的各种资源,配合外力的协助,共同解决社区问题,以满足社区需求,增进社区福利和促进社区发展。社区工作主要包括社区组织、社区服务和社区发展等内容。

个案工作、小组工作和社区工作是社会工作的三大传统方法。这三种方法既有联系又有区别。从历史发展来看,社会工作最初是以个人为对象,采取个案工作方法发展起来的一种助人的专业。在此基础上,逐步发展成为以群体和社区为工作对象,并且着重解决和预防社会问题的专业学科。这三种方法从服务对象的数量和工作活动的方式上来看,是有一定区别的,但它们都以任何社会问题为同一的对象和工作内容,这就决定了三者之间客观上存在着必然的、有机的联系。在实际工作中,这三种方法是相互交叉的,小组工作、社区工作虽然不是对个别的服务对象进行工作的,但是在开展社会群体和社区工作的过程中,又是或经常需要采用个案工作的方法。在运用个案、小组工作方法时,也离不开个案、群体所在社区多方面的支持与配合,需要与社区工作协调进行。在一定的情况下,个案工作、小组工作可以说是依托在社区工作之上的,同时社区工作也离不开个案工作和小组工作。可见,个案工作、小组工作、社区工作各有其独特的地位和作用,又具有共同的系统功能和交互作用,这三种工作方法的结合是国际社会工作方法的发展趋势。这表明,社会工作专业需要具备对个人、群体、社区进行研究的能力,以形成对社会成员、家庭、群体和社区的整体观察、分析与解决问题的系统方法。

2. 间接社会工作方法

间接社会工作方法是由社会工作者通过间接地对社会工作对象进行服务的方法。主要有社会行政、社会政策、社会工作咨询、社会工作督导、社会工作研究等方法。

(1) 社会行政亦称社会工作行政(social work administration)。它是指通过各级政府的社会工作机构、国家与社会的福利保障单位、基层社区组织及其社会工作单位的行政管理,把社会政策转化为社会服务,其中包括对各种社会团体、群众性社区组织和大量群体性社会工作活动的领导、管理和提供服务,使机构顺利地实现工作目标,同时确保其工作对象得到服务。社会行政工作在社会工作和专业体系中居于主体形式的地位,相对于社会福利、社会教育、社会改造、社会自治等方面的内容而言,它是实现这内容的主体形式,起着支配全局的作用。

(2) 社会政策(social policy)亦称社会工作政策。它一般是指开展社会福利、社会改造、社区服务、社会自治等社会工作,解决和预防社会问题,妥善处理社会矛盾的政策。它是一个国家的政府为了实现一定历史时期的路线和任务而在社会工作方面所规定的行动准则,经常表现为一些基本原则和策略性措施。社会政策是人们社会生活的管理规范,具有指导和约束社会生活的作用,其目标是完善社会功能,以增强人们社会生活的能力。

(3) 社会工作咨询(social work consultation)。社会工作咨询是由具有比较丰富的专业知识和经验的咨询者(一般是专家),向在专业服务或社会工作中有问题需要帮助的受咨询者(一般也是专业人员),提供有关社会工作的知识和技术,以提高专业人员的服务素质,使受咨询者能够有效地处理工作中遇到的问题。社会工作咨询是一种知识性的专业服务工作。

(4) 社会工作督导(social work supervision)。社会工作督导是通过领导者(督导者)对新上岗的社会工作或实习生的督导指导,来提高他们的专业熟练程度,增强社会工作者的服务能力,提高社会工作及其专业教育的质量,使其获得良好的社会反映与支持,保证社会服务质量和水平的提高,切实保护服务对象的利益。这项工作的开展亦有助于社会工作的发展。

(5) 社会工作研究(social work research)。社会工作研究是指以科学的研究方法对社会保障、社会服务方案、社会工作对象的需求与满足程度,社会问题及预防、解决的对策性研究。社会工作研究包括:社会调查、统计分析、个案研究、评估研究、实验设计等。社会工作研究建立在社会工作实践基础之上,在社会工作专业体系中处于指导地位,具有推动和提高社会工作的作用。

此外,按照社会工作方法介入的层面不同,社会工作可以划分为微观社会工作方法和宏观社会工作方法。前者主要有个案工作方法和小组工作方法,后者有社区工作、社会工作行政、社会政策等。

(二)社会工作实务领域分类

社会工作面广量大,内容丰富复杂,方法与形式各种各样,可以从不同角度、按不同标准,将社会工作实务领域分为不同的类型。常见的分类如下:

(1)按社会工作的对象来划分,可分为儿童社会工作、青少年社会工作、老年社会工作、妇女社会工作;社区社会工作、学校社会工作、企业社会工作、医务社会工作等。

(2)按社会工作面对的问题来划分,可分为解决贫穷、失业、疾病、残疾、家庭纠纷、劳资冲突等进行的工作,社会工作在解决这些方面的问题中形成了不同类型的社会工作。

(3)按社会工作在解决社会问题中的功能还可分为治疗性社会工作、预防性社会工作和发展性社会工作。治疗性社会工作是问题出现后的诊治,其主要任务是医治受社会问题影响与损害的个人或团体,使他们得以恢复生存能力,正常地参与社会生活。治疗性社会工作的"病人"包括乞丐、妓女、罪犯等不健康者。预防性社会工作是防患于未然的工作,它是通过透视社会问题产生的原因,采取有效措施预防社会问题的产生,协调社会关系,以减少受害者。它主要通过社会政策、社会计划和社会行政、社会教育、社会预防等工作来实现这一目标。发展性社会工作主要是指开掘、发挥服务对象潜能的工作。

第二节 社会工作与相关学科的关系

在社会工作走向专业化的过程中,一些社会科学甚至包括自然科学中的相关学科都曾经以各种不同的方式对社会工作产生过重要影响,而社会工作也通过广泛的从各种学科中汲取养料,逐渐形成了自身的知识体系。与社会工作密切相关的主要有社会学、心理学、政治学等学科。

一、社会工作与社会学

社会工作与社会学都是近代工业社会的产物,就专业化而论,社会学的产生早于社会工作,早期的社会工作专业培训是在社会学的名义下进行的。这种特殊的渊源关系使社会工作与社会学长期不可分,至今学术界仍大多把社会工作归入社会学。正如邓肯·米切尔所说:"社会学已深深地影响到公共组织和慈善事业的专业生活,因此,有时人们将社会工作看作是社会学的一个组成部分。"①在专业分类方面,世界上很多国家和地区的社会工作并没有从社会学中分离出来。在中国大陆,社会工作专业在新中国成立初期就已停办,直到20世纪80年代中期得以恢复重建,在国家教委所颁布的专业目录中,社会工作成为社会学学科中的专业之一。

社会工作与社会学的密切联系不仅仅由于历史的原因,更重要的是社会学为社会工作提供了广泛的知识基础。社会学的基本知识对社会工作具有重要的理论和方法意义。其一,社会学是从社会整体出发,综合地研究一定的社会关系,以探讨社会构成及其运行规律的具体社会科学。它十分关注社会行为、社会关系及其对人的态度的影响,关注社会结构、社会管理和社会发展,并始终保持其整体性、综合性等学科特点,有关这方面的大量论述有助于社会工作者正确地认识他所处的社会。其二,社会学对特定人群的研究,如儿童社会学、青年社会学、中年社会学、老年社会学、妇女社会学、残疾人社会学等,以及对家庭、人口、就业、贫穷、民族和种族等社会问题的剖析,使社会工作者从中获得重要启迪。其三,社会学研究采用的一整套社会调查研究方法,如普查、典型调查、抽样调查、个案调查、访谈法、问卷法、文献法、观察法、实验法等方式方法,可以直接用于社会工作。

但是,社会工作与社会学之间也存在着明显的差别。首先,从研究范围看,社会学的研究领域比社会工作广泛,社会学家从不同的角度对社会学的研究范围作了划分。有的以其探究的现象、状态为依据,将研究范围划分为社会结构与社会过程两个方面;有的以其探究的现象的规模为依据,把研究领域划分为宏观社会学和微观社会学;还有的则按照社会学研究的理论层次,将社会学的研究领域划分为普通社会学和分支社会学,前者研究社会的结构及其运行规律,后者对某一类社会现象和社会问题进行专门研究。根据联合国教科文组织的统计,现代社会学的分支学科已达100种以上。相对于社会学而言,社会工作的研究领域较窄。其次,从主要任务看,社会学除了侧重于对具体的社会现象做出中观或微观的分析外,还要试图创建具

---

① [英]邓肯·米切尔主编:《社会学新辞典》,上海译文出版社,1987年版,第353页。

有普适性的一般社会理论,探究社会良性运行与协调发展的内在机制及其规律性,而社会工作的主要任务则是研究如何参与社会实践,解决社会问题,帮助那些处于困境中的个人或团体。据此,有人把社会学家说成是社会设计师,社会工作者是社会工程师不无道理。再次,从知识来源看,社会工作不仅从社会学中吸取养料,而且还包括采纳其他相关学科中的知识,从这个意义上说,社会工作的知识范围超过了社会学的学科范围。

总之,社会工作与社会学之间既相互联系又相互区别,二者之间相互作用、相互影响。一方面,社会学为社会工作提供了理论和方法基础;另一方面,社会工作把社会学应用于助人的实践,既检验了社会学知识,又能为社会学研究开拓新的研究领域,有利于不断充实、丰富社会学理论。二者之间的这种关系有助于促进学科的共同发展。

二、社会工作与心理学

在社会工作实务中,精神健康服务、弱智、情感等问题是其重要的内容。在处理社会问题的实践中,社会工作者常常与心理学家或心理分析专家携手合作。社会工作自诞生以来一直与心理学密切相关。

心理学对社会工作的影响可以归纳为对心理层面的重视,这就是说,社会工作者在调查、分析、处理案主问题时应当高度关注案主的思想、观念、态度、情绪等精神方面的因素。心理学本身有各种不同的分支和流派(如普通心理学、精神分析学和社会心理学等),他们以不同的方式为社会工作者所接受,对社会工作均具有积极意义。

普通心理学阐述了人的意识的特征和作用,详细地研究和分析了人的感觉、知觉、思维、记忆、语言、情感、意志、能力、气质、性格等与人的行为有关的精神层面的问题。精神分析不是停留在任何心理现象的表面价值上,而是认为在任何心理现象的背后都隐藏着更重要、更有深远意义的精神作用,因而它要寻根问底地来揭露表层深处的东西。社会心理学是系统地研究社会行为的科学,它涉及我们如何认识其他人,如何对别人做出反应和别人如何对我们做出反应,以及我们是怎样受所在社会环境的影响。社会心理学为社会工作者理解团体、社区以及各种类型的社会互动现象提供富有启迪意义的解释。可见,心理学的研究成果是富有创造性的,它们拓宽了社会工作者的眼界,提供了认识人的行为、分析社会问题的新的视角,从而促进了社会工作的发展。社会工作者从心理学中汲取了思想养料,把它应用于个案工作中,大大增加了个案工作的学术内涵。

社会工作与心理学相比,两者的主要区别在于:其一,前者注重实务层面,并在实践中建立自己完整而严密的逻辑体系;而后者从心理层面研究人的行为,试图建立严密的逻辑框架和概念体系。在解决社会问题的过程中,尽管社会工作者倾向于利用社区资源来改善社会关系,有时也利用经济手段,如提供无偿的经济援助等;而心理学则借助于病床、门诊所、医院等,通过心理咨询来帮助病人。其二,社会工作者把夫妻、家庭、团体看作一个发挥社会功能的整体,与他们共同工作;而心理学家的注意力则集中于个人、个人的无意识和内在的精神因素。其三,社会工作者设法强化与发展个人、团体或社区的潜能,强调自强自助;而心理学家则通过一套技术手段来诊断、治疗疾病。

三、社会工作与政治学

现代政治学是研究在一定的经济基础之上的社会公共权力的活动、形式和关系及其发展规律的科学。从一定意义上说,政治权力的基础和目的是经济利益。任何现代国家或政权都把自己的目标说成是为了国民的最大福利,这样,以经济利益分配为基础的社会福利自然也具有政治的意涵,一个政府实施何种福利制度是其政治制度的突出表现。一个国家福利资源的分配是与权力关系密切联系在一起的。因此,在大多数情况下,社会弱者之所以处于不利地位,一个重要的原因是他们无权,是社会权利分配方面的不公平体现。社会工作者要帮助社会弱者,促进社会公平,自然要审视社会权利的分配问题,并力图通过增加社会弱者在福利资源分配中的权利来改善他们的不利地位。社会工作者主要不是通过直接参与宏观的国家政治活动(即改变权力分配)来改进社会弱者的不利地位,而是通过参与制定和实施社会福利政策来促进他们的福利。因此,可以说,社会工作在一定程度上是具体的政治活动,社会工作团体以伙伴关系和压力群体两种角色与政府发生联系,参与着宏观层面的政治。从这种意义上可以说,社会工作与政治学有一定关系,要从事社会工作必须了解国家政治,特别是作为国家政治的重要表现的社会政策。在这里,社会工作同法律自然也有着密切的联系。

四、社会工作与经济学

经济学是研究人类经济活动规律的科学,它通过研究价值的创造、转化和实现过程来揭示经济发展的规律。其核心是资源的优化配置与优化再生。社会工作是一种助人自助的服务活动,目的是对人、特别是对社会弱者进行服务以维持社会公正,两个学科之间有着明显区别。但是,由于社会工作的服务一般是建立在社会财富的再分配基础之上的,所以,它同经济学又有一定的联系。社会工作与经济学结合的重要环节是福利经济学,福利经济学研究的核心问题是如何使社会财富的效用最大化,即如何在社会中分配财富才能实现最好的社会效果。从福利经济学的主流价值来看,把社会财富用于最需要的社会成员其社会效果最大,因此,一定程度的社会福利开支、对社会弱者进行扶助是合理的。社会工作作为社会福利的发达体系,无论在价值还是在具体工作方面都与经济学有直接的联系。

在具体的社会工作实践中,社会工作者会使用许多经济学知识,经济学知识对于社会工作具有重要的促进作用。

五、社会工作与伦理学

伦理学是以道德现象为研究对象的学科。一般来说,道德是调整人与人之间关系的一种特殊的行为规范的总和,即人类社会生活中所特有、由经济关系决定,依靠人们内心信念和特殊手段来维持并以善恶进行评价的原则规范、心理意识和行为活动的总和。西方的慈善事业是在基督教伦理上发展起来的,而社会工作则反映了资产阶级自由、平等、博爱的人道主义理想。社会工作不但以人道主义、社会公平的社会理想去看待社会问题,而且用包含社会伦理的方法去对待受助者和相关事务。社会工作特别强调工作人员的道德操守的重要意义,这是其作为帮助社会弱者的专业所必需的,强调社会工作者要以对社会负责、对当事人负责的态度去处理问题,尊重、保护、帮助受助者,实践自己对社会价值的追求,从而使社会工作成为以科学的理论和方法为指导的道德化实践,这是社会工作的社会责任的突出表现。可见,社会工作与伦理学关系密切。[①]

第三节 社会工作的功能

美国1972年出版的《国际社会科学百科全书》认为,社会工作的目标在于帮助社会上遭受损害的个人、家庭、群体和社区,为他们创造条件以恢复和改善其社会功能,使他们免于破产和绝望。社会工作的职能是帮助人们适应社会和改善社会制度。职业社会工作者的任务就是采取适宜的措施援助那些在经济上和社会环境中失调而陷于困难的人,此外还参加社会福利政策与社会问题预防方案的制订。英国勃特里姆在其1978年出版的《社会工作的性质》一书中认为,社会工作与其他"助人专业"一样,目标在于通过预防和拯救苦难来提高人们的福利。社会工作从人与环境互动的角度看待社会问题,致力于解决人们在成长和发展中所遇到的各种困难。这种独特的视角和目标任务,使社会工作在发现问题、解决问题,促进人的发展与社

---

① 王思斌:《社会工作导论》,高等教育出版社,2004年版,第10页。

会进步方面发挥着重要功能。

一、预防问题的功能

社会工作采取积极、主动的态度对待社会问题,运用大量的卓有成效的预测和控制手段,可以预防各种社会问题的产生。在社会工作的实践中,预防功能表现在不同的层面上。它既可以预防个人之间、个人与团体之间以及团体之间相互作用中可能出现的社会问题,也可以预防社区组织中时常发生的社会病态。如通过婚前咨询,有助于使两个在气质、性格和生活背景各不相同的男女组建家庭后的夫妻调适,防止未来的夫妻冲突;通过充分利用社区资源,建立各种青少年活动基地,为他们的健康成长提供良好的条件,可以预防和减少青少年的犯罪。

社会工作广泛分布于社会福利、社会救助、社区服务、就业服务、医疗卫生、扶贫开发、优抚安置、慈善事业、婚姻与家庭生活服务、教育辅导、司法矫正、劳动者权益维护、青少年服务、儿童保护、妇女及老年服务、精神健康服务、流动人口服务与管理等生活领域,不仅具体解决社会(民生)问题,而且是社会(民生)问题的发现者、预防者。他们最直接、最基层、最全面、最具体、最真实地接触社会,也最能首先发现各种社会问题的苗头,从而提前采取措施加以控制、防范,或协调有关部门共同加以应对,把问题扼杀在萌芽状态乃至根本杜绝问题的发生。

二、恢复重建的功能

恢复重建的功能可以被简单地归结为解决问题。社会问题的出现是由于社会系统不能正常发挥其功能,因此必须针对社会病态的成因,采取有效的措施进行治疗,使之恢复和重建良好的社会功能。恢复重建同样表现在不同的层面上,在微观层面上是指对个人、团体的直接服务,以帮助它们恢复重建的社会功能,重组社会系统的互动关系。具体地说,是由社会工作者与案主(工作对象)建立专业关系,全面了解案主的情况,找到其存在问题的症结,然后社会工作者对症下药,根据不同的问题设计治疗方案,为案主提供直接服务,以求缓解并最终解决问题。同时,社会工作者还有责任帮助案主以健康的心态投身到新的生活中去,复原或再组与社会环境的关系,恢复常态的社会生活。例如,家庭社会工作可以帮助处于婚姻危机中的夫妇,学习彼此沟通的技巧,帮助他们寻找资源,解决生活中的实际困难,从而使他们彼此接纳,正常发挥各自在家庭生活中扮演的角色,以挽救濒临破碎的家庭。在中观或宏观层面上,就是解决社会问题。例如,用社区发展的方法帮助贫困地区的农民摆脱贫困,一方面政府在政策和资金方面予以扶持,另一方面则是组织农民学习科技知识,开发适用的农业项目,从根本上改变贫困面貌。通过社会工作的实施,可以减少导致社会功能失常的各种不利因素,使社会从无序状态走向有序状态。

三、配置资源的功能

社会工作配置资源的功能有两个方面的含义:

其一,社会工作设置本身就是一种社会资源,它通过机构的设置、人员的配置、社会政策的制定、社会服务的计划与发送等一整套健全、完善的制度体系,调节个人与个人、个人与群体、个人与社会的关系。

其二,社会工作调节社会资源的分配,使之得到充分利用,特别是为困难人群、社会弱者所用。这具体又可细分为两个方面:

一是社会工作者通过自己的工作协调社会现有的各种资源,为社会弱者所用。现代社会一般都建立了针对社会弱者的社会福利制度。在发达国家,这种制度已经非常完善,但也比较复杂,不同的制度针对不同的社会弱者。社会工作者可以针对案主所面临的困难的性质和状况,向他们提供可资利用的福利资源的信息,并具体帮助他们了解申请社会救助的方式、方法或途径。如通过介绍特困者如何申请和领取困难救济,使其从社会中获得必需的生存资源。

二是社会工作者积极为社会弱者争取资源,以改变他们的生存状况。社会资源的分配往往是有利于社会强者的,这在初次分配中是不可避免的,但应通过再分配使之趋于相对合理,以确保社会弱者的生存权利、利益。社会工作者应当通过自己的工作,促使国家和政府积极修正、调整社会政策,完善社会福利制度,使之有利于社会弱者;应当积极动员并争取来自社会的、社区的、民间组织的、慈善机构的、富裕阶层的各种力量关心弱势群体,增加物质、资金和设施的投入,帮助他们克服困难。

四、稳定社会的功能

社会稳定是社会结构各组成部分之间关系的相对固定状态。这是社会正常运行和协调发展的基础与前提。当相当数量的社会成员的正当需要不能得到满足时,有可能导致社会的动荡与混乱,从而威胁社会的稳定。

有关研究表明,一个国家的人均 GDP 达到 1 000 美元到 3 000 美元的范围时,这个国家就将进入黄金发展期,同时也将进入社会矛盾凸显期。对大量出现的社会矛盾如果处理不当或不及时,就有可能使这个国家陷入动荡与混乱之中,断送发展的机遇。我国已进入改革发展的关键时期,经济体制深刻变革,社会结构深刻变动,利益格局深刻调整,思想观念深刻变化。这种空前的社会变革,给我国发展与进步带来巨大的活力,也必然带来这样那样的矛盾和问题。

社会工作常常扮演社会关系的协调及疏导者的角色,其在化解社会矛盾方面起着不可忽视的作用。社会工作在稳定社会方面所产生的意义,应是社会工作能够不断发展的原因之一。社会工作者通过自己的努力,对社会上贫、弱者施以援助,协调、化解各阶层之间的矛盾特别是贫富矛盾,不仅给人们的正常生活创造了条件,同时也起到了稳定社会的作用。①

五、促进发展的功能

社会工作不但致力于社会问题的预防和解决,而且有利于促进人的发展和社会进步。人的发展既表现为物质生活水平的提高,也表现为精神生活水平的提高,以及在更深和更高层次上,人的潜能的发挥和人的自我实现。社会工作可以通过教育使人们理解当前社会的特征,认识新的变迁中的社会环境,从而调节自己的心态和行为,跟上新形势,适应新生活。同时,社会工作还可以采用科学方法,开发社会资源,发挥个人潜能,促进社会成员潜能的发挥。在社会生活中,社会工作尤其注意保护社会弱者的义务,社会工作者总是千方百计地寻求、发现和开发社会资源以运用于受助者的发展。社会工作还在大量调查研究的基础上,推进社会福利制度的完善,以提高整个社会的生活质量,促进社会的全面进步。

---

① 李迎生:《社会工作概论》,中国人民大学出版社,2010年版,第29页。

第二章 社会工作的起源与发展

社会工作是近代工业化的产物,在落后的农业社会和封建社会制度下不可能产生现代类型的社会工作。各国社会工作的历史演进虽各有其不同的起源与发展过程,但都源于慈善事业或救济事业。

第一节 社会工作产生的背景

一、社会工作产生的经济条件

在传统农业社会中,生产规模狭小,社会结构封闭,人们在血缘、地缘关系的基础上,在家庭成员之间、团体内部和区域范围内进行互助、救济等分散的保障。到中世纪末期,教会在慈善事业中较为活跃。按照教义规定,救助贫民、老弱病残者,是拯救灵魂、积善行德的表现。教会主持一些慈善事业,有钱的教徒也给予需救助的人一些施舍。但是这些保障形式是封闭的、非制度化的、脆弱的,而且在极小的范围内实施。

英国的工业革命,使人类从农业社会向工业社会飞速发展。它不仅解放了生产力,而且改变了产业结构,就业人口从农业向工业转移,从而使得以往分散的保障形式已不能适应社会的要求。工人不再享有土地给农民的基本生活保障,工业竞争导致了社会性失业,工业生产过程中产生的突发事故等,这些工业的风险是社会化的,因而也就需要保障的社会化,而保障的社会化则呼唤着执行保障的社会工作的问世。

二、社会工作产生的政治条件

随着资本主义生产方式的确定,阶级关系发生变化,社会形成两大对立的基本阶级即资产阶级和无产阶级,阶级矛盾日益激化。

19世纪中叶以来,随着西欧资本主义工业化的深入,产业工人迅速增加,工人的劳动条件极为恶劣。为了维持生存,工人阶级不断起来开展斗争。面对工人阶级的不断斗争和大量的社会问题的涌现,资产阶级采取镇压和怀柔两种手段来维护其统治。

随着工人阶级斗争的不断发展,工人阶级斗争的目标逐渐由改善劳动条件扩展到争取政治民主权利。1867年,英国在第二次选举改革后,部分城市工人获得了选举权。1886年的选举法使60%的男性公民获得了选举权,工人阶级和广大劳动群众利用他们新获得的政治权利,迫使政府实行改革。保守党、自由党相继提出了各种社会改革方案,承认"财富分配极其不均的罪恶",承认国家应负责救济贫困。新的社会保障形式开始逐步形成,职业社会工作开始出现。

三、社会工作产生的思想文化条件

(一)古希腊、古罗马及希伯来时期的思想根源

早在古希腊时期,人们认为,幸福是与别人共享财富得来的,富人要想感到愉悦,获得别人的鼓吹与赞美,就应该提供一些财富给穷人。这种独特的幸福观表明,幸福在于与他人一起分享财富,而不在于由个人单独所有,这就为人们之间的互助以及富人帮助穷人提供了思想依据。

在古罗马时期,人们强调一种宗教的责任观,认为富人帮助穷人解除痛苦并不是可有可无的,而是一种责任,并且认为富人在帮助穷人时只有使穷人不失去尊严,才能更显出富人的尊贵,否则富人也没有什么尊贵可言。无疑,这种思想影响着富人对穷人的帮助,影响着人们对帮助他人的看法。

在希伯来时期,人们主张正义,认为人们应该公平地享有财富。圣托马斯·阿奎那认为,公正即大同与分配。也即强调公正既要考虑到个人的贡献,又要考虑到公平,这对后来社会工作中强调社会公平发挥了重要影响。

(二)宗教慈善思想

欧洲是基督教、犹太教流行的国家。教义中关于利他、奉献、救人救世、爱人助人及与人为善等思想有着广泛的影响。许多宗教观念着力宣扬"从善即是曲线利己"。如《圣经》中讲到"当爱你的邻居",这里的"邻居"是指需要照顾和遇到困难的人,包括陌生人甚至你的敌人,而不仅仅是指你认识的特定的人。这种博爱思想客观上为社会工作的产生创造了有利的社会舆论。一些教士、信徒、达官贵人,依照上帝旨意救贫恤孤,对慈善事业很是关心。教会和慈善组织举办的救济事业也逐步兴起。这些慈善组织机构绝大部分是人们出资捐助的。在组织、管理、服务上,随着一些热心的信徒被选任为义务工作员,现代社会工作意义上的"志愿工作员"开始出现。

(三)人道主义的价值观

人道主义思想是资本主义社会经济、政治、文化状况的反映,同时,这些思

想又影响着资本主义社会的发展。在资本主义社会,人道主义是同弱肉强食、损人利己的思想和行为相对抗的精神武器。欧洲早期的慈善事业深受人道主义思想的影响,欧洲各派社会主义思想也带有强烈的人道主义观念,认为以强凌弱、以少欺众是不合理的,应当加以改变。人道主义的价值观包括:

(1)承认每个人都是一个生物的、心理的与社会的有机体,人的行为可以用科学方法和智慧加以了解和研究。

(2)承认人生而自由。人是万物的灵长,是社会文化、社会制度的创造者和主人。每个人都应当享有信仰、言论、出版、集会、隐私及其他生活的自由的权利,以达到保护个人、关心个人的目的。

(3)承认人是生而平等的,每个人都享有与其他人同样的生存权利和追求幸福的权利,不管其生活环境、社会地位、种族肤色、宗教信仰、政治派别或行为模式怎样。

(4)个人与社会的生存是相互依赖的。人与人组合起来形成社会,个人有责任维持和促进社会的发展,社会整体也应该帮助个人实现其生存权利和追求幸福的权利,有责任维护个人的生存与发展。

(5)每一个人,不论其年龄、社会地位、贫富、文化程度、健康状况、种族、肤色,均享有人的尊严,而且这种尊严必须受到尊重。尤其受社会变迁影响的少数人更应该得到人道的考虑和待遇。

(6)努力消除罪恶,预防社会病态,改变不公平的社会政治制度是人类的责任。人类既有共同的需要,也有各自不同的特点,努力协调这些普遍需要和特殊需要,是人道主义的表现。

(7)每个人都有追求自由平等、自我发展、自我决定以获取幸福的权利。这些权利包括:生存权、健康权、工作权、教育权、居住权、休息权、选举权、参政权以及社会福利和人道服务的权利。

人道主义的这些价值观为社会工作的产生奠定了较为坚实的思想基础,有些后来成为社会工作价值观的直接来源。

第二节 社会工作的产生与发展

一、早期济贫政策和民间慈善组织对社会工作的贡献

在人类社会历史的发展中,当今社会工作中的一部分内容首先是以慈善事业的形式出现的。从欧美社会工作的发展来看,英国伊丽莎白《济贫法》、德国汉堡制与爱尔伯福制、慈善组织会社以及睦邻组织运动等都是早期为社会工作的产生提供了直接前提的重要实践。

(一) 英国伊丽莎白《济贫法》(1601年)

英国的济贫事业大多是由教会举办的,但是随着贫民的增多,教会财力入不敷出,同时,由于宗教改革使得大量寺院被解散,向来依赖寺院供给食住的贫民失去了容身之处,许多惩罚、抑制性的措施在当时已难以解决日益严重的社会问题。因此,英国政府基于救助贫民及社会责任的精神,逐渐将济贫事业交由政府接办。在16世纪,英国每一教区皆需征募自由捐助以救济贫民,并设立济贫站。伊丽莎白女王执政以来,曾先后颁布了一系列有关济贫的法案。1601年,伊丽莎白女王颁布了在当时堪称最完备的《济贫法》。该法案正式承认政府有济贫的责任,并建立了初步的济贫行政制度与救济工作方法。这是国家干预基本生活的保障问题的最早立法。有些学者把《济贫法》视为现代社会保障制度产生的标志。其影响极为深远,至今各国社会救济立法还是不能脱离其影响的。伊丽莎白《济贫法》主要包括以下内容:

(1) 规定每一教区每周应向地主征收济贫税,政府抽税办理社会救济。

(2) 规定贫民救济应由地方分区举办,每一教区设立若干监察员,中央政府设立监督人员,通过设机构、建制度来办理社会救济。

(3) 规定凡有工作能力的贫民,必须参加工作,以工作换取救济,这是最早的工赈方法。教区设贫民习艺所(Work House),供男女儿童习艺,教区义务地代为介绍工作,或配给原料及工具,强迫生产。

(4) 禁止无家可归及无业游民行乞游荡,设救贫站收容救济,强迫其在济贫所里工作。有家者给予家庭补助,使其仍在家居住。救济工作分为院内救济(Indoor Relief)与院外救济(Outdoor Relief)两种。

(5) 规定人们有救济其贫穷家人或亲属的义务,教区仅在贫民不能从家人或亲戚处获得赡养时,才给予救助。救助对象限于在该区出生的人或最近在该区住满3年的人。

(6) 把贫民分为三类:第一类是体力健全的贫民,必须强迫其进入"感化所"或"习艺所"工作;第二类是不能工作的贫民,包括患病者、老年人、残疾者、精神病患者以及需抚育幼小子女的母亲们,令其进入"救济院"或施以"院外救济";第三类是无依无靠的儿童,包括孤儿、弃婴,或因父母无力抚养的儿童等,设法领养或寄养。

伊丽莎白《济贫法》虽然为以后各国政府办理公共救助开了先河,并使救助工作制度化。但该法也产生了极大的"后遗症",造成了为数众多的贫民不予救济就不能生活的现象,养成了一些贫民的依赖心理,而且对贫民的自尊心和人格重视不够,干涉了贫民谋生的自由。因此,英国议会遂于1834年修正了《济贫法》,通常称为《新济贫法》(The New Poor Law)。其要点有三:其一是救济设施须与全国一致,如各区应分别联合成立协会,每个协会须设立一个济贫站,由伦敦的委员下乡监查,负责拟定规则与审核账目;其二是济贫站内给予被收容者的待遇低于一般工人;其三是以院内救济为主,废除院外救济。后来,这一法案又经过多次修订,直到1948年,根据《贝弗里奇报告》的建议,制定了《国民扶助法》之后才告废止,其间一直施行了340余年,对社会工作的形成和发展影响甚大。

(二)德国汉堡制(1788年)与爱尔伯福制(1852年)

汉堡是德国的一个富庶的城市,工业革命以后,各地农工失业者日益增多,居民往来不定,贫民分化极为严重,市内乞丐和贫民人数很多,以至于列队游行,沿街乞讨,成为汉堡市一个最严重的问题。为了解决这一问题,1788年德国汉堡市长采取一种救济制度,对各国社会救济制度与救济方法有很大影响。该制度是由布希(Busch)教授起草的,其内容主要有:(1)该市设一中央办事处,综合管理全市救济业务,全市分为若干区,每区设监察员一人,赈济员若干人;(2)救济方法为助人自助;(3)为失业者介绍工作;(4)将贫苦儿童送往职业学校习艺;(5)将患病者送往医院诊治;(6)对沿街乞食者不准施舍,以取缔无业游民并使贫民不养成依赖心理。该制度施行了13年,颇见成效,后来由于贫民不断增多,救济人员不足而趋于衰微。

1852年,德国另一小市镇爱尔伯福,仿照汉堡制并加以修正改良,提出了一种新的制度,即爱尔伯福制。该制度的实施结果,大有成效,对于救济工作方法有较大贡献。爱尔伯福制的要点有:(1)将全市划分为564段,每段约有300人,其间贫民不得超过4人;(2)每段设赈济员一人,综合管理全段救济工作;(3)求助者都必须与赈济员接洽,赈济员要先到求助者家中作家境调查,调查后确认有需要才给予补助,其后每两周调查一次;(4)为不养成贫民的依赖心理,赈济款必须按照法律新规定的最低标准,并且赈济员须办理段内有关贫穷的预防工作,如介绍职业、训练与管理游民等;(5)全市每14段为一赈济区,每区设监察员1人,负责领导区内各段赈济员的工作并向中央委员会汇报;(6)中央赈济委员会由十四段联合组成,每两个星期开一次会,由区监察员任会议主席,讨论全区济贫工作并形成报告、提案,交给中央委员会;(7)中央委员会为全市最高救济机关,从总体上管理全市济贫所、医院及院外救济事项,中央委员会也是每两个星期开一次会。

上述德国汉堡制与爱尔伯福制的基本精神与做法,后来被许多国家所采纳,并对社会工作制度和方法产生了直接影响。

(三) 慈善组织会社(1869年)

19世纪中期,英国失业与贫民问题日益突出,各种慈善组织纷纷成立,为了解决慈善组织之间缺乏联系,重复浪费,以至于相互冲突的问题,1868年,英国亨利·索里牧师参考德国汉堡制及爱尔伯福制的做法,建议成立一个组织,以协调政府与民间各种慈善组织活动。1869年,第一个慈善组织会社在伦敦成立,称为"伦敦组织慈善救济暨抑止行乞协会"。后易名为"伦敦慈善组织会社"。该协会接受了托马斯·查墨斯(Chalmers Thomas)的理论,认为个人应对其贫困负责,接受公共救济将摧毁贫民的自尊心、进取心与道德观念,使他们依赖救济为生,协会主张贫民应尽其所能维持其本人的生活。因此,他们反对公共救济,特别强调以道德的影响来改变贫民的生活方式。

慈善组织会社的明确目标是:要使英国尤其是伦敦的慈善事业组织起来,使之配合联系,发挥最合理的作用。该会社的方法是:(1)成立一个中央的管理与联系机构,并将伦敦全市划分为若干区,每区成立一个分支机构,每区有志愿委员会,主持救济分配工作;(2)区里统一受理申请救助案件,主持登记工作,设立询问部,提供有关求助者的资料,防止同时向多处救济求助的"职业乞丐"钻空子;(3)各区派员对于所有审理案件进行个别详细调查,也包括申请人的各种社会环境,如住房、健康、教育及工资等;(4)提高救济款物配额,满足申请人的生活需要。

自从1869年伦敦慈善组织会社建立以后,英国的其他城市以及美国等其他国家的大城市群起效仿。1877年,美国纽约水牛城成立了该国第一个慈善组织会社。到1883年,美国的慈善组织协会达到25个,形成了一个风行英美的慈善组织协会运动。

慈善组织会社对社会工作的贡献在于:一方面,他们派"友善访问员"访问申请救济者,以了解其社会背景和确定应采取的措施。调查后,针对不同的案件,分别予以处理。这种强调"个别化"的方法促使了社会个案工作的产生;另一方面,他们为各地联合协调慈善救济机构,以促使社区问题解决做出了种种努力,促进了社区组织工作的产生和发展。

(四) 睦邻组织运动(1884年)

继慈善组织协会后,在英美又兴起了睦邻组织运动。该运动产生的原因有两个:一是当时英国社会科学研究者和社会工作者力图对社会问题进行实地研究和实际的解决;二是产业革命既促进了工业化和城市化,又造成了社会的贫富分化,有感于这一点,发起人认为让受过高等教育的人与贫民共同生活,既可使贫民获得接受教育和享受文化生活的机会,又可实现政治上的民主与平等,同时还可以促进对贫穷问题的深入了解和合理解决。在这种背景下,睦邻组织运动以社区睦邻服务所的建立为标志,以知识界人士的广泛、深入地参与社区生活,调动并利用各种社会资源服务于社区居民为特色,是社会工作萌发时期最有影响力的事件之一。它为社区工作方法奠定了基础。

睦邻组织运动或称社会公社运动,即社区改良运动。该运动始于1884年英国牧师巴涅特在伦敦东区贫民区所创立的"汤恩比馆"。巴氏任东伦敦郊区牧师期间,发现很多失业者、患病者以及住在污秽拥挤住宅中的人们,于是,巴氏发动牛津、剑桥大学两校对协助贫民有兴趣的学生前来该地为贫民服务,并与贫民共同生活,以了解贫民的生活情形。当时,有一位叫汤恩比的牛津大学经济学系讲师,是一位虔诚的基督教徒,与巴涅特兴趣相投,尽心尽力于共同的事业。不幸汤恩比年仅30岁时便因肺病去世。为纪念亡友的伟大牺牲精神,并为号召知识青年为贫民服务以继承汤恩比的遗志,巴涅特约集友人成立了社区睦邻服务中心,并取名为"汤恩比馆"。该服务中心成立后,影响很大。睦邻组织运动迅速向各地扩展,形成潮流,并发展成为世界上许多国家的一种社区改造活动。美国于1886年创立了第一个睦邻公社,到1939年时,全国已有500余个如汤恩比馆那样的睦邻服务中心,其特点主要表现为:(1)设立贫民区,备有宿舍,所有工作人员与贫民共同生活,其口号为"工作者与工作对象相亲相爱";(2)没有既定的工作计划,视居民实际需要进行工作;(3)尽量利用并发挥当地人力,培养居民自主自立,互助合作的精神,为地方服务;(4)除使各地的社区睦邻中心成为当地的服务中心之外,还尽量设法将本国及外国文化向当地居民介绍,使之成为当地的文化中心。

睦邻组织运动对于社会工作有着重要的意义:(1)它说明社会工作方式应从社会与个人两方面同时入手,以寻求个人与社会生活的改善;(2)社会工作应随时依据社区实际需要规划工作,并应发动、组织或配合社会力量来共同进行;(3)社会工作应以促进全面的社会福利为目的,从而要求把整个社区作为工作对象;(4)社会工作进行的方法,不仅可用社会个案工作方法,而且还发展了社会团体工作与社区组织两种工作方法。

二、全国性社会保障制度的建立对社会工作的影响

随着资本主义工业化所产生的社会问题日趋严重,那些局部性、地方性、临时性的救济措施已不敷应用。为了稳定资本主义社会秩序,西方国家政府在所举办的系统的社会福利的基础上,创立了全国性的社会保障制度,为现代社会工作奠定了制度基础。

(一)德国的社会保障制度

历史上,最早建立社会保障制度的国家是德国。1883年,德国首相俾斯麦审时度势,改严厉为温和手段,创立强制劳工保险制度,并从1883年的疾病保险发展到1884年的职业灾害保险以及1889年的残疾与老年保险。采取危险分担的保险原则,集合工人、事业主以及政府的财力,保障劳动者在遇有疾病、伤害、老残、死亡时,支付保险给付,以应付事故的需要,给劳动者以保障。这一制度实施以来,工人情绪趋于稳定,生活逐渐改善,社会渐趋安定。此后,德国又在这一制度的基础上采取了一系列新的社会保障措施。

(二)英国的社会保障制度

继德国之后,英国也开始建立了社会保障制度。英国于1911年通过了《国民保险法案》,设立疾病与失业保险。1925年通过《寡妇、孤儿及老年补助年金法案》。1934年通过了《失业法案》,扩大和加强了社会保险的项目与内容。1942年,英国发表了《贝弗里奇报告》,该报告书为一划时代的社会改革文献,对英国乃至西方现代社会保障制度的建立产生了极为深远的影响。该报告书强调四项主要原则:(1)每个国民均须列为社会保险对象;(2)主要的谋生能力丧失的危险——疾病、失业、意外伤害、老年、守寡、产妇——包括在一个单独保险中;(3)采取均等费率,即不管纳费者的收入是多少,一律缴同等费率;(4)采取均等给付,使每个人有相等的权利。该报告书还提出了一个满足国民基本需要的社会保险方案,即普及性的所谓"从摇篮到坟墓"的全面社会保障计划设想,从而成为现代"福利国家"模式的基础。到1948年,《国民保险法》《工业灾害保险法》《国民健康服务法》《儿童家庭补助法》《国民扶助法》等,在英国相继制定并生效。初步完成了"从摇篮到坟墓"的社会福利体系,成为一个实施最完备的、全国性的社会保障制度的国家。与此同时,社会工作也成为一门独立的职业,以此来推行社会保障体系的实施。

(三)美国的社会保障制度

美国自1929年纽约股票交易所破产所引起的经济大恐慌之后,失业人数骤增,政府救济费用日渐沉重。当时,胡佛总统仍固守其信条,认为私人救济失业应继续为失业者解决问题。1933年罗斯福就任美国总统后,推行所谓"新政",开始由政府负责办理全国性的社会救济与福利事业,改变了过去美国救济事业只应由地方和私人办理的旧传统,先后设立了各种联邦救济行政机构,采取了联邦救济的各项措施,加强了民众需要一个"全国性计划"的观念,为美国社会安全制度的发展铺了一条新路。1933年12月颁布实行《联邦紧急救济法案》,此举改变了美国救济事业应由地方办理的传统观念,认为此种社会救济及福利事业应以全国人民为对象,政府应负责办理普及全国的社会福利行政。此后,美国于1953年制定了历史上著名的《社会保障法案》,从而在美国正式建立了全面的社会保障制度。其主要内容包括以下三个方面:其一是社会保险方案,包括老年保险制度、失业补偿制度;其二是公共分类救助方案,以老年人、贫苦穷人及失去依靠的儿童为救助对象,后来永久或完全丧失劳动能力的残疾人的救助也纳入该方案中;其三是卫生及福利方案,包括妇幼卫生服务、残疾儿童服务、儿童福利服务、公共卫生服务及职业培训等。20世纪60年代中叶,林顿·约翰逊总统运用"新政"的意识形态,采取了一系列扩大福利救济的措施。在此期间,世界上的许多国家开始引进和创建社会保障制度,到1979年止,已有134个国家在不同程度上建立了社会保障制度。

西方国家社会保障制度的发展说明,现代社会逐渐趋向重视维护民众福利的进步观念,政府进一步承担起了其对民众的责任。同时也促使了社会工作的出现,并逐步扩大了社会工作的范围,使社会工作成为一种由政府或私人社团举办的广泛性的社会服务。

三、专业社会工作的建立与发展

专业社会工作产生于19世纪末20世纪初。人们一般倾向于认为,1917年玛丽·里士满(Mary Richmond)《社会诊断》一书的问世,标志着专业社会工作的诞生。里士满在该书中创立了一个个案工作的社会诊断模式。《社会诊断》一书主要是从社会学观点出发,强调社会因素在了解个人行为时的重要性,把医学知识应用于社会工作专业,从而使社会工作走向多学科的融合。同时,该书还试图使社会工作方法与技术作为一套独立的知识系统加以传授,首次把这种助人的工作加以专门研究和讲授,这无疑是社会工作专业的一个正式起点和一个新的里程碑。由于里士满的突出贡献,她被人们誉为专业社会工作的创始人。1921年,里士满再次强调指出,社会工作需要一套伦理。1923年,全美社会福利会议正式讨论通过了可供社会工作者使用的伦理守则。在社会工作专业形成过程中,社会工作专业组织发挥了重要作用。第一个社会工作教育组织是成立于1917年的"美国专业社会工作训练学校协会",后改名为"美国社会工作学校协会",积极推动并落实硕士阶段的社会工作教育。同时,美国社会工作者交流组织扩大成为"美国社会工作者协会",美国医院社会工作协会、美国团体工作研究协会、美国社区组织研究协会、社会工作研究小组等专业社会工作组织也相继出现。

受20世纪30年代世界经济大萧条的影响,美国失业人口剧增,形成了严重的社会问题。原有的私立机构因没有足够的经费应付广泛的问题，于是政府的各级公立机关也加入这一行列，由联邦政府提供资金，同时着手保险法案的立法。20世纪50—60年代，公立大学纷纷设立社会工作的科系、成立社会工作学院，该时期，有关社会工作专业形成的理论也获得发展。50年代后期，格林伍德（E. Greenwood）发表了《专业的属性》一文，认为要构成专业的职业团体，必须具备以下5个特质才构成专业：（1）一套系统化的理论体系；（2）专业权威；（3）社区的认可；（4）一套规定的伦理守则；（5）一种专业的文化。依据这5点，格林伍德认为社会工作在当时已经成为一个专业，但许多人只倾向于把社会工作看作一个准专业。此时，美国的社会工作已经高度专业化，社会工作者在社会上像医生、律师、会计师等职业一样拥有专业地位，受到社会的尊重，建立了完善的社会工作员制度，强调有执照社会工作人员的专业精神和专业道德，明确了对无专业精神或缺乏公德的工作者的惩罚措施。

教育方面，从1919年到1953年，美国社会工作专业教育机构日趋完善，已逐步形成本科、硕士两个阶段的社会工作专业教育体系，培养了社会工作专业人才。

20世纪60年代以后，由于美国高度工业化、都市化以及科学技术的突飞猛进，导致传统的宗教信仰及家庭观念一落千丈，家庭形态乃至整个社会结构发生急剧变化，个人主义及存在主义盛行，加上黑人暴动、妇女运动、学生运动，形成了许多严重的社会问题，诸如青少年犯罪、吸毒、失业、酗酒、离婚、自杀、精神病，以及儿童的教养、老人的安置问题等。这些问题，通过传统的以直接服务为主的个案，社会工作是难以解决的，而以间接服务为主的社会行政工作、社会团体工作和社区工作因其解决社会问题的整体性、综合性而得到发展。同时，人们也开始注重预防工作，强调整个国家的社会规范、社会政策与立法及社会保障制度的作用。社会工作教育无论在规模上还是在内容上都发生了很大的变化。在这个时期，美国有11所新的社会工作学院成立。这些学院注重将分割的理论与实务进行综合，许多学院开始教授统一的社会工作理论与实务；有些学院尝试把传统的三种或五种方法整合成一种或两种课程，即承认其共同性，也承认每种方法的特殊性。同时，这个时期的专业教育除重视社会工作理论外，还强调社会工作研究，使得社会工作如同心理学、社会学、人类学一样，成为行为科学的一种；社会工作研究也由昔日描述性的报告向数量化与经验性的实证研究方向发展，社会工作向更整合、更广、更深的专业方向发展。

从20世纪初至今，西方的专业社会工作经历了几个重要的发展阶段。综合世界各国社会工作的发展趋势，可以概括为：（1）从非专业发展到专业化与学科化;(2)从较少有理论指导发展到有整合性的专业理论视角;(3)由消极的救济工作发展到积极的预防、保障;(4)由面向少数对象提供服务发展到面向全体社会成员;(5)由单纯的对少数人救济发展到多方面着手来提高全体人民的福利;(6)由传统个案工作为主发展到综合性、整体性的社会行政、社会政策与社会工作专业制度;(7)由不计成本的工作发展到讲究方案的评估及成本效益的分析;(8)由无组织、不成系统的志愿工作发展到有社会工作组织机构的专职工作。

第三节 中国社会工作的历史与发展

专业社会工作最初产生于西方,社会工作的本质是助人自助,是从一般性的助人活动中发展起来的,而在我国历史上很早就有社会福利的思想和救贫济困的实践。

一、我国古代的社会福利思想及社会救助措施

(一)我国古代的社会福利思想

1. 儒家的社会福利思想

社会福利思想的萌芽可以追溯到古代夏商周时期,先秦诸子的著作中更是高度阐述了我国早期的社会福利思想。以孔子提出的"大同社会"的理想最具代表性。孔子还主张分配平均,如"丘也闻有国家者,不患寡而患不均,不患贫而患不安。盖均无贫,和无寡,安无倾"(《论语·季氏》)。这些思想在当时的历史条件下,仅是一种超时空的幻想和美好的追求。但不可否认的是,这些美好的理想和有价值的思想对我国后来的社会福利思想及实践产生了深远的影响。从一定意义上说,孔子的大同思想和分配平均的思想可以被看成是现代的老人福利、儿童福利、社会救济、医疗保健、婚姻咨询、健康服务、贷款扶贫、就业服务、社会安定等思想在历史上的最初萌芽。

孟子的社会福利思想在《孟子·梁惠王上》中多有阐述,"仁政"是其主张的核心。"未有仁而遗其亲者也,未有义而后其君者也,王亦曰仁义而已矣,何必曰利?""老吾老,以及人之老;幼吾幼,以及人之幼","推恩足以保四海,不推恩无以保妻子。古之人所以大过人者,无他焉,善推其所为而已"。这些记载都集中地体现了孟子的"仁政"思想。孟子还提出社会互助观,"出入相友,守望相助,疾病相扶持,则百姓亲睦"(《孟子·滕文公上》)。这些思想同样对我国后世的社会福利思想及实践产生着重要的影响。

2. 道家、墨家、法家的社会福利思想

老子主张"无为","寡欲知足";庄子主张"天帝王之德,以天地为宗,以

道德为主,以无为为常"。可以说,老、庄的这种反对上"多为",提倡下"有为"的思想与现代社会提倡"人民参政"和"小政府、大社会"有相通之处。

墨子主张兼爱、非攻。他向往的社会是"天下之人皆相爱,强不抵弱,众不劫寡,富不侮贫,贵不熬贱,诈不欺愚"。墨子还向往康乐、互助的社会,他主张"有力者疾以助人,有财者勉以分人,有道者劝以教人。若此,则饥者得食,寒者得衣,乱者得治,劳者得息"。墨子主张的兼爱、康乐、互助的思想,可以作为现代社会工作的风范。

法家倡导的社会福利思想以管子的九惠之教为代表。《管子》中记载:"入国四旬,五行九惠之教,一曰老老,二曰慈幼,三曰恤孤,四曰养疾,五曰合独,六曰问疾,七曰通穷,八曰赈困,九曰接绝。"

道家、墨家、法家的社会福利主张,对我国后来社会福利思想及实践同样具有一定的影响。

3. 佛家的社会福利思想

佛家的社会福利思想散布于经律之中。其行善的教义为布施、福田、无尽、慈悲、放生、报恩。出家人依照佛教行善论功德,持续不断地从事福利服务工作,对东方各国的社会福利自然有不小的影响。其慈善、平等的思想,虽带有浓厚的"福极""修福"的观念,但启迪了社会福利助人事业的发展。

(二)我国古代的社会救助措施

1. 保息六政

早在周代,统治者为维护社会安定,制定了社会福利和救助政策,采取措施救济荒年灾民。《周礼·大同篇》记载:"荒政十二聚万民,一曰散财,以给粮食;二曰薄征,以减租税;三曰缓刑,以省刑罚;四曰驰力,以息徭役;五曰舍禁,开山林之禁;六曰去几,七曰告礼,以减少吉礼;八曰杀哀,以减少凶礼;九曰蕃乐;十曰多婚;十一曰索神鬼;十二曰除盗贼。"《周礼·司徒篇》中记载:"以保息六养万民:一曰慈幼,二曰养老,三曰赈穷,四曰恤贫,五曰宽疾,六曰安富。"实际上与现代的社会福利内容是相通的,即保护儿童,赡养老人,扶助穷人,社会救助,医疗保健,社会安全。

2. 设社仓,立乡约

(1)常平仓。此项措施自汉朝开始,其目的在于荒年平衡粮食买卖,救济灾民。其具体做法是:常平仓者置理仓舍,当粮食价格低时适当抬高粮价买入储存起来,到粮食价格高时再适当压低粮价卖给百姓。这种仓制正式确定了我国的仓储制度,具有社会福利、社会救助的性质。

(2)义仓。隋之后唐朝继承了"义仓"的设置,待荒年或青黄不接时散放,赈济灾民。义仓是由政府课税或由富户义捐粮食,积储在仓内以备用,而且官府派专人管理。到了宋代,宋太祖赵匡胤根据"取有余补不足"的原则,下令"各州所属县各置义仓,以备凶歉"。

(3)社仓。社仓是一种类似农贷的民间合作组织。它是由各地人民捐集粮食,或由政府贷给粮食,在各乡设仓储存,遇灾年或青黄不接时用以救济邻里贫户。社仓主要是由社会或人民自行管理,管理者为社仓参加人或由设立者公开推选。

(4)乡约。我国古代还存在一种乡约制度。所谓"乡约",即同住在邻近地区的人共同遵守的规范。其内容有道德相励、过失相规、礼俗相交、患难相恤等四大项。我国的乡约始于北宋的"吕氏乡约",明朝王阳明先生也订有"南赣乡约"。这些乡约制度同样符合现代社区发展的基本要求。

历代的这些慈善工作制度和措施,虽然在一定程度上给百姓以救济,对传统社会的稳定起了一定的作用。但是,必须认识到,无论是传统的福利思想,还是一些慈善制度和措施,其最大的缺陷是忽视了个人的存在,因此,传统社会的稳定是以牺牲个人权利为代价的。而且,这些社会福利说到底是"君王的仁政",而非"人民的权利"。由于中国封建社会治少乱多,生产落后,交通不便,因此其救济事业多以临时抢救的救荒事业为主,经常性的贫民救济及其他社会福利事业甚少,未能形成一种普遍的制度。

二、新中国成立前的社会工作

(一)现代社会工作教育的萌生与发展

20世纪20年代初期,社会工作在我国作为社会学的一门分支学科或独立学科出现,它标志着我国慈善事业、救济事业向专业的社会工作过渡。随着社会学在中国的出现,与社会工作相关的专业团体相继成立,社会工作教育与培训也逐渐发展起来。社会工作课程最初是在一些高校(如燕京大学、沪江大学)开设的。到30年代初,在全国各高等院校中,已有10余所大学设立了社会学系,至新中国成立前夕又增加至20余所。这些设有社会学系的院校不仅注重社会学理论,同时也注重社会工作。当时我国高校的社会工作教育,最为鲜明的特点是注重调查实践。即通过参观、访问、实地调查,让学生发现社会问题,学习社会工作方法,锻炼自身的社会工作能力。雷洁琼等在《燕京大学社会服务工作三十年》中总结了三个方面的经验:(1)参观访问,接触实际。教师带领学生参观访问慈善机构,包括施粥厂、育婴堂等,了解其中所反映的社会问题。教师还带领学生到贫民窟、监狱、妓院、煤窑进行实地调查,分析、探讨社会问题产生的根源。(2)社会服务个案工作方法实习。学生学习应用个案工作方法,到医院、监狱、慈善机构等单位去为求助者服务。如在监狱实习的学生,对犯人进行个案调查,访问其家庭,了解其犯罪原因,根据实际情况提出治疗意见。(3)培训农村社会服务人员。燕京大学社会学系组织学生到北平郊区清河镇开展农村社区的社会调查,建立乡村服务实验基地,如开办家庭工艺厂、补习学校和医院,开设职业培训班,开展公共卫生、文化学习、公共娱乐和体育活动等。

(二)乡村建设运动

随着社会工作专业地位在欧美被确立,社会工作不断发展,中国知识分子深受其影响,在20世纪20—30年代发动了在现代中国社会事业发展史上比较有名的"乡村建设运动"。在20年代中期,以晏阳初、陶行知、梁漱溟、李景汉为首的知识分子感慨中国的落后与衰败,力图通过教育和唤起民众来振兴中国,并认为中国的事情应该从农村做起。因此,他们以改良主义的社会教育工作为中心,在农村开展平民教育,进行乡村建设的实验。其中较为著名的有晏阳初的定县平民教育试验区,陶行知的南京晓庄试验乡村师范学校和江苏宝山师范学校,梁漱溟的山东邹平乡村建设研究院等。他们所推行的乡村建设运动,志在复兴中华民族的文化与民族自尊心,开展乡村自救运动以推动社会发展。

此外,清河实验,山西村治,浦东公社,赣南建设等,也都是通过改造乡村社区以促进社会变迁。乡村建设运动限于当时的社会历史条件,只能对社会起到修修补补的作用,但是,作为我国现代社区发展和社区服务事业的一个开端,对专业社会工作的发展有一定的贡献,究其在社区发展方面的特点,有以下几点:

(1)从社会调查着手,发现并确认社区的需要;(2)从教育入手,发动民众,鼓励民众广泛参与;(3)在对社区调查情况进行分析的基础上,制订计划,有步骤、有计划地推进工作;(4)争取政府和地方势力的支持。这些乡村发展工作对推进发展中国家的社区发展工作产生了积极的影响。

(三)国统区的社会工作

国民党统治时期,在社会工作方面做了一些努力,制定了一些政策或措施,同时也开展了一些社会工作方面的实务工作。尤其在社会行政方面,取得了长足的进步。1927年南京临时国民政府设有内务部,掌管民政事业,主要职责有:(1)警治,负责组建警察部队,维护全国的治安、卫生等事宜;(2)根据资产阶级"自由平等""天赋人权"的原则,维护人民选举、参政、居住、言论、出版、集会的权利;(3)解放"胥民""惰民"等所谓"贱民";(4)严禁买卖人口,禁止蓄奴;(5)与外交部合作保护华侨,禁止贩卖华工;(6)改良社会风尚,允许初等小学男女同校,提倡"自由、平等、博爱"的公民道德,禁止蓄辫、缠足、赌博等。此外,对于救济灾荒和救济鳏寡孤独残疾等,内务部也作了规定。到抗日战争时期,社会事业有了较大的发展。

1938年,国民党政府成立了赈济委员会,接着在国民党中央委员会内设立社会组织部,该部于1940年改为社会部并隶属于行政院,成为民国以来政府设置的最高社会行政管理机构的开始,其职责范围包括社会救济、社会福利、社团组织、社会运动、社会服务、劳工及合作行政等。1942年,行政院当局颁布了省社会处组织大纲,规定各省政府设社会处,县市设社会科,至此,较为完备的社会行政体系建立了起来。同时,社会政策及立法工作也已展开,1945年,国民党政府颁布了四大社会政策纲要。这些政策和措施其目的是为了巩固国民党的统治,维护当时的社会稳定。

(四) 苏区的社会工作

中国共产党在革命根据地时期就很重视社会工作。根据地人民在党和政府的领导下,在解放区救济总会等部门的具体指导下,开展了拥政爱民、禁烟禁赌、生产自救、社会救济、战地服务等工作,取得了很大成绩。1931年11月,中国共产党在江西瑞金成立了中华苏维埃共和国临时政府。苏区政府于当年相继颁布了《中国工农红军优待条例》《红军优抚条例》《优待红军家属条例》《优待红军礼拜六条例》。1932年,中央革命军事委员会又发布了《关于组织抚恤委员会的训令》。1934年又颁布了《优待红军家属耕田队条例》。这些条例的主要内容有两点:一是抚恤红军战士,二是优待红军家属。由于当时苏区政府非常重视优抚和拥军优属工作,因此,在苏区政府的领导下,这些条例得到了认真的贯彻落实,从而鼓舞了军民的革命热情,团结了人民群众,壮大了革命队伍。

中国共产党在苏区开展的这些工作,解决了当地群众生产和生活问题。通过这些群众路线的工作方法,推动了革命事业的胜利发展,也为新中国的社会工作提供了有益的历史经验。

三、新中国的社会工作

(一) 改革开放前的社会工作

在社会工作专业教育和实务领域,我国走过了一条曲折的道路。1952年高等院校实行院系调整,社会学和社会工作专业被取消,专业人员转而从事其他工作,这两个专业被迫陷入停顿状态。在计划经济体制下,民间性的专业社会服务机构和社会工作实务基本消失。不过,在民政领域由政府主办的各项实际工作不断发展,传统型的社会服务对特定的社会群体发挥了重要的保障作用。新中国成立初期,旧社会遗留下来的大量严重的社会问题摆在中国共产党和人民政府面前,社会工作的任务是非常艰巨的。为解决这些问题,党和政府做了大量艰巨的、卓有成效的社会工作。

1. 救灾济贫工作

救济工作一方面是救灾,另一方面是济贫。针对救灾工作,党提出了"生产自救、群众互助、以工代赈、并辅之以必要的救济"的总方针。根据这一方针,党和政府依靠广大人民群众,一方面重视防洪、防涝、防旱等各项水利建设,搞好水土保持,减少灾荒,以保证农业生产的稳定发展,另一方面,派出大批干部深入灾区指导生产救灾工作,同时采取了许多行之有效的措施,如调粮救灾,公粮减免,抢救疫症、组织移民等,帮助灾区人民战胜灾荒所带来的各种困难。50年代初,针对大量的人们处于极端贫困状态,难以维持起码的生活条件的状况,民政、劳动等有关部门进行了大量的社会救济安置工作,使大批贫困人口解决了暖饱问题,有了基本的生存条件。

2. 救助残疾人工作

旧社会由于长年的战争,极端的贫困以及十分简陋的医疗条件,因此残疾人面广量大。这些残疾人生活在社会的最底层,四处流浪,有时还影响社区的秩序。针对这些情况,各级民政部门与街道组织有劳动能力的残疾人参加生产,进入福利工厂做工,使他们的生活有了保障。

3. 优抚工作

新中国成立之后,人民政府制定了一系列条例,保证优抚工作的实施。优抚的对象包括:烈军属、革命残废军人、复员军人以及因参战和参加经济建设而负伤、牺牲的民兵及其家属等。具体抚恤内容包括牺牲病故抚恤、残废抚恤、公费医疗、医疗费减免、生活补助等。这些项目的资金主要来源于国家财政拨款,也有向集体和个人的摊派。此外,国家还开办了烈士子弟学校、伤残军人学校、伤残军人休养院、复员军人慢性病疗养院等。

4. 改造工作

旧社会,中国的农村和城市存在着大量的失业人群,他们没有任何谋生的正当途径,不得不通过不正当的职业来维持生活,因此,土匪、流氓、乞丐、娼妓和许多迷信职业家等群体大量滋生。新中国成立后,为了将游民和娼妓改造成适应新社会的自食其力的新人,党制定了政治思想教育和组织劳动相结合,改造和安置相结合的基本方针。根据这一方针,各地人民政府在群众的支持下,断然取缔封闭了滋生丑恶的场所,包括妓院、赌窟、烟馆、流氓窝点;设立劳动教养所、新人习艺所、妇女教养所等教养单位,对妓女、流氓、乞丐等,通过说服动员与强制收容相结合,定期收容与经常收容相结合,以及外移乡村改造的方式,将他们集中到教养单位进行改造。根据"政治思想教育和组织生产劳动相结合,改造与安置相结合"的方针,帮助他们改变寄生思想和游堕习气,学会一定的劳动生产技能,使他们成为自食其力的新人。

新中国成立初期,我国开展的这一系列大规模的社会改造工作,不仅维护了社会治安,而且解决了旧社会遗留下来的许多社会问题,对于稳定社会秩序、巩固新生政权、恢复国民经济产生了不可低估的积极作用。但上述工作主要是一些政务性的改造工作,而非专业意义上的社会工作。

(二) 改革开放以来的社会工作

1978年党的十一届三中全会以后,党在思想战线上恢复了实事求是的优良传统,从而为专业社会工作的恢复奠定了思想基础。1979年,社会学在我国得到恢复与重建,有关社会工作的课程也陆续在社会学系中开设。尤其值得一提的是费孝通教授于1981年指导和主持编写的《社会学概论》专设"社会工作"一章,开了我国恢复和重建专业社会工作的先声,专业社会工作逐步跨入发展的新时期。根据《中国社会工作发展报告(1998—2008)》,改革开放后,社会工作自1988年正式开始恢复和重建以来,历经专业社会工作的恢复和拓展、社会工作实务和职业化探索、推进社会工作制度和体制建设等主要发展阶段,社会工作专业化、职业化取得了长足的发展,积累了本土化的初步经验,为全面建成小康社会和社会主义现代化建设做出了重要贡献。

我国专业社会工作的恢复和发展,以1987年民政部召开"社会工作教育发展论证会"为起点,以1988年国家教委批准在北京大学社会学系设立社会工作与管理专业为标志。此后,中国人民大学、吉林大学等也建立了同样的专业,北京大学于1989年开始招收首批社会工作与管理专业本科生和该专业方向的硕士研究生。中断了30多年的社会工作教育开始恢复,社会工作专业在各个高等院校得到了较快发展。经过多年的努力,高等院校的社会工作专业初步形成了大专、本科、硕士研究生三个办学层次。对专业社会工作实务的探索,以1997年上海市率先开展社会工作实务试验为起点;专业社会工作职业化的探索和初步规范,以2004年劳动和社会保障部颁布的《社会工作者国家职业标准(试行)》、2006年人事部和民政部颁布的《社会工作者职业水平评价暂行规定》和《助理社会工作师、社会工作师职业水平考试实施办法》为标志。在这期间,社会工作实务在各领域广泛开展,主要有社区社会工作、学校社会工作、老年社会工作、医务社会工作、家庭社会工作、救助管理社会工作、优抚安置社会工作、民族宗教社会工作、农村社会工作等实务。推进我国社会工作制度和体制建设以中共十六届六中全会提出加强社会建设、完善社会管理、建设宏大的社会工作人才队伍的任务为标志,党的十六届六中全会做出的《中共中央关于构建社会主义和谐社会若干重大问题的决定》指出,要"建设宏大的社会工作人才队伍。造就一支结构合理、素质优良的社会工作人才队伍,是构建社会主义和谐社会的迫切需要。建立健全以培养、评价、使用、激励为主要内容的政策措施和制度保障，确定职业规范和从业标准，加强专业培训，提高社会工作人员职业素质和专业水平。制定人才培养规划，加快高等院校社会工作人才培养体系建设，抓紧培养大批社会工作急需的各类专门人才。充实公共服务和社会管理部门，配备社会工作专门人员，完善社会工作岗位设置，通过多种渠道吸纳社会工作人才，提高专业化社会服务水平"。这就对社会工作制度建设做出了战略部署，并强有力地推动了我国社会工作专业化、职业化的发展。

近年来，社会工作得到了快速发展，为促进社会和经济协调发展做出了积极贡献。《中国社会工作发展报告（2015）》表明，在社会工作事业发展顶层设计、社会工作人才队伍建设、社会工作专业服务等多方面取得了骄人的成绩。在顶层设计方面，2015年3月5日，国务院总理李克强在政府工作报告中指出要"支持群团组织依法参与社会治理，发展专业社会工作，志愿服务和慈善事业"。"发展专业社会工作"首次被写入政府工作报告，纳入了政府议事日程，这是继2006年党的十六届六中全会提出"建设一支宏大的社会工作人才队伍"这一战略部署后，在社会工作发展史上又一个具有里程碑意义的大事。在人才队伍建设方面，截至2015年年底，全国有321所高等院校开办了社会工作专业本科，70所高职高专院校开设了社会工作专业专科，其中具有社会工作硕士学位（MSW）授予权的学校104所。同时，抓好普及培训，各地通过多种方式培训各类社会工作从业人员。深圳市要求社会工作者在每年度接受专业继续教育累计不少于15天或120学分。北京市纵向形成区、街（乡）、社区三级培训体系，横向为社工构建了初任培训、岗位培训、进修培训和继续教育四大类课程体系的社工职业教育格局。持续推动社工职业水平考试。报考2015年全国社会工作者职业水平考试的人数有27.7万人，比上年增加7万多人，增幅为33.8%。其中，34 274人取得助理社会工作师证书，13 155人取得社会工作师证书，取得社会工作者职业水平证书人员的总数已达206 183人，为社会工作发展提供了力量。在实务领域，社会工作服务范围不断扩大。在创新示范项目，预防青少年犯罪、参与救援行动，合力搭建协作平台、协调整合资源，探索禁毒社工工作模式、深化医疗改革，促进医务社会工作迈上新台阶等方面取得了显著成效。为了适应基层社会治理创新的现实需要，通过开展专题调研、经验交流、项目推进、模式探索创新等方式，积累了丰富的本土经验。

第三章 社会工作的哲学基础、价值观与专业伦理

在助人实践活动中,社会工作者对其行为的合理性及改进性的反思都涉及社会工作的价值观与伦理道德问题。树立正确的价值观对社会工作者具有举足轻重的意义。因此,本章主要讨论社会工作哲学基础与专业伦理方面的内容。

第一节 社会工作的哲学基础

一、社会工作哲学基础的形成

哲学一词源自古希腊语"sophia",意指"智慧"。西方哲学之父苏格拉底将该词演绎为"philosophos",其中"philo"的含义是"爱",苏格拉底希望众生成为懂哲学的"爱智慧之人"。这里的"爱"取意并非单指"关爱",更包含了"探索、追求"的含义,"智慧"也不是仅指"知识的智慧",而是包括对所有现象、事物、行为乃至情感的思考与解答。哲学是人们关于自然世界、经验世界和思想世界的总体概括与根本观点。作为一种"终极的智慧",它指引人们探寻世界本质,在具体社会领域开展实践活动。

发端于18世纪的工业革命引发了深度的结构性社会矛盾,失业、贫困、犯罪等问题严重困扰西方资本主义社会。长期以来,宗教在西方扮演着扶贫济困的主要角色,大量社会救助活动由深受基督教义影响的爱心人士予以推动。在基督教影响下,对人的主体性(自我担当)的承认,对人通过意志弃恶从善的假定,对人由他助变为自助的价值观念都自然内化到教徒的助人实践活动之中,形成了西方社会工作最原初的哲学基础。随后,19世纪的西方社会历经文艺复兴和启蒙运动,至20世纪初形成了人道主义哲学思想体系,将关注人性、尊重人权、弘扬自由、追求人类生活真、善、美作为人道主义的核心价值主张,从而又为社会工作者开展以人为本的专业服务工作提供了从助人观念和原则到助人方向和目标的哲理依据。"二战"以后,残

酷的战争阴影与战后重建的物质繁荣并行,人性在战争中泯灭的事实使一部分人开始信奉"存在主义",认为人追求美好生存的目标难以实现,而战后经济复苏也带来一些人的物欲膨胀从而日益远离互助与友爱,社会工作所信奉的"人能自我完善"与利他主义价值观的普遍建立因此而遭遇暂时的挫折。但所幸的是,社会福利观念依托西方民主政治实践中的"福利国家"建制而逐步深入人心,"政府和社会担当起为人民提供福利的责任"借助社会行政转化为实际的行动,最终,社会福利思想成为社会工作专业哲理中的精髓,与新教伦理、人道主义一道共同构成了西方社会工作从实践领域中确立的专业哲学基础与价值来源。

社会工作是人类开展的一项专业的助人实践活动。"专业"一词正意味着社会工作者的助人行为需要有"智慧",一些无意识的、无规律的,甚至一些完全出于情感冲动所产生的帮助行动则不具备"专业性"。"专业性"的获得依靠"智慧"向实践者提供与行为有关的知识与规则,社会工作服务实践背后的哲学基础正是保障社会工作者助人活动具备"专业性"的"智慧之源"。所谓社会工作专业实践的"智慧之源",更为通俗的理解就是,社会工作者在具体的服务实践中从本专业的哲学基础出发,确认自身对人、事物、环境以及彼此间关系的根本看法,从中理解生命、尊严、权利、责任等所有与人类生存和发展有关的意义,并将这种理解作为从事专业助人活动的精神支持,从而履行自己所信奉的专业信念,实现服务目标。哲学之于社会工作的实践意义在于:它为从事社会工作专业服务的实践者提供了职业信念、伦理依据与道德操守。

二、社会工作哲学基础的理论传统

社会工作的哲学基础经初步形成后并未停止发展与变化,更确切地说是从未停止过其哲学基础的自我反思,社会工作专业存在所依据的理论传统正是其哲学基础不断自我反思的结果。社会工作专业正是在这些哲学理论的影响下确立了学科的理论使命、核心概念与基本命题、研究的对象、方法论以及实践指向。当前,社会工作的哲学基础逐步形成了实证、人本、激进和社会建构四个传统。①

(一)实证传统

实证传统注重以科学的方法获得经验论据,在社会工作者的助人实践中确立相应的知识体系。秉持实证传统的社会工作者将受助者所面临的问

---

① 何雪松:《社会工作的四个传统哲理基础》,《南京师范大学学报(社会科学版)》,2007年第2期。

题及成因看成能够被确切认知的客观事实,助人者从受助人自身与环境中以科学的方法(如通过调查研究等判断受助者的问题性质、寻找受助者所面临问题的成因)论证助人方案的有效性。实证传统社会工作者还将适合于某个个案问题的解决方案应用于多个个案,他们相信现象之间存在着某些必然的因果联系,一些事件的发生有其原因,一些事件也会导致相应的结果,社会工作者从这些因果联系中发现问题形成与解决的内在规律。实证传统社会工作者对受助人问题的说明与解释更依赖于量化的证据,结论的得出多遵循自然科学论证中的统计归纳原则。社会工作者在实证传统下研究受助者所面临的问题要求保持价值中立,即对事物的观察不带任何价值判断,以此保证对受助人问题标准化的介入视角与手段。遵循科学的原则是专业知识体系构建的基本要求,实证传统下的社会工作助人实践竭力以客观证据证实某种介入方案的有效性与问题解释模式的合理性,因而逐渐成为指导社会工作实践的哲学基础的主流传统。

(二)人本传统

人本传统对社会工作专业领域的贡献莫过于对社会工作价值的确认。人本传统承认人的价值与尊严,因而每个受助人的独特经验是重要的。社会工作者注重对受助人情感、信念、体验和认知方面资料的收集,尝试充分尊重与理解受助者所呈现的现实状态,力求从整体的角度阐释受助人问题形成的历史过程及产生的影响。人本传统下的社会工作者相信受助人具备自我提升的能力,一些从受助人个体层次出发的助人手段的运用,如改善其与环境互动的状况、调解身心、改变认知、矫正偏差等,都能使受助人的功能获得恢复从而摆脱问题的困扰。但是,一些受助人所面临的困境并非源自于他自身,更多的可能是由他所在社会中制度缺乏公平性所带来的不平等造成的。这一局限使人本传统在社会工作领域中的应用更适用于受助人问题成因集中于个人层面的情形。人本传统与实证传统在方法论上的区别十分明显:人本传统含有道德伦理因素的考虑,而实证传统坚持价值中立的原则;人本传统承认个体特征的合理存在并以理解的方式介入受助人的问题,而实证主义通过大量样本的特征以检验与受助人问题相关的假设从而寻找介入的方案;人本主义以多元化视角看待受助者的需求,而实证传统则侧重标准化视角,因而实证传统下的社会工作者关注受助对象个体的同质性,而受助对象个体间的差异性更得到人本主义下的社会工作者的理解与认同。

(三)激进传统

激进传统为社会工作者的干预工作注入了"社会行动"的概念,这与激进传统的结构分析视角不无关联。马克思主义理论、社会批评理论、后结构主义理论以及女性主义理论是激进传统形成的理论来源。激进传统将对受助者状况改变的立场投向"社会",透过受助对象问题的表层去寻求问题背后政治权利与社会地位不平等的根源。激进传统并不轻易相信实证传统价值无涉(价值中立)原则的有效性,同时也不局限在人本传统的微观视野中试图改变个体境遇以挖掘受助人的潜力,而是时刻提醒社会工作者不断反思他们习以为常的意识形态、行为方式、话语体系,乃至他们当前所面对的社会制度是否存在着剥夺和压迫社会弱者利益的可能。激进传统把怀疑的声调指向现存的规则,唤醒大众的反思意识从而采取行动投入社会变革的浪潮之中,变革的目的指向对社会不平等和非正义的消除。在激进传统下,受助对象难以通过个体努力而改变的困境在社会工作者看来是由社会结构存在不合理因素造成的,需要通过赋权、采取反压迫、反歧视等一系列的社会行动来改变不利于受助者的意识形态、话语体系与社会规则。

(四)社会建构传统

社会建构传统从人们的日常生活实践中寻找理论要素以获得对事物和人类行为的真知,而不是从既存的理论出发在经验世界中寻找证据以确信事物存在的真实性。人们已经认定确实的知识,在社会建构传统看来可能包含有为某个特定群体利益服务的形成背景,因此知识的"真实性"应当与特定的政治、历史、文化背景相联系才得以体现。社会工作者对专业知识的认识与掌握须带有一种"变迁"的理念;社会工作作为一种职业,它的存在与发展不断地受到制度、文化因素不时变化的影响。社会工作中受助的对象(案主)在建构传统下也成为其身份形成过程的参与者,即社会工作者和受助人的互动过程成就了彼此的角色与相互的认知,二者之间相互影响。社会工作的专业理论的形成受到多个社会力量的影响,职业机构所处的社会环境、社会工作服务需求的内容、案主对自身问题及社会的理解等。社会建构传统意在强调社会工作专业的存在始于社会工作的服务实践,服务实践是应对特定政治、经济与文化背景下社会需求而进行的,社会工作的专业理论之形成受到这些背景因素的影响。而社会工作机构一旦产生,作为一种职业也对社会工作者及案主的角色规范,包括社会工作的职业操守产生影响,同时也影响到社会工作专业所存在的环境。社会工作专业以及其理论正是在社会工作者持续的服务实践中和社会对该专业的不断变化的认知中更新与发展。

三、社会工作与哲学①

(一) 哲学在社会工作中的地位

哲学在社会工作中的地位随着哲学层次的不同而不同,可以从一般哲学、社会工作专业哲学和社会工作专业伦理三个层次来分析。

一般哲学是一切学科的理论基础和思维工具,它必然也是社会工作的理论基础和思维工具。理论基础在这里的含义是广义的、宏观的和泛指的,它是指导一切科学发展的哲学总论。思维工具主要是指辩证的思维方法,它为一切科学研究提供科学的方法论。

社会工作专业哲学是社会工作专业发展的指导原则。这种专业哲学不仅具有方法论的意义,而且具有社会工作专业本身发展的直接意义。它是哲学原则的社会工作化,又是社会工作原则的哲学化。

社会工作专业伦理是社会工作实务的操作哲学。它为社会工作者提供了处理与服务对象、其他相关人士、机构关系的伦理准则与行为规范。

(二) 哲学在社会工作中的作用

(1) 哲学在社会工作中的理论功能。哲学对社会工作价值理念具有塑造功能。以哲学理念为思想原型,可以发展出许多新概念。社会工作中的许多概念,例如照顾、服务、干预、授权等,都是由哲学概念塑造、发展出来的。

(2) 哲学对社会工作实务的对象化功能。在社会工作中的许多实务模式,例如过程模式、行为模式、治疗模式和社会目标模式等,都是一定哲学理念的对象化,是哲学理念的体现和具体化。

(3) 哲学对社会工作者和服务对象关系的调节功能。哲学是调节和协调各种人际关系的有力手段。社会工作者与服务对象的关系是社会工作实务中首先需要调节的一对矛盾关系,哲学不仅提供了解决一般人际关系的普遍原则,而且提供了解决社会工作者与服务对象关系的特殊原则。

(4) 哲学为社会工作者的行为提供了专业伦理和道德准则。社会工作者既是普通人,又是专业人员,这种双重身份对其本身的行为提出了更高的伦理道德标准。因为社会工作者的工作对象是人,而且往往是社会弱者。这样对他们的任何怠慢和侮辱都是为社会工作者的职业道德所不容的。

(5) 哲学为社会工作研究提供了科学的方法论。研究工作就是进行调查和分析,而这些工作都离不开科学的方法论的指导。辩证唯物主义哲学为社会工作的理论研究和经验研究提供了思维方法、研究工具和概念化途

---

① 王思斌、马凤芝:《社会工作导论》,北京大学出版社,2011年版,第62页。

径。另外,研究工作开始的假设也是以一定的哲学观念为基础的。没有哲学方法论的指导,研究者就无法分析事实,提出假设。

第二节 社会工作的专业价值与伦理

一、专业价值的内涵

"价值"回答"事物应该如何"的问题,表达了人们对事物的某种判断,它会影响人们的态度偏好和行为选择。"价值"可以通俗地理解为一种"是非判断",如对错之分、好坏之别、轻重之差、美丑之异。而"价值观"则是围绕特定的判断对象,人们所形成的一套观念、态度及行为标准。价值观来源于人们的生活实践,人的需要、能力、地位、利益的现实状况构成了价值观形成的基础,不同社会地位与利益诉求、不同能力水平和社会需要的人会持有不同的价值观。价值观的形式表现为人们头脑中的信念、信仰和理想系统,即"人们究竟相信什么?想要什么?坚持追求和实现什么"。价值观的功能在于帮助人们建立内心对事物与自身的评价标准和评价体系。价值观的存在使生活在多重角色下的人们时常面临多种价值选择,不同角色规范对同一事物有着不同的评判标准,因此就每个个体生活实践而言,有时甚至会出现价值冲突。

专业价值观的存在体现了价值观多元化的特征,它是特定人群从事专业活动时所持有的一整套观念与规范。专业价值观形成于特定人群的专业实践过程,在无数次的是非判断与利弊权衡之间,指导特定人群有效、合理地达到活动目标的价值理念得到实践者的共识,并形成既定的价值观体系重又指导与规范专业活动。专业价值观的出现使特定人群的专业实践活动与普通大众的非专业实践活动相区分开来,同时也使相关的专业之间有了明确的区分,这有利于特定人群明确实践的目的、有效调配资源和合理选择途径从事专业化工作和积累专业化知识。

二、社会工作的专业价值观

社会工作者是在一套观念与规范的指引下开展服务,这些观念阐释了进行社会工作实践的目的与意义,而规范则包含了社会工作区别于非专业助人活动的行为准则与要求,以上所述这一套观念与规范即为社会工作的专业价值观。很显然,这套由社会工作者所信奉的专业价值,其内容和观点正是来源于社会工作专业的哲学基础与哲理传统。从崇尚以人为本到注重个人主义、理性主义,从追求平等、公正再到发展全面的权利观、独立观与正义观,西方社会工作者在实践与哲学的对话中确立了上述专业价值观。

(一) 西方社会工作价值观

1. 以人为本

注重人性、强调人的价值与尊严、崇尚人的理性,反对神学对人性的压抑;承认人与生俱来的经济、政治、社会、文化各方面的权利;突出人类社会的经济自由与政治民主。

2. 公平与公正

公平与公正强调参与社会合作的每一个人承担着他应承担的责任,得到他应得的利益。如果一个人承担着少于应承担的责任,或取得了多于应得的利益,这就会让人感到不公平、缺乏公正。社会的公平以体现公正的法律作为根本保障,按照一定的社会标准(法律、道德、政策等)、正当的秩序合理地待人处世,是制度、系统、重要活动的重要道德品质。

3. 平等

人和人之间的平等,不是指物质上的"相等"或"平均",而是在精神上互相理解、互相尊重,把对方当成和自己一样的人来看待。人人平等是法律的基础,是人类追求的共同目标。平等是人和人之间的一种关系、人对人的一种态度,平等地对待平等是一种平等,不平等地对待不平等也是一种平等。

4. 个人主义

除了包含"以人为本"的全部内容外,个人主义还强调"人的特殊性"即个性之不同,尊重个人的独特选择与私人空间,任何人都有潜能发挥自己的独特性和发展自我意识与价值观。

5. 正义观

根据正义理论最杰出的代表罗尔斯的观点,正义基于两个基本原则:平等自由的原则和机会公平的原则,并且第一原则优于第二原则。平等自由的原则即指每一个人都有平等的权利去拥有可以与别人的类似自由权并存的最广泛的基本自由权。而机会公平原则是指,对社会和经济不平等的安排应能使这种不平等不但可以合理地被指望符合每一个人的利益,而且与向所有人开放的地位和职务联系在一起。第一个原则用于确定和保障公民的平等自由,第二个原则用于规定和建立社会及经济不平等。

(二) 西方社会工作价值观与中国传统文化的差异

1. 中国的"天下大同观"与西方的"社会福利观"之差别

"大同"思想提出了中国人对人类生存与发展的美好愿景,这与西方"福利社会"的美好愿景在内容上十分相似。但不同的是,中国传统社会的人际关联是立足于伦理纲常而建立的,因此"大同"强调家与国的整体利益得以保障而对个人独立性未予以充分肯定；西方社会福利观的实现则是以尊重个人独立性为基础再谈对他人的帮助和保障。当今社会，中国传统文化中"家和国兴"整体利益价值观仍然持续产生影响。"大同观"与"福利观"并不矛盾，都指向人类生活美好的最终目标，只是其文化基础与实现的手段有所不同。

2. 中国儒家思想中的道德伦理与西方社会工作价值观中的伦理差异

儒家文化由于在古代中国一直深受国家层面青睐与推行，对中国人的道德观念与行为形成深刻的影响。儒家文化中对人的克己、忍让、尊卑、顺势、知足等心理和行为要求与西方社会价值观中的推崇个性、尊重个体现实感受、培养个体独立性的要求相矛盾。这就使得我国社会工作者运用西方社会工作伦理解决中国具体的人际与个人问题容易出现不适用的情形。反过来，中国儒家思想中注重家族与国家整体利益的观点事实上能够对西方注重个人而难以达成集体利益整合的弊端予以修正。从我国社会工作本土化实践来看，社会整体利益与个人利益均予以有效保障的思路才符合社会工作专业中"人在环境中"的基本观点。偏颇任何一方利益的过多满足都难以达致社会工作专业助人的真正目标。

3. 中国传统文化与西方社会工作价值观的矛盾之处

表3-1　西方社会工作价值观与中国传统文化差异表①

西方社会工作价值观对人的假设	矛盾之处	中国传统文化对人的假设
人拥有绝对权利		权利因亲疏而有分别
认识独特的个体		人依附不同组织生存
人有改进的潜能		进步是整体的成就

从表3-1我们可以看出，西方社会工作价值观应用于中国本土的服务对象时，会面临个人、关系、组织乃至社会多个层面的障碍。一些学者曾提出，应脱离西方的社会工作价值观系统，基于中国的传统文化来建构我国的社会工作价值观体系。但从与我国大陆社会传统文化背景相同的香港地区、台湾地区以及海外华人社会实践西方社会工作价值观的经验来看，"中西调和"并非没有可能，从社会整体和谐的目标诉求来讲，西方社会工作价值观反过来需要向中国传统文化这一优良观点寻求修正。但要注意的是，社会工作专业如果要实现在中国的"扎根"，本土化发展尤其是完全适用于中国本土文化与意识结构，有助于真正解决本土社会问题的中国社会工作专业价值观独特体系的构建是必要的。它并不封闭与西方社工价值对话的

---

① 周永新：《社会工作的哲理基础》，《社会福利》，2002年第4期。

窗口,而是更突出本土的特色。

三、社会工作专业伦理

(一) 社会工作专业伦理的含义

一般认为,"伦理"是有关人类关系的自然法则。伦理与价值观的概念虽然在内涵上有相通之处,但在实际应用当中又表现出相互之间的区分。价值观作为人们内心的评价标准和理念系统更侧重于一种"信仰"的意蕴,而伦理表现为行为规范,它是对"信仰"的一种操作。价值观虽然也有"规范"之意,但在被付诸人类的实践活动时更表现为一种取向要求,伦理将这种取向要求形成能够为人们约定俗成而自然遵守的行为准则。社会工作在本质上是道德的实践活动,从事助人服务的工作者要面临价值观的选择,同样会在具体的助人环境中面临伦理的决定。价值观对专业的社会工作人员来说已是一套相对稳定的基础理念,它在社会工作专业发展过程中以体系形式确定在该专业的实践要求当中,相对而言,社会工作的伦理遵循是充满挑战的,社会工作者、案主、施助与受助的情境、制度和机构、资源与权力等因素都有可能影响社会工作者关于"正确与否"和"恰当与否"助人行为的决定。社会工作者的伦理决定是助人实践活动最为关键的环节之一,这一过程的结果直接关系到受助人的利益,同样也关系到社会工作者的专业资质,更关系到社会工作机构以及行业的前途。

(二) 社会工作专业伦理的基本原则

各国或地区的社会工作的伦理原则在细则上存在差异,但一些一般性的伦理守则还是得到了国际社会工作领域的共同认定,如接纳、尊重、个别化、自决权和知情同意、保密和非批判等,这其中主要涉及尊重人权和社会公平、正义两项大的伦理原则。包括社会工作者对当事人、对同事、对工作机构,以及社会工作者作为社会工作专业人员的伦理责任和社会工作者对社会工作专业、对社会的责任六个方面。[①]

1. 社会工作者对当事人的伦理责任

主要包括:对当事人的承诺,帮助当事人解决问题;尊重服务对象的自决权;尊重服务对象知情同意的权利;在自己的能力范围内提供服务;妥善处理工作过程中可能发生的利益冲突;尊重服务对象的隐私权并加以保密;尊重服务对象取得记录的权利;谨慎对待与服务对象的肢体接触,不得对服务对象进行性骚扰;不能使用诽谤性语言;确保服务收费公平合理;采取合理步骤协助缺乏行为能力的服务对象;努力确保服务中断后的持续服务;遵

---

① 资料来源:中国社会工作协会官方网站 http://www.cncasw.org。

守服务终止的原则等。

2. 社会工作者对同事的伦理责任

主要包括：社会工作者应尊重同事；遵守共有资料的保密责任；妥善处理跨学科的合作与可能引发的伦理议题；妥善处理发生在同事与服务对象间或同事间的争议；寻求同事的建议与咨询；当有必要时将服务对象转介给其他同事；不得对同事进行性骚扰；帮助同事妥善处理个人问题；协助同事提高工作能力；妥善处理同事有悖伦理的行为等。

3. 社会工作者对工作机构的伦理责任

主要包括：社会工作者应对被督导者提供符合自己能力的咨询与督导；对学生提供自己能力范围内的指导并做出公正的评价；对其他人的表现给予公平审慎的绩效评估；工作记录须正确、讲时效、重保密和妥善储存；遵守合理的服务收费与管理制度；落实当事人转介制度；担负行政工作责任以确保资源的充足和公平分配；强化继续教育与员工发展等。

4. 社会工作者作为社会工作专业人员的伦理责任

主要包括：社会工作者应注重自身能力的强化，提高服务技能；个人行为不干扰专业任务；诚实、不欺诈和不诱骗，不诱导或操纵服务对象；不让个人问题影响专业判断和表现；不使言行超越自身能力与机构授权的范围；不邀功等。

5. 社会工作者对社会工作专业的伦理责任

主要包括：社会工作者应致力于专业廉正（知识、技巧和价值）的追求，促进专业与廉正的发展；坚守评估和研究的相关伦理原则，促进和提高评估与研究的能力等。

6. 社会工作者对社会的责任

主要包括：社会工作者应积极参与公共事务；积极参与社会和政治行动；促进社会公平和正义；协助解决公共紧急事件等。

四、社会工作专业伦理难题与伦理决定

（一）社会工作伦理抉择中的困境

社会工作涉及价值观问题，它不同于既定的知识具有恒定的规律与逻辑，只问"是什么"而不问"应该"或"不应该"。因此在具体的助人服务实践活动中，社会工作者往往面临不同的价值取舍而陷入伦理抉择的困境。我国学者认为，社会工作伦理困境通常表现在四个方面：社会价值与专业伦理的冲突、专业伦理内部的冲突、专业伦理与工作者个人价值的矛盾、工作

者个人价值与案主价值的矛盾①。社会工作的伦理困境也可归为"决策困境"和"结构困境"两种。

1. 决策困境

（1）保密的程度与情况。例如,案主告诉工作者"他决定伤害某人以发泄心中的愤恨",工作者就可能陷入"保密"则伤及某人安全、泄密则伤及案主信任的两难。

（2）自决的权利与尊重。案主自决涉及"尊重个人",即视"自决"为案主个人之权利;同时涉及"发展个人",即视自决为案主有权选择的过程,而形成"消极自由"与"积极自由"之争论。

（3）自由意志与环境。个人行为出于人的自由意志,或出于环境影响,是哲学上讨论伦理价值中分辨善恶与争论人性的焦点。这常对于工作者协助案主的处理方式造成不同判断,因而就有了治疗派与改革派的不同理论与利用。

（4）协助的方式与选择。重视过程者以"人"的发展为目标,不惜多用资源与时间,但求能发展案主的自主自决能力。重视结果者,以"事"的解决为目标,考虑节约使用资源和时间,但求当前问题的解决。在助人过程中,凡此两种方式的选择,皆要以案主能力、案情性质与环境的实况为衡量标准,工作者在诊断和治疗的决策上,需谨慎思考,有时也可能陷入两难困境。

2. 结构困境

（1）弱势个人与强势社会的冲突。社会工作者经常代表弱势个人与强势团体进行谈判,由于工作者既要维护个人利益,又要维护社会正义,当两者发生冲突时,工作者即陷于两难之境。

（2）案主需求与科层制的矛盾。社会工作者多受雇于福利机构,而为组织力量控制,其工作目标常取决于机构的政策而非案主的需求。常会发现他自己对案主不是"照顾"而是"控制";不是"增权"而是"安抚",工作者似乎只能考虑行政效率,而无法谈到道德责任。

（3）专业伦理与个人伦理的分际。社会工作者是社会工作伦理责任的焦点,社会工作者除了受专业伦理影响外,还受到社会环境和文化背景的作用,从而在具体案例中专业伦理与个人伦理会产业冲突。

（4）西方经验与本土文化的差异。社会工作从西方传入中国并得到了一定发展,但由于中西方在助人思想、社会结构等方面的差异,就要求社会工作者结合我国独特的文化,探索适合我国国情并能在我国推行和发展的社会工作本土理念和操作模式。

---

① 陈钟林、黄晓燕:《社会工作价值与伦理》,高等教育出版社,2011年版,第97页。

(二) 社会工作中的伦理决定

社会工作的实践性特征促使"突破伦理决定的困境"成为社会工作界人士持续关注的主题。时至今日,国际社会工作领域虽然已形成了一般性的伦理规定,但在世界各国的社会工作实践中仍然存在着伦理守则的微调。不仅如此,社会工作伦理守则也跟随社会变迁的事实不断进行修正,如在目前社会工作伦理守则内容最详尽的国家——美国就曾于1960年、1980年、1993年和1999年多次修订颁布施行新的伦理守则。2004年10月,国际社工界在澳大利亚的阿德莱德举行的国际社会工作协会与国际社会工作教育学院协会大会上通过了《社会工作伦理:原则的声明》,此次会议就社会工作伦理展开讨论和发表该声明的主旨正在于:"鼓励全球的社会工作者去反省须面对的(伦理)挑战和两难的局面,以及在每一个特殊个案中做出合乎伦理的决定。"声明中所强调的伦理议题正是当前仍困扰社会工作者顺利开展服务的主要矛盾,分别包括:社会工作者的忠诚往往处于不同的利益冲突之中;社会工作者(对案主)同时作为帮助者和制约者;社会工作者要保护服务对象的利益,与社会讲求效率和实用的要求产生矛盾;社会上的资源有限。以上四个方面在社会工作实务中常具体表现为:保密问题、情理法相冲突问题、价值中立或价值介入的抉择问题、个人利益与社会责任相矛盾问题、自决原则与知情同意原则的应用范围等。

1. 两种不同的社会工作伦理取向

当代哲学家认为,伦理决定中有两条主要的理论途径:伦理相对主义和伦理绝对主义。[①] 持伦理相对主义者在做出伦理决定时,以待处理问题或人所处的具体背景和可能产生的后果为判断依据。而伦理绝对主义者则认为,一些特定的道德原则具有无上的第一原则,任何情况下都要坚守这些特定的伦理要求。例如,一个试图离婚的妈妈打算将腹中的胎儿流产,并希望社会工作者不要告知她那位不愿意离婚且很想留下孩子的丈夫。一个伦理相对主义者可能会认为基于当事人已失去养育孩子的信心和摆脱错误婚姻枷锁痛苦的真实意愿,而严格遵守保密原则;而另一位伦理绝对主义者可能会认为孩子的生命保全与否是一个涉及孩子本身、丈夫、妻子以及多人利益的重要问题,因此出于尊重生命的道德伦理要求,而谨慎考虑是否在必要的时候告知相关人员。

2. 社会工作伦理抉择的一般途径

社会工作中面临伦理困境的现实,也警醒每一位专业助人者在实务活

---

① 〔美〕拉尔夫·多戈夫、弗兰克·M.洛温伯格、唐纳·哈林顿著:《社会工作伦理实务工作指南》,中国人民大学出版社,2005年版,第29页。

动中慎重地对待伦理的抉择。伦理决定的模式并非唯一,但一些基本的原则及途径可以供社会工作者作为一个一般性的参考。

第一,澄清不同层次的价值观。价值观是伦理在观念形态的要求,正如之前所述,伦理是操作意义上的价值观。因此澄清涉及助人活动中各个层面价值观的具体指向,是进行合适、有效伦理抉择的根本性前提。这些价值观包括:个人的价值观(案主、社会工作者及其他相关个人)、群体的价值观(与服务对象有关的群体的集体性价值观,如小团体、同辈群体、宗教群体等)、社会的价值观(整个社会、国家、民族范围内的价值观)、专业的价值观(专业群体所认同的价值观,如教师群体、医务人员、社会工作者等群体的专业价值判断)。任何社会工作者在开展一项服务之前,围绕案主的问题及相关资料都要进行各层次价值观澄清工作,以便于在服务过程中清楚伦理决定的价值观依据与来源,并能不断地寻找专业价值观与其他层次价值观之间的契合点来避免伦理决定中价值观冲突的问题。

第二,深谙专业工作者法定的责任和义务。任何职业工作者,均要遵从本职业所设定的法律责任与义务要求。社会工作者如果要避免受多重价值观干扰而做出错误的伦理抉择,这些法定的要求则可以成为某种基本的伦理依据。如照顾的义务、尊重隐私的义务、告知的义务等。

第三,伦理评估与筛查。在多重伦理决策困扰中,一些由社会工作者通过实践摸索出来的经验原则有利于我们在具体的实务活动中进行伦理的评估与筛查。如"保护当事人权利与福利"、"最少社会伤害"、"效率与效果并行保证"等。一些学者还提出了伦理抉择的次序要求,如"保护生命"作为第一原则就优先于"保护隐私和保密"原则。

第四,评估不同伦理决策思路的可能结果。不同的伦理决策模式在很大程度上也形成了不同的助人方案。在案主参与和允许的情况下,社会工作者可以邀请机构督导、同行或相关专业人士共同讨论、评估不同伦理抉择下的助人方案的实施风险和成效,以便于从中选出相对最优的方案。

第五,伦理决定后的跟踪评估与修正。伦理决定也是一个经验积累的过程,资深的社会工作者能对复杂案例做出正确的伦理决定,正是源于他们对历次伦理决策得失的理性总结与及时修正,因此对伦理决定的跟踪评估与内省十分重要。

第三节　社会工作的职业操守

与遵守社会工作的伦理原则相对应,社会工作的从业人员还必须遵循其职业道德,即社会工作的职业操守。职业操守是社会工作者在服务实践中直接涉及的工作行为准则,它来源于社会工作价值观与伦理原则对工作者提出的要求,也可以认为是社会工作伦理原则下的实施细则。

一、国际社会工作领域的职业操守

当前,国际社会工作领域提出的职业操守主要包括:

(1) 社会工作者应发展及保持其工作所需的技巧和技能。

(2) 社会工作者不容许其技巧用于非人道的目的,例如酷刑或恐怖主义。

(3) 社会工作者应行事正直,包括不滥用服务对象的信任、明确私人生活和专业之间的界限,以及不利用其身份取得个人利益。

(4) 社会工作者应以爱心、同理心和关怀的态度对待服务对象。

(5) 社会工作者不应将个人的需要或利益置于服务对象的需要或利益之上。

(6) 社会工作者有责任照顾其在工作岗位以及社会上的专业和个人生活,以确保他们能提供合理的服务。

(7) 社会工作者应为服务使用者保密。任何例外只能是基于更高的道德要求(例如,维护生命安全)。

(8) 社会工作者须承认他们对服务对象、与其工作的人士、同事、雇主、专业团体以及法律都有责任,而这些责任之间有时候会出现冲突。

(9) 社会工作者应愿意与社会工作教育机构合作以支援社会工作专业学生取得优质的实习训练和最新的实用知识。

(10) 社会工作者应推动和参与在同事及雇主之间有关伦理的讨论,并且为因伦理而做出的决定负责。

(11) 社会工作者应准备好解释他们根据伦理考虑而做出的决定,并承担该选择和行动所带来的责任。

(12) 社会工作者在其受雇机构以及身处的国家中创造环境,以推动讨论、评估及维护上述原则及细则。

二、中国社会工作领域的职业操守

参照国际社会界提出的职业守则指引,我国社会工作者协会根据本国情形拟定了相应的中国社会工作者职业守则,它包括:

(一) 总则

中国社会工作者继承中华民族悠久的历史、文化传统,吸收世界各国社会工作发展的文明成果,高举人道主义旗帜,以促进社会稳定和全面进步为己任。中国社会工作者通过本职工作,提倡社会互助,调节社会矛盾,解决社会问题,改善人际关系,为社会的物质文明和精神文明建设服务。

（二）职业道德

（1）热爱社会工作,忠于职守,具有高度的社会责任感和敬业精神。

（2）全心全意为人民服务,为满足社会成员自我发展、自我实现的合理要求而努力工作,并不因出身、种族、性别、年龄、信仰、社会经济地位或社会贡献不同而有所区别。

（3）尊重人、关心人、帮助人。为保障包括人的生存权、发展权在内的人权而努力。注意维护工作对象的隐私和其他应予保密的权利。

（4）同工作对象保持密切联系,主动了解他们的需要,切实为之排忧解难。

（5）树立正确的服务目标,以关怀的态度,为工作对象的困难与问题的预防和解决,以及其福利要求提供有效的服务。

（6）清正廉洁,不以权谋私。

（三）专业修养

（1）确立正确的社会工作价值观和为专业献身的精神。

（2）努力学习和钻研业务,不断提高专业技术水平和专业服务质量。

（3）通过参加专业培训和进修,努力实现专业化,提高工作效率和服务效能。

（4）运用专业的理论和知识与方法技能,帮助社会成员改进和完善社会生活方式,不断提高生活质量,以利于民族素质的提高。

（5）从广大群众的集体力量和创造精神中吸取专业营养,促进专业的发展与创新。

（四）工作规范

（1）重视调查研究,深入了解社会成员的困难和疾苦,并采取有效措施,切实帮助他们摆脱困境。通过不断的调查研究,提高社会工作的服务水平。

（2）对待工作对象,应平易近人,热情谦和,注意沟通,建立互相信赖的关系,努力满足他们各种正当的要求,并帮助他们在心理和精神等方面获得平衡。

（3）对待同行,应互相尊重,平等竞争,取长补短,共同提高。在业务上,诚意合作,遇有问题时,互相探讨,坦诚交换意见,或善意地进行批评和自我批评,以促进专业水平、工作效率和服务效能的提高。

（4）向政府有关部门、社会有关方面反映社会成员需要社会工作解决的问题,以及对工作的意见和建议。

（5）向社会成员宣传贯彻国家有关社会工作的政策、方针和法规,鼓励和组织社会成员积极参与社会事务。

(6) 对待组织和领导,应按照民主集中制的原则,主动献计献策,提供咨询意见,并自觉服从决定,遵守纪律,维护集体荣誉,努力使领导和单位的计划实施获得最佳效果,圆满完成社会工作的各项任务。

在社会工作实务中,遵循伦理原则与职业守则是社会工作者为受助人提供专业化服务的重要保障。我们所看到的如此详尽的细则并非来自于人们的想象与预设,它们的产生来自于无数个社会工作案例曾经遭遇的困惑以及每一个从事社会工作的人士坚持自我反思的结果。社会工作者是严格而不是机械地去遵循条例所规定的原则与守则,这意味着:首先,社会工作者要将伦理原则和职业道德遵守的过程也看作提升自身道德水准的过程,如果从事道德实践者自身道德素养不过关,就不可能为他人提供合乎道德要求的帮助;其次,社会工作伦理原则和职业道德的遵守更强调社会工作者的一种责任意识,对受助者、对机构、对同事、对自己所从事的职业和专业以及整个社会,他(她)都必须以一种责任感去支持和监督自己的专业行为;最后,尽管伦理原则和职业守则为每一个社会工作者指出了抉择助人方案时的大标准,但现实问题的复杂性不免会让同样作为常人的社会工作者陷入价值冲突与伦理困境。例如,如何把握好私人信任关系与良好专业关系的尺度,如何解决案主自决与最佳方案决定者不统一的矛盾,还有社会工作者发现自身能力有限而产生摆脱案主想法的烦恼等。这些问题说明,社会工作者在面对由价值伦理抉择所带来的困惑时,对社会工作专业精神坚持的重要性——维护社会的公平与正义、保护受助人的利益,这是社会工作所有伦理原则与职业守则之上的根本的价值观。

第四章 人类行为与社会环境

人类行为与社会环境之间有着密切的关系。人类的行为一方面依靠本能,但更主要的还是依靠社会环境,是社会环境作用于人类本能与自然禀赋的产物。本章首先介绍一些基本概念,并简要论述人类行为与社会环境之间的关系;其次就人类行为与社会环境的相关理论加以阐释;再次分别就人生各阶段的行为与社会环境的辩证关系加以论述。

第一节 人类行为和社会环境的含义及其关系

一、人类行为的定义、特点与类型

(一)人类行为的定义

关于人类行为的定义,有着不同的说法,可谓仁者见仁、智者见智。行为主义认为,人类行为是对刺激所产生的可以观察和测量的反映。精神分析论认为,人类行为是由本能所引发的一种结果,本能是理解人类行为的主线。认知行为论认为,人的行为是在具备一定认知能力之后对环境的反映,强调人的认知在行为中的重要地位。从专业社会工作角度看,人类行为是个体为适应环境和满足需要所表现出的活动或反应,是遗传、生理、心理、社会、经济及文化的综合过程①。

(二)人类行为的特点

人类行为一般具有以下特点:一是适应性。人类行为受到社会环境的制约与影响,需要适应社会环境的变化。当然,人类行为与社会环境之间是双向互动的过程,社会环境影响人类行为,人类行为也在一定程度上改造社会环境。二是多样性。人类具有多种多样的行为,既有可以观察到的行为——肢体行为,又有观察不到的行为——心理行为。就人类整体而言,行

---

① [美]Robert L. Berger 等著:《人类行为与社会环境》,陈怡洁译,台北:扬智文化事业股份有限公司,1998年版,第15页。

为又千差万别。三是变化性。人类行为是一个动态的过程,时刻处于变化之中,不同年龄段的人群有着不同的行为特征。四是控制性。人类是有意识的生物,能够通过思考,有意识地控制自己思维与情绪,调控自己的行为。五是历史性。人类现在的行为是以往行为的延续,未来行为又是当前行为的延续。

(三) 人类行为的类型

人类行为包括多种类型:

首先,从行为的表现形式上看,人类行为可以分为外显行为与内隐行为。可以观察到的行为是外显行为,主要是指身体行为。而那些内在的、难以观察到的行为是内隐行为,主要是指心理活动。通常意义上我们认可的行为主要是指外显行为。

其次,从行为的起源来看,人类行为可以分为本能行为与习得行为。本能行为主要通过生物遗传而来,如爬行、觅食、睡眠等;习得行为是经过后天学习而做出的行为,这种行为是学习的结果,也是人与其他生物的本质区别。

再次,从行为的结果上看,人类行为可以分为正常行为与异常行为。通常区分正常行为与异常行为的标准如下:

(1) 统计规律。从统计学意义上讲,大多数人持有的行为就是正常行为,反之则为异常行为。

(2) 社会规范与价值。行为符合社会规范与价值的就是正常行为,反之则为异常。

(3) 行为适应性。个体行为如果适应社会功能的要求,就是正常行为,反之就是异常。

(4) 个体主观体验。以个体的主观体验判断,也可以区分正常行为与异常行为,主观上具有舒适感的即正常行为,反之则为异常行为。人类行为的正常与异常在一定程度上只是一种类型划分,具有一定的相对性。

二、社会环境的定义、特点与构成

(一) 社会环境的定义

环境是相对于某一中心事物而言的,是作为某一中心事物的对立面而存在的。它因中心事物的不同而不同,随中心事物的变化而变化,与某中心事物有关的周围事物,就是这个事物的环境。环境一般包括自然环境与社会环境。自然环境是外在于人而存在的环境,主要是指土地、气候、水源以及动植物等。社会环境也是环境中的一部分,主要与人有关。社会环境是指人类在自然环境的基础上,通过有意识的社会劳动所形成的环境体系。

在有形层面,它可能体现出特殊的地理区域,无形层面更多地体现出一种把不同人在相同地点连接起来的系统关系。按照所包括的要素划分,社会环境可以分为三个部分:一是物理社会环境,主要包括建筑物、构筑物、道路、工厂、医院等。二是生物社会环境,主要包括人类种植的植物以及驯养的动物,区别于天然以及野生的植物与动物。三是心理社会环境,主要包括风俗习惯、法律、语言等。

(二) 社会环境的特点

社会环境主要具有以下特点:一是多样性。社会环境从要素上可分为物理社会环境、生物社会环境以及心理社会环境等,从构成上可分为家庭、学校、社区、组织以及文化等。二是静态与动态的统一性。相对个体而言,社会环境表现出静态的特征,具有一定的稳定性,但这种稳定性只是相对而言的,实际上社会环境也是在变动的,因此是静态与动态的统一。

(三) 社会环境的构成

社会环境构成复杂。从人的社会化的角度出发,社会环境主要包括家庭、朋辈群体、学校、单位、社区、文化以及大众传媒等。

家庭是人类接触的第一个社会环境。家庭在横向与纵向两个层面都影响了人们的行为。从纵向看,家庭的出身影响着人类的行为模式;从横向上看,家庭成员之间的互动也影响了人的行为。朋辈群体是人的重要的社会环境之一,尤其在人的青少年阶段,更是如此。朋辈群体有着年龄、经历以及爱好的相同性,因此,相互感染以及吸引的力量更大。

学校也是人的社会环境的有机组成部分,同时也是人的社会化的重要因素。在学校中,个体一方面学习知识与技能,以应将来迈入社会职业之需;另一方面也学习一些价值规范与伦理道德,以应将来迈入社会为人处世之需。两方面都不可缺少,不可偏颇,诚所谓德、智全面发展。

工作单位是人的社会环境的重要组成部分,个休在其中不断地学习规范与价值,进行角色适应,进行人际互动。

社区是人的重要的社会环境,社区不同于单位,单位主要与人的职业息息相关,而社区则主要与人的生活息息相关。人的一生大部分时间在社区与家庭中度过,社区对人的影响毋庸置疑,它与人们的物质生活以及精神生活是不可分割的。

文化也是重要的社会环境,这种社会环境的影响对人的影响是潜移默化的,却是最重要的。文化对人的行为所刻的烙印是最为深刻的。在不同的文化背景下,人们表现出不同的行为模式,就是文化所致。例如,在基督教影响下的西方人的行为方式,与在伊斯兰教影响下的阿拉伯人的行为方式有着天壤之别,这就是文化的功能。

网络是一个新兴的社会环境,对人的社会化影响意义深远。著名的网络社会学家卡斯特尔(Manuel Castles)认为,互联网的崛起,作为一件具有社会学意义的事件,正在逐步转化为当今人类生活的社会图景。在以信息技术为中心的网络革命中,传统的社会概念受到了挑战。近些年来,网络对人的社会化,尤其对青少年社会化的影响,已经成为人类社会的焦点问题。网络对个体的作用是一把"双刃剑",与健康的社会文化相比,淫秽、色情、暴力等不良文化在互联网上的传播速度更快,面也更广。因此世界各国对垃圾文化的传播都有一定程度的限制,但要将这些东西如同犯罪行为一样从互联网上杜绝掉,还需要全人类漫长而艰苦的努力。另外,由于匿名性的原因,信息在网络中传播具有高风险的特点,在网络中,匿名使虚假信息的传播比以往更加容易。再者,就网络的特点而言,发达国家在通过网络连续不断地传播文化信息的同时,也将其意识形态、世界观和价值观、伦理道德观念等四处传播并强加于人,对受众群体的行为产生着潜移默化的影响。

社会是影响人们行为不可或缺的社会环境。社会系统包括经济、政治、教育、科技、军事等子系统,从方方面面规范着人们的行为,对人的行为产生十分重要的影响,人是社会性动物,充分说明了社会系统对人的重要意义。

三、人类行为与社会环境之间的关系

人类行为与社会环境之间的关系,人们从古至今进行了探索与争论,主要有两种观点。一种观点是人类行为是实的,而社会环境是虚的,即所谓的"社会唯名论"。这种观点认为,社会环境只是人类行为的集合而已,人类行为才是主要的。另外一种观点认为,社会环境是脱离人们行为的真实存在,形成了对人类行为制约与引导的框架,即所谓的"社会唯实论"。到底是"社会唯名论"正确,还是"社会唯实论"正确?可谓仁者见仁,智者见智,这就涉及一个人类行为与社会环境之间的关系的问题。一般认为,人类行为与社会环境之间的关系有如下几个特点:

(一)人必须适应环境

不管社会环境"唯名"还是"唯实",社会环境都是外在个体之外的人际互动,是除却个体本身之外的所有社会关系与社会存在的综合。相对个体而言,社会环境自然是强大的。通常来讲,在强大的社会环境下,人一般的选择只能是适应,否则就会被动。

(二)社会环境影响个体行为

个体无论自身状态如何,都会受社会环境的影响,只是影响程度不同而已。就社会经济地位而言,一些社会地位高的个体受社会环境影响较小,而社会地位低的个体受社会环境影响较大。就个体的生命周期而言,年龄越

小,人格越没有定型的个体,受社会环境的影响就越大,而年龄越大,人格越是定型的个体,受社会环境的影响就越小。社会环境对人的行为影响是非常大的。监狱对人的影响就是典型的一例。近些年来,关于监狱对犯人的负面影响的批评越来越多。因为监狱改造犯人的效果不是十分明显,倒是再次犯罪的比率相当高。坏人与坏人在一起只会使坏人变得更坏,似乎是有一定的道理。监狱对坏人的负面影响主要表现在两个方面:其一,犯人与犯人接触后,反倒增长了犯罪技能。原来有可能是轻犯,出去以后很有可能犯下更重的罪。其二,犯人与犯人接触后,人际网络得以扩展,这对犯人的再次犯罪反倒起了有利的作用。基于以上两个原因,监狱饱受指责。因此,社区矫正开始发展起来,并取得不错的效果。对于一些初次犯罪的犯人、老年犯人、少年犯人以及妇女犯人诸如此类的犯人,不在监狱服刑,而是送到社区劳动,通过社区的影响使之重新社会化。这样,不是坏人影响坏人,而是好人影响坏人,可以取得相对理想的效果。由这个案例我们可以看出社会环境对人的行为的影响之大。

(三)社会环境与遗传因素共同对人类行为起作用

肯定社会环境对人类行为的影响,并不是否认遗传因素的作用。事实上,与社会环境一样,遗传因素对人类行为也有着重要作用。遗传因素提供了底料,社会环境在这个"底料"上"打磨",这才是合理的解释。但社会环境的影响显然更为显著。美国文化人类学家米德·玛格丽特在其著作《萨摩亚人:成年的来临》中论述了这个问题。她以青春期为例阐述事实。同样是青春期,原住民族的少女可以安全地度过。因为在萨摩亚这个原住民族中,对性的观点比较开放,整个社会氛围比较宽松。家长对孩子比较随和,社会的竞争意识也不是十分强烈。在这样的宽松气氛中,少女安全顺利地度过了青春期。而反观美国社会,少女的青春期在艰难中度过。美国是一个现代化社会,节奏很快,人们时刻处于紧张之中。社会为个体开出了一系列的大菜单,在个体的每一个阶段都面临着选择,但选择的选项中却时有冲突,使人无所适从。因此,美国少女在度过青春期时非常难受,由此可以看出,行为的影响因素中,文化与社会的因素可能更为重要一些。

(四)个体可以改造社会环境

社会环境也是人际互动的产物。与社会环境相比,个体的力量是有限与渺小的。个体的微薄之力难以改造全局,而且不同个体之力往往会由于方向不同而相互抵消。但并不是说个体在改造社会环境上就无能为力。当这种人际互动的方向一致时,社会环境就会发生大的变动。不仅如此,有的个体由于其特殊性,往往可以凭一己之力改变社会环境,尤其是那些伟大人物,往往能够起着这方面的作用。

（五）人类行为与社会环境之间的关系是不对等的

人的行为只涉及个体，是相对渺小的，而社会环境是社会存在与社会互动的合力，相对个体是强大的，双方的影响是不对等的。

第二节 人类行为与社会环境的相关理论

一、弗洛伊德的人格发展理论

心理学家弗洛伊德认为，人的性驱力是人格发展与行为发展的主要动力，性驱力在身体部位中不断转移，每一次转移造成了人的一个崭新阶段，这样人一生共经历以下5个阶段。

（1）口唇期，从出生到1岁。个体的主要满足来自于与口、唇以及舌等有关的性欲活动。如果吸吮以及喂养等相关欲望满足不了，日后必然对个体的人格发展与行为模式产生不利影响。

（2）肛门期，从1~3岁。个体的满足主要来自于与肛门有关的排泄活动。多数儿童在此时期进行排便训练，训练中如果形成创伤，将过于偏爱整洁且过于固执。

（3）性器期，主要是3~6岁。个体对异性父母产生了好感，但对男孩来讲，一般经历由"仇父情节"最终转化为对父亲角色的认同的过程，最后产生服从。对女孩来讲，由于生殖器崇拜以及参照母亲的角色，最终也产生对自己角色的认同。但这不是一个直线的过程，个体对异性父母的好感并没有彻底消失，而是潜伏起来，对于以后有什么影响，还不确定。

（4）潜伏期，6岁到青春期。这个阶段性欲压制，暂时处于潜伏状态。

（5）生殖期，从青春期到成年。个体性发育成熟，与异性之间建立了亲密的关系，以得到满足。如果这个时期社会环境影响偏差，就会形成同性恋等偏差行为。弗洛伊德的人格发展理论是一种偏重从生理角度解释人类行为的理论。把人类行为单纯归结为生理方面，是很难有说服力的，因此这个理论也遭到了不少批评。

二、埃里克森的心理社会发展理论

心理学家埃里克森同弗洛伊德的理论正好相反，他不是以生理为基础，而是以社会文化为基础划分人生阶段与行为方式的。在人生特定时期，人会经受到一定的危机与冲突，突破这样的冲突，人就会实现一次升华，顺利进入下个阶段。他认为，个体一生主要经历8个阶段。

（1）婴儿期，0~1岁，基本矛盾是信任与不信任，如果能够克服将顺利度过这一阶段。这个时期对婴儿周边的照顾者提出了挑战。

（2）幼儿期,1~3岁,主要矛盾是自主与羞耻或者怀疑。在这个阶段,儿童与父母展开拉锯战,儿童需要自主,父母想要控制,如果解决不好这个辩证问题,将对个体以后的发展产生不利影响。

（3）儿童早期,3~6岁,基本矛盾是创造与罪恶。儿童具有创造性行为,这种行为如果得到家长的积极引导,就会顺利发展,如果遭到父母的压制,将会产生很多行为问题。

（4）儿童中期,6~12岁,这个阶段的主要矛盾是勤奋与自卑。在这个时期,儿童通常进入学校学习。在学习过程中,有的个体产生勤奋感,如果积极加以引导,将会取得良好效果。相反,有的儿童在学习过程中受到挫折,对以后的成长与行为不利。这样的局面对教师角色提出了挑战。

（5）青少年期,12~20岁,主要矛盾是同一性与角色混淆。如果青少年能够梳理各种社会关系,将会顺利发展,否则将处于角色混乱之中,行为也会出现混乱。在这个时期,朋辈群体以及社会规范的影响是很重要的。

（6）成年早期,20~40岁,主要矛盾是亲密与孤独。在这个阶段,人处于各种社会关系之中,处理好了就会形成亲密的关系,如果处理不当,就会感到孤独。这个时期的重要影响因素是配偶与朋友以及同事等。

（7）成年中期,40~65岁,主要矛盾是繁殖与停滞。个体如果在这个时期能够建立稳定的社会关系,事业成功,家庭和睦,就会致力于下一代的培养,否则就会出现"停滞"状态——对下一代的培养以及社会责任方面无所作为。

（8）老年期,65岁以后直至死亡,主要矛盾是自我整合与失望。如果前几个阶段都顺利度过,老年人会有一种成就感,将会不惧怕死亡,而且把死亡当作是人生正常的部分。如果前几个阶段不顺利,老年人对自己的一生会感到愧疚与失望。

三、皮亚杰的认知发展理论

通过细致的观察、严密的研究,皮亚杰得出了关于认知发展的几个重要结论。其中最重要的是他提出人类发展的本质是对环境的适应,这种适应是一个主动的过程。不是环境塑造了儿童,而是儿童主动寻求了解环境,在与环境的相互作用过程中,通过同化、顺应和平衡的过程,认知逐渐成熟起来。皮亚杰认为,智力结构的基本单位是图式,它是指有组织的思考或行动的模式,是用来了解周围世界的认知结构。同化是指个体将外界信息纳入已有的认知结构的过程,但是有些信息与现存的认知结构不十分吻合,这时个体就要改变认知结构,这个过程即顺应。平衡是一种心理状态,当个体已有的认知结构能够轻松地同化环境中的新经验时,就会感到平衡,否则就会感到失衡。心理状态的失衡驱使个体采取行动调整或改变现有的认知结构,以达到新的平衡。平衡是一个动态的过程,个体在平衡—失衡—新的平衡中,实现了认知的发展。

皮亚杰认为,个体从出生至儿童期结束,其认知发展要经过四个时期:

(1) 感知运动阶段,0~2岁,个体靠感觉与动作认识世界。

(2) 前运算阶段,2~7岁,个体开始运用简单的语言符号从事思考,具有表象思维能力,但缺乏可逆性。

(3) 具体运算阶段,7~12岁,出现了逻辑思维和零散的可逆运算,但一般只能对具体事物或形象进行运算。

(4) 形式运算阶段,12~15岁,能在头脑中把形式和内容分开,使思维超出所感知的具体事物或形象,进行抽象的逻辑思维和命题运算。

皮亚杰在进行上述年龄阶段的划分时,提出了下列重要原理:(1)认知发展的过程是一个结构连续的组织和再组织的过程,过程的进行是连续的,但它造成的后果是不连续的,故发展有阶段性;(2)发展阶段是按固定顺序出现的,出现的时间可因个人或社会变化而有所不同,但发展的先后次序不变;(3)发展阶段是以认知方式的差异而不是个体的年龄为根据。因此,阶段的上升不代表个体的知识在量上的增加,而是表现在认知方式或思维过程品质上的改变。

皮亚杰认为,知识的获得是儿童主动探索和操纵环境的结果,学习是儿童进行发明与发现的过程。教育的真正目的并非增加儿童的知识,而是设置充满智慧刺激的环境,让儿童自行探索,主动学到知识。认知发展是呈阶段性的,处于不同认知发展阶段的儿童其认识和解释事物的方式与成人是有别的。皮亚杰对认知发展阶段的划分是以个体认知方式而非年龄为标准的,个体认知发展的速率是不同的,有快有慢,并不是同样年龄的儿童其认知水平就是相同的。皮亚杰很重视社会交往对儿童认知发展的作用。他认为,与同伴一起学习,相互讨论,使儿童有机会了解他人的想法,特别是当他人的想法与自己不同时,会激发儿童进行思考,因为同伴间地位平等,儿童不会简单地接受对方的想法,而试图通过比较、权衡进而得出自己的结论,这对儿童的去自我中心性的发展具有重要意义。

四、科尔伯格的道德发展论

科尔伯格是美国当代发展心理学家,致力于儿童道德判断力发展的研究,提出了"道德发展阶段"理论:强调道德发展是认知发展的一部分,道德判断同逻辑思维能力有关,社会环境对道德发展有着巨大的刺激作用。科尔伯格认为,人的道德判断可分为三种水平,每种水平各有两个阶段,共六个阶段。

(1) 前习俗水平。这一水平上的儿童已具备关于是非善恶的社会准则和道德要求,但他们是从行动的结果及与自身的利害关系来判断是非的。这一水平有两个阶段:阶段一,惩罚与服从的定向阶段。儿童认为凡是权威人物选择的就是好的,遭到他们批评的就是坏的,道德判断的理由是根据是否受到惩罚或服从权力。他们凭自己的水平做出避免惩罚和无条件服从权威的决定,而不考虑惩罚或权威背后的道德准则。阶段二,工具性的相对主义的定向阶段。儿童首先考虑的是准则是否符合自己的需要,有时也包括他人的需要,并初步考虑到人与人的关系,但人际关系常被看成是交易的关系。对自己有利的就好,不利的就不好,好坏以自己的利益为准。

(2) 习俗水平。这一水平上的儿童有了满足社会的愿望,比较关心他人的需要。这一水平的两个阶段是:阶段三,人际关系的定向阶段或好孩子定向。儿童认为一个人的行为正确与否,主要看他是否为他人所喜爱,是否对他人有帮助或受他人称赞。阶段四,维护权威或秩序的道德定向阶段。儿童意识到普遍的社会秩序,强调服从法律,使社会秩序得以维持。儿童遵守不变的法则和尊重权威,并要求他人也遵守。

(3) 后习俗水平。这一水平上的人们力求对正当而合适的道德价值和道德原则做出自己的解释,而不理会权威人士如何支持这些原则,履行自己选择的道德准则。这个水平的两个阶段是:阶段五,社会契约的定向阶段。在前一阶段,个人持严格维持法律与秩序的态度,刻板地遵守法律与社会秩序。而在本阶段,个人看待法律较为灵活,认识到法律、社会习俗仅是一种社会契约,是可以改变的。一般来说,这一阶段是不违反大多数人的意愿的,但并不同意用单一的规则来衡量一个人的行为。道德判断变得灵活,能从法律上、道义上较辩证地看待各种行为的是非善恶。阶段六,普遍的道德原则的定向阶段。这个阶段个人有某种抽象的、超越某些刻板的法律条文的、较确定的概念。在判断道德行为时,不仅考虑到适合法律的道德准则,同时也考虑到未成文的具有普遍意义的道德准则。道德判断已超越了某些规章制度,更多地考虑道德的本质,而非具体的准则。

科尔伯格认为,道德发展是有阶段性的,在对儿童进行道德教育时,应随时了解儿童所达到的发展阶段,根据儿童道德发展阶段的特点,循循善诱地促进他们的发展。

第三节 生命周期与人类行为、社会环境

一、婴幼儿行为与社会环境

婴幼儿阶段是从出生到 3 岁,个体的大脑发育极为迅速。婴幼儿刚出生时大脑容量只有成人的四分之一,半年后就会达到成人的二分之一。到两岁的时候,就会达到成人的四分之三,大脑的迅速发展,为婴幼儿的语言以及动作的发展奠定了良好的基础。

在这个阶段,婴幼儿动作发展得非常快。婴幼儿动作开始是先天反射运动,如把手放在嘴里吸吮,用手抓放在眼前的东西。逐渐地,动作开始向目标取向方向发展,例如婴幼儿发现一个东西而主动去找。婴幼儿从出生时只能轻微的活动,到后来可以翻身、坐起、爬行以及站立,最后走路,逐渐完善。正常的婴幼儿动作发育过程如下:在几个月,大多数婴幼儿能够做挺腹、抬肩以及抬头的动作。半年的时间,睡觉姿势可以由仰卧变为侧卧。大概 8 个月时间,可以在他人的帮助下站立,1 年左右时间,可以扶着东西行走。1 年至 1 年半,可以独立行走。婴幼儿的动作发育是生理使然,然而后来形成不同的能力,主要与社会化密切相关。

婴幼儿出生后,很快就开始认识世界和与他人交往。婴幼儿认识世界主要表现在感觉的发生和视觉、听觉的集中性上。婴幼儿出生后 2~3 周左右,如果面前出现人脸时,婴儿会注视片刻。再大一点的婴儿会用双眼追随着慢慢移动的物体。在此期间,婴儿听到拖长的声音时,会停止一切活动,立即安静下来。这就是视觉或听觉的集中性。5~6 个月的婴儿开始认生。认生是婴儿认识能力发展过程中的重要变化。一方面反应了婴儿感知和记忆能力的发展,能区别熟人和陌生人,能够清楚地记得不同的人的脸;另一方面,也表现了婴儿情绪和人际关系发展上的重大变化,出现了对亲人的依恋和对熟悉程度不同的人的不同态度。

婴幼儿的动作受环境因素影响非常大。例如,如果周边环境非常有利于婴幼儿动作的发展,儿童的动作发展就相对较快。如果周边环境不利于婴幼儿动作的发展,婴幼儿的动作发展就相对较慢。而且这种影响对一个人后来的动作发展有着非常关键的作用。例如,母婴关系在很大程度上影响了婴幼儿以后人际关系的形成。正是在母婴交往中,在母亲的指导下,婴幼儿学到了大量的社会行为规范,形成了许多良好的社会行为,如与人分享、谦让、团结,友爱地相处,关心、帮助他人。如果这个时候对婴幼儿进行教育,将取得比较良好的效果。如果这个时候对婴幼儿的行为不加以控制,

很可能会造成后来的行为偏差。很多时候,儿童养成的一些行为偏差,如咬手指等,都是对行为没有及时控制所造成的。一旦养成了习惯,后来矫正的难度是相当大的。

二、儿童行为与社会环境

儿童时期是人一生社会化的重要时期,是从3岁开始到12岁。这个时期分为几个阶段,其中3～6岁是儿童早期,7～12岁是儿童中期。儿童阶段是个体生理发育比较快的时期,仅以脑部为例,在儿童阶段的晚期,脑容量已经接近成年人的水平,其他各项生理指标也发展得较快。

在儿童时期,社会环境对个体行为的影响非常重要。主要原因在于:一是儿童阶段的世界观以及价值观尚未定型,容易受外部环境的影响。二是这个阶段,影响儿童的主体是多方面的,家长、学校,还有同辈群体,都是不可忽视的重要力量。总体上来讲,这个阶段,儿童世界观还没有形成,还不具备改变环境的能力,好的环境促使小儿健康成长与养成合理行为,不好的环境有碍儿童的成长与养成不合理行为。

家庭环境对儿童的成长非常重要。例如,夫妻关系是否和睦对儿童的心理发育有很大的影响。家庭不和睦环境下的儿童经常表现为无精打采,面带倦容,无心学习,学习成绩下降。再例如,养育方式也对儿童的成长起重要作用,祖辈养育比父母养育问题要多一些。在祖辈养育的情况下,儿童或被娇纵溺爱,或被过于严厉、苛责,导致儿童心理健康问题,使儿童的社会适应能力差。

当然,其他社会环境对儿童同样具有较为重要的影响,幼儿园以及小学老师、同伴等对儿童的行为都有重要影响。即使是一些媒介载体,也有重要影响,例如电视。电视是20世纪的伟大发明,自从其发明后,平均占去每个人每天2小时的业余时间,儿童的时间还要长一些。一些儿童形成不良的行为方式,很多都与这种载体息息相关。

如果家庭以及其他社会环境对儿童影响不利的话,儿童极容易形成一些行为异常。例如强迫症、攻击行为、自我控制力差以及社交退缩等。

其一,强迫症。强迫症是指儿童不可克制的、反反复复的重复某种行为,这种反反复复的重复某种行为主要是由心理障碍引发的。强迫症是一种行为与心理互相强化的过程。强迫症有自然生理因素,在儿童正常的发育过程中,也有一些"强迫行为",这是正常的。但强迫症作为一种问题,更多的是社会环境的影响,尤其受家庭环境的影响。家长性格内向封闭,缺乏自信,谨小慎微以及做事刻板,容易影响孩子,使孩子也产生类似行为方式导致强迫症;另外,家长对孩子过于苛求,如果总是强迫孩子做事情,孩子也比较容易得强迫症。特别是家长对孩子的期望不切实际、过高时,更容易产生相关影响。还有,一般家里发生的重大事件或者重大变故对孩子的打击过重,容易使儿童产生心理问题,患上强迫症。在儿童期间,由于个体认知能力比较低下,难以对事情进行合理判断,因此父母对儿童的行为予以一定的控制是十分必要的,适当的监督、管理以及约束不可缺少;但是,一定要注意控制的态度与方式,以免过犹不及。

其二,攻击行为增多。儿童攻击包括身体攻击与语言攻击,一般的攻击行为都是目的导向型的,如抢夺玩具而进行的攻击,但也有的攻击行为是人格导向型,基于专门愤恨某人而进行的攻击。一般的攻击行为没有什么太大影响,但有的攻击行为具有一定的危险性与破坏性。攻击行为是先天以及环境共同导致的。人先天就有一定的攻击基因,尤其是男孩,男性荷尔蒙使男孩比女孩具有更多的攻击倾向。但攻击行为更多的是后天所造成的,主要原因在于社会环境。首先,家庭环境非常重要。如果父母攻击行为多的话,给孩子造成的负面影响就比较大,如果家庭不和睦,孩子容易产生攻击行为。其次,同辈群体的氛围。如果一个同辈群体中攻击行为比较多的话,在这样的影响下,孩子的攻击行为就容易增多。再次,媒体的影响。孩子的模仿力非常强,但是识别力却很差。在观看电视以及网络相关镜头以后,往往倾向于模仿。而目前电视、电影以及网络中,侵犯行为与攻击行为比比皆是,给儿童带来的负面影响是不可低估的。

其三,自我控制力较差。儿童阶段个体兴趣广泛,富有探索精神,他们喜欢各种活动与游戏,对各种新奇事物都感兴趣,什么都想试一试。这是他们年龄阶段生理特点所决定的。但这种生理特点如果能被社会环境合理利用,社会化就能取得良好的效果,反之则会起到相反的效果。如利用儿童这方面特点,让儿童积极参加游戏活动,游戏活动不只是让孩子玩,而且让孩子熟悉生活的角色,可以培养他们的团队精神,灌输给他们社会的规则,这些对孩子以后的成长都是有用的。如果不加以合理引导,甚至是误引导,将会造成儿童注意力不集中、精神涣散等问题,当然还会造成儿童生活无规律、无条理等问题。

其四,社交退缩。社交退缩是儿童期的过度控制障碍和内部问题行为的症状表现,且与个体的后期问题行为相联系①。表现在交往场合中,儿童独自一人,游离于群体之外,不与他人交往的行为。这种不与他人交往并不是他人孤立的缘故,而是自身内心愿意的。社交退缩行为有的情况下是由

---

① 孙铃、陈会昌、单玲:《儿童期社交退缩的亚类型及与社会适应的关系》,《心理科学进展》,2004年第12期。

于生理因素所致,有的儿童天生性格比较内向,不愿意与人交往。而大多数情况下,与后天因素有关。主要是儿童没有经过适当的训练,社会适应能力较为低下。这种情况下,一方面,提高儿童的社会交往能力是关键所在;另一方面,也要尽力教育儿童不要自闭。儿童社交退缩随着年龄的增长而有所缓解,如果不能缓解的话,对于儿童未来的成长是十分不利的。

三、青少年行为与社会环境

青少年是从12~20岁。其中12~17岁是青少年前期;17~20岁是青少年后期。青少年时期人的身体发育逐渐成熟,各种生理技能逐渐增强与完善。更为重要的是,生殖系统逐渐发育成熟,具备了生育的能力。

青少年时期个体的行为受社会环境的影响非常深刻,一些青少年常见的行为偏差都说明了这个问题。

(一)行为的两极性非常严重

青少年温和与暴躁并存,情绪处于一种不稳定状态。情绪不稳定有着生理原因,青少年的生理发育正处于儿童与成年人的过渡状态,这种过渡状态导致了情绪的不稳定性。另外,社会环境导致了少年情绪与行为的不稳定性。因为少年处于各种社会关系的交织之中,受各种价值规范的冲击,而少年本身的思维尚未定型,可塑性比较强,因此,处于不稳定状态。

(二)逆反心理

这个时期,个体的独立以及自主意识比较强烈,要求成年人尊重他们,与成年人平等的意愿比较强烈。如果要求得不到尊重,就会产生一种反抗心理,就是逆反心理。这种心理实际上告诉家长与教师,应当尊重青少年的自主意识,平等对待他们,不能压制他们,要注意开展工作的态度与方法,否则可能适得其反。

(三)早恋倾向

目前,青少年的早恋倾向受生理影响,同时也受社会环境影响。生理因素在于身体的发育成熟。由于性激素的作用,女孩在12岁左右出现月经,性功能开始逐渐成熟。男性要晚一点,大约13岁左右开始发育,15岁左右遗精,性功能也开始逐渐成熟。伴随着生理的逐渐成熟,个体会产生对异性的好感,这是一个必然的过程。但是很多早恋现象是属于社会环境影响的,或是生理现象与社会环境影响交织在一起的。例如,有的青少年早恋是因为周围的人都在谈对象,自己不谈好像是能力不足,迫于周围压力而早恋,这就是心理学上所谈到的"从众心理"。有的青少年早恋是因为学业以及生活中失败,不良情绪无法疏导,需要一定的情感补偿而致。这种早恋给他们周边环境提了个醒：如果家长以及老师能够洞察秋毫，积极进行心理疏导，是可以避免这种早恋行为的。还有的早恋完全处于一种逆反心理，即家长越是不让早恋，反倒偏偏要早恋，与家长、老师形成"对着干"的态势。这种早恋给我们家长与教师提了个醒，首先，对于男女之间的正常交往，不要疑神疑鬼，否则往往使事情更加被动。其次，对待早恋，家长以及教师等要耐心说服，合理疏导，切不要态度粗暴，方法简单，否则可能造成更加被动的局面。

（四）犯罪行为

目前我国乃至整个世界，犯罪行为都呈现年轻化趋势。为什么很多少年走上了犯罪道路，这不能从生理上寻找原因，只能从社会环境上寻找原因。一些少年走上犯罪道路是家庭原因，父母由于种种原因没有给予孩子很好的教养，还有的家庭或者由于离异，或者由于一方故去，成为单亲家庭，对孩子的社会化不足，致使他们走上犯罪道路。还有的少年受社会的负面影响，如暴力、色情影视以及不良的宣传，还有的少年受同辈群体的影响，走上犯罪道路的。

总体而言，在青少年时期，个体的认知能力已经比儿童有了很大进步，认知水平也逐渐提高，他们迫切追求独立意识。但这个时候，他们的认知水平和心里没有完全成熟。这个时候，父母对他们仍需进行行为控制。但应当比儿童控制程度低，而且应当放开部分领域。在安全、道德等领域家长仍需紧紧控制，而部分交往领域以及情感领域，他们是可以有部分自主权的。

四、青年行为与社会环境

青年时期是从 18～35 岁。又称为青春后期。这个时期，人类行为与社会环境之间又产生了一种新的境域，出现了新的特点，正是在这一前提下，青年开始"成为一个承担所有社会责任、真正意义上的社会人"[1]。

青年时期是人的生理的高峰期，各种生理机能都达到顶峰。人的生理发展一般是 20 岁左右达到顶峰，之后逐渐下滑。这个时期，个体的心脏血液输出量以及肺活量都达到最大值，人的免疫力也是最好的，一般不容易生病。

青年时期，个体的社会环境发生很大的变化，决定了相应行为的转变。这个时期，个体的角色发生巨大的变化。个体从家庭脱离出来，自己组建家庭，意味着责任的增加，同时意味着行为模式的巨大转变，意味着自己需要更多的主动代替被动，意味着更加积极进取。另外，这个时期也是年轻人事

---

[1] 林崇德：《发展心理学》，台北：东华书局，1998 年版，第 418 页。

业发展的关键时期,由于从学校踏上单位,很多年轻人具有较强的事业心与社会责任感,必然体现在一系列行为上,如工作上勤勤恳恳、积极进取、对事业孜孜不倦以及不断探索等。青年时期也是一个人社会化的重要时期,意味着从学校价值规范向社会价值规范的转变,学校毕业了,社会学校开业了,人生是一个不断学习的过程,青年期是个体学习人际互动最关键的时期。

青年时期,人类与社会环境最大的问题就是角色冲突的问题。青年时期人的社会角色面临转型,且处于各种社会网络之中,需要适应以及协调各种关系,如在家中涉及适应与父母的关系,还要适应和处理与配偶的关系。在单位要处理和协调与领导的关系,同样也要处理与同事的关系。在社会上还面临着同学关系等。个体处于忙碌的状态之中,难免出现顾此失彼的情况。而且个体处于多个规范的网络之中,往往会出现顾及一种规范而忽略另外一种规范的行为。尤其是这个阶段的女性,更是容易出现角色冲突,因为她们面临着家庭与事业的双重压力,需要个人、家庭以及社会的妥善处理。

五、成年人行为与社会环境

个体在 35~60 岁就进入成年期。成年人生理机能在经历青年的顶峰之后,逐渐开始下滑,到老年继续这一下滑趋势。成年人骨骼弹性、韧性明显低于青年人,各种骨骼疾病的发生率明显高于青年人;呼吸功能也开始下降,肺活量小于青年人;随着年龄的增长,消化功能与代谢功能已经有所下降,肠胃疾病开始增多;身体免疫力开始下降。更为重要的是,在这个阶段,男女都会经历更年期。女性在 50 岁左右开始进入更年期,男性更年期比女性要晚几年。更年期是人生生理的一次大的转折,必然带来心理以及行为模式的重要变化。特定的生理、心理特点决定了成年人的行为特点。

成年人所处的社会环境,更决定了个体的行为特征。在成年阶段,个体无论是在社会上,还是在家庭中,都处于一个承上启下的中间地位。成年既是有所成就的阶段,又要承担工作和事业上的重担,还要肩负赡养老人、抚育儿女的重任。再加上人的生理和心理进入"多事之秋"阶段,多种生理机能正在缓慢地减退。无论所处的社会环境,还是自身的内部环境,都决定了成年人更易产生心理危机。

但成年人具有一定的稳定性,即心理、情绪和情感都比较稳定。他们的兴趣爱好没有青年人那样广泛,但是兴趣也趋于稳定,经过过滤选择的兴趣往往能够持之以恒。成年人的交往范围也没有青年人那样广泛,但交往关系比较稳定。与青年人波动性较强相比,成年人的一大特点就是稳定,行为呈现理性化,尽管缺少青年人那样的冲动与浪漫,但对事情的考虑比较现实。

成年人的行为特征也呈现出一定的过渡性。成年人正处于年轻人与老年人之间的过渡状态,过渡性特点明显。如在婚姻问题上,成年人就处于浪漫与现实的交界地带。在家庭关系上,这个时候一般上有老人、下有子女。一方面,他们对待老人某种程度上表现出一定的孩子特征;另一方面,在自己孩子面前,他们又要表现出慈母严父的形象,具有极强的过渡性。

在社会环境面前,成年人主要表现出的行为偏差在于自闭行为。在现实生活中,将近70%的中年人有自闭行为倾向。表现为在工作中容易不思进取、墨守成规以及不愿冒险;对新生事物有抵触情绪,看不惯青年人的所作所为;不愿意参加社交活动,也不愿意同人接触。自闭行为就是中年人由事业压力以及家庭压力,再加上他们自身生理特点所共同导致的。

六、老年人行为与社会环境

关于老年期的年龄划分标准说法不一。老年人一般以60岁为界限,60岁以后人就进入老年期,但其中还可以细分为几个阶段,60~69岁是低龄老年人,70~79岁是中龄老年人,80岁以上为高龄老年人。老年人有着不同的类型,而且个体之间的差异非常大。但总体来说,仍有着共同的特征与共同的行为模式。老年人的行为方式受老年人生理、心理变化以及步入老年社会周边环境变化的共同影响。

老年人生理发生变化。在老年阶段,个体皮肤粗糙、松弛,弹性下降,斑点增加,毛发也开始脱落;肌肉的弹性下降,骨骼开始疏松,这样就伴随着一定的身高下降以及驼背,身体易发生骨折;呼吸系统能力下降,肺活量也开始下降;心脑血管能力下降,心脑血管患病可能性大大增加;老年人的身体免疫力开始下滑,疾病极容易发生。

老年人的记忆力也在下降。表现在瞬时记忆能力减退,但历史记忆能力基本没有衰退,老年虽然人思维衰退,但仍有一定的创造力。在社会经验方面,老年人反而更加丰富,因此我们有"家有一老,就有一宝"之说。总体而言,老年人心理方面并不是都向着不利的方向发展,有的也向好的方向发展,只要加以合理利用与引导,老年人完全可以对家庭、社会发挥余热。

老年人的生理发生变化,其所处的社会环境也发生变化,使得老年人的行为模式有着自身的特点。一般而言,老年人的周围环境发生变化,首先,由于退休,职业生涯中断,由此引发的人际网络范围的缩小。职业生涯在一个人的生命中占据最主要的地位,是人类社会的社会分层中最关键的因子。职业生涯的中断,对人际网络的影响非常重大。部分人际网络的中断,对老年人的心理影响是非常大的。常常给老年人造成一种无所适从的感觉。部分老年人还有精力发挥余热,职业中断造成一种空茫的感觉。外国学者克伦塔尔把老年人退休后的生活分成几个阶段,即蜜月期、忧郁期、重组期、稳定期以及终结期。并不是每个老年人都一定要经历这样的顺序,这是从总体意义上而言的①。正因为职业关系的中断,很多老年人都在寻找替代"关系"。在社区以及社会中,老年人之间比较容易成为好朋友,就是最好的体现。职业生涯中断对老年人心理、生理以及行为的影响是一个重要的社会问题。其次,老年人家庭环境也发生变化。这个阶段,老年人不但职业环境变化,家庭环境也有所改变。一般而言,子女都已经闯荡在外,家庭成为"空巢家庭",这加剧了老年人内心的孤独感。另外,即使居住在一起或者与子女长时间在一起,老年人仍将难以摆脱孤独的感觉,因为老年人与年轻一代还存在着"代沟"。总体而言,老年期是在人生老化之前,一生所获丧失的时期,包括"身心健康、经济基础、社会角色与生活价值"的丧失。

生理、心理以及社会环境对老年人行为共同产生影响,这种影响是一种耦合性影响。生理变化引起了心理变化与周边环境的变化,而心理变化与周边环境的变化又反馈给生理。这种综合作用往往使老年人的行为出现以下异常状态:

(1)健忘。进入老年期后,个体的智力逐渐减退,这是一种生理现象。但有时也掺杂着其他因素。有的因为本人的自信心不足,自认为智力减退,而实际上并非如想象的那么严重。还有的是社会的负面宣传,导致心理负担过重,形成恶性循环。

(2)抑郁。抑郁有生理方面的因素,人随着衰老、精神情感变化日益明显,容易出现内心空虚以及焦虑抑郁的情绪反应。但更多的受社会环境影响,例如,在经济拮据的老年人中有48%具有抑郁情绪,该比例要高于经济条件较好的老年人。

(3)情绪多变。情绪多变有生理因素,当脑组织老化或伴有某些脑部疾病时,常有明显的情绪变化,往往失去自我控制。情绪多变与社会环境也是密切相关的,周围环境的恶劣以及骚扰易使老年人出现情绪高涨、低落、激动等不同程度的变化。

(4)疑心。60岁以上老年人,有半数的人可出现疑病症状,这是由于老年人的心理特点已从对外界事物的关心转向自己的躯体所致。但疑心与社会环境有很大关联,周围环境的不良,容易加深这种症状。虽然以上行为与生理因素有关,但也与后天环境相关,如果采取一些疏导措施进行积极引导,对老年人进行耐心解释以及护理,就会缓解甚至解决这个问题。

---

① [美]理查德·克伦塔尔:《老年学》,甘肃人民出版社,1986年版,第410页。

第五章 个案工作

本章主要介绍个案社会工作的基本原理和具体方法。主要内容包括个案社会工作的基本概念、发展历程；个案社会工作的理论流派或模式，具体介绍功能派、心理—社会派、行为修正派等几个具有代表性的理论流派的基本原理和治疗方法；个案工作的基本过程，包括申请与接案、搜集资料、制订计划、介入、评估与结案；个案会谈的各类技巧，具体分为支持性技巧、引领性技巧、影响性技巧等。

第一节 个案工作概述

一、个案工作的定义

个案工作，即社会个案工作，是直接从英文 Social Case Work 翻译过来的。Case 即事例、事件或案例，个案工作是以个别的方式、针对单个案例进行的助人工作。个案工作(Case Work)与小组工作(Group Work)、社区工作(Community Work)是社会工作传统的三大方法。比较小组和社区，个案工作起源最早，发展也最充分和完备，小组和社区工作必须以个案为基础。关于个案工作的定义，各派有不同的观点，其侧重点也有所不同：

社会工作创始人之一里士满(Mary E. Richmond)认为："社会个案工作包含着一连串的工作过程，以个人为着手点，通过对个人以及所处社会环境作有效的调适，以促进其人格的成长。"①

美国社会工作学者鲍尔斯(Swithan Bowers)认为："社会个案工作是一种艺术，这种艺术是以人类关系的科学知识与改善人际关系的专业技术为依据，以启发与运用个人的潜能和社区的资源，促使案主与其所处环境(全

---

① Mary E. Richmond: What is social work? New York: Russell Sage Foundation. 1992, pp.98-99.

体或部分)之间有较佳的调适关系。"①

美国另一位社会工作学者斯莫利(Smalley)认为:"个案社会工作是一种工作方法,这种方法通过一对一的(专业)关系,促进案主运用各种社会服务,以增进其个人和一般(社会)的福利。"②

美国社会工作者协会1965年出版的《社会工作百科全书》认为:社会个案工作所注重的不是社会问题本身,而是"个案",特别注重为社会问题所困或无法与其社会环境或关系圆满适应的个人或家庭。社会个案工作的目的是对于个人与个人或个人与环境的适应遭遇困难的个人及家庭,恢复、加强或改造其社会功能。

综上所述,我们认为:个案工作是采用直接的、面对面的沟通与交流,运用有关人际关系与个人发展的各种科学知识和专业技术,对案主(个人或家庭)进行帮助的工作。通过提供物质帮助、精神支持等服务,协助案主解决困扰或问题,完善其人格与自我,改善其人际协调能力,增强其适应社会生活的能力,维护和发展个人或家庭的社会功能。

二、个案工作的发展历程

(一)个案工作的萌芽期(19世纪末—20世纪初)

个案工作的方法起源于19世纪末20世纪初,出现并盛行于英美等国家的"慈善组织会社"中的"友善访问员"对贫民家庭的探访,慈善组织会社期是个案工作的萌芽期。

(二)个案工作的专业化和学科化(20世纪初—20年代)

慈善组织会社后期至一战结束,是个案工作初步专业化时期。这一时期的个案工作不仅重视问题的个人方面,而且更加重视问题的社会环境方面。一战结束至1929年世界范围内的经济危机时期,是个案工作专业化与学科化时期。个案工作开始运用精神心理分析的方法来帮助受助者解决问题,形成了重视个人心理因素强于重视社会环境的特点。

(三)个案工作的多元化发展(20世纪30年代以后)

二战结束后,个案工作进入以综合为特征的发展阶段,呈现出多元化发展的局面,对受助者个人的心理和社会环境给予同样的重视,把重点放在人与环境的互动上。到20世纪70年代,个案工作出现了行为修正模式、任务

---

① S. Bowers: The Nature and Definition of Social Casework, Journal of Social Casework, 1949 (October), pp. 311 – 317.

② R. E. Smalley: Theory for Socail Work Practice. Newyork: Columbia University Press. 1967, p. 29.

中心模式、危机调适模式、家庭治疗模式等新的工作方法。到20世纪80年代，个案工作又发展出综合性的个案管理模式，使个案工作形成了专门化与综合化相结合的特征。

第二节 个案工作基本理论流派

在社会工作专业发展过程中，理论模式对社会工作专业性的提升和强化起到了不可替代的作用。迄今为止，个案工作凝练出几个具有代表性的理论流派。社会工作者需要具备扎实的理论基础，并在实务中将个案工作各种理论流派融会贯通、灵活运用。

一、功能派

1928年，美国社会工作者玛丽杰重新审视了里士满在《社会诊断》中所讨论的个案，认为其中一半以上的案主都呈现出明显的精神症状，她由此断言个案工作将不可避免地进入心理学导向。

心理学的发展尤其是弗洛伊德的心理分析理论对个案工作专业化发展起到了举足轻重的作用。人格结构是弗洛伊德心理分析理论的基本构成部分，在弗洛伊德看来，人格结构可以被划分为三个组成部分：本我、自我和超我，分别遵循不同的原则，承担不同的任务，共同构成完整的人格。本我代表着各种原始的本能，这种本能与生俱来，贯穿于所有的冲动之中，遵循的是"快感原则"。本我更多地体现在人生早期，随着社会化程度的提高，本我的直接冲动逐渐丧失主导性地位。超我包括良心和自我理想两个组成部分，代表的是社会道德和生活理想，遵循的是"至善原则"。自我处于本我和超我之间，是连接二者的桥梁。随着儿童的成长，自我慢慢唤醒并产生出来。自我遵循的是"现实原则"，它努力追求的是本我的冲动与理想原则下超我的折中。本我、自我和超我三者的有机协调构成了一个理想的人格结构，但现实之中，本我可能是被压抑的，超我可能无法实现，自我也可能出现冲突。

功能派个案工作在20世纪30年代起源于美国宾夕法尼亚大学社会工作学院。1920年，由弗洛伊德的门徒兰克（OtteRsnk）倡导，后由塔夫脱（JessieTaft）以及罗宾逊（ViginiaRobinson）加以发展。

功能派个案工作以兰克的自我心理学为理论基础。兰克的自我心理学强调人是自己的创造者，个体行为虽然受潜意识、非理性、早期生活经验等因素的重大影响，但主要是由个人意志决定的。个体是其行为的决定者与主宰者，个人能够借助专业人员与机构的帮助以发挥自身潜能，解决面临的问题。

功能派的做法在理论上具有三大特征：

（1）了解人的本性，认为改变的关键不在于社会工作者而是在于案主，于是个案工作者必须能运用与案主之间的关系和过程，以释放案主内在追求成长的力量。

（2）认为个案工作的主要目的并非在于心理治疗，而是透过对案主心理的了解，并运用技巧提供社会服务，统筹各机构发挥其功能以充分协助案主。

（3）认为个案工作的服务目标应是开放性的，不可刻舟求剑。因为唯有经过案主与个案工作者共同研商之后，才能决定处理办法，而处理的效果好坏又须视案主本身的意愿程度而定。

实施的原则可分下列五点说明：

（1）在提供服务时要求案主参与，藉以了解并诊断案主的问题（包括环境和心理问题），然后针对问题给予持续性的修正。

（2）个案工作者必须善用服务过程中的不同时段，促使案主的潜力能充分发挥出来。个案工作者于个案工作的起始阶段进行尝试性的服务，在中间阶段须逐渐增强案主的参与程度和责任感，在末尾阶段着重于案主的工作成就。

（3）运用地方资源，使各种机构（医务、精神病、教育、宗教和经济等）充分发挥其专业功能。

（4）注重服务的结构与形式，以增进服务的效率。例如，选择最适宜的会谈时间、地点及参加人数，并且一方面制定明确的规则或政策，使案主有所依循。

（5）配合机构设立的目的，运用专业关系以协助案主改变，经由案主对其本身生活情境的感受和经验，引导案主重建新自我。①

功能派个案工作认为，社会工作的目标在于发展、执行社会服务方案，以满足一些单位由个人努力无法达到的需求，增进个人的成长与福利。本着个案社会工作的传统，功能派强调社会工作的过程是个案工作者与案主进行专业交往，借助专业知识与技能，协助案主发现自己的需求，了解自己的本质，以发挥其潜能，从而达到自我实现的过程。

二、心理—社会派

心理—社会派理论内容最丰富、涵盖面最广，最早受到心理分析等心理

---

① 李增禄：《社会工作概论》（增订二版），台北：巨流图书公司，1995版，第107－108页。

学流派的影响,后来逐渐拓宽视野,吸纳了社会学、人类学等众多学科理论,集大成于一体。

心理—社会派关于人的假设主要是建立在系统论基础之上的。人的行为是生理、心理和社会三重因素综合作用的结果。理解人的行为不能仅从生理因素出发,还必须充分考虑到心理和社会两个重要因素。心理—社会派立足于生理、心理和社会三重因素的综合分析,协调个人与社会环境的关系,协助案主通过改变环境来改变自我,推动个人内在自我需求的真正实现。

心理社会治疗模式将个人与环境之间的关系概括为"人在情境中",要求社会工作者既需要深入个人的内心,了解他(她)的感受、想法和需求,还需要仔细观察周围环境对他(她)施加的影响,分析个人适应环境的具体过程。心理社会治疗模式的特点表现在个案工作服务开展的过程中。为了保证服务过程中的科学性,心理社会治疗模式依据医学模式的概念,把服务过程分为研究、诊断和治疗三个相互紧密关联的实施阶段。这三个实施阶段相互影响、相互促进,形成心理社会治疗模式自身的特点:

(一)注重从人际交往的场景中了解服务对象

从第一次与服务对象接触到完成与服务对象问题有关资料的收集,这一阶段称为心理社会治疗模式的研究阶段。在实际工作中,研究阶段不会停留在资料的收集上,在之后的诊断和治疗过程中也会伴随研究。心理社会治疗模式认为,在收集服务对象资料的过程中,只有把服务对象放回到具体的人际交往的场景中,并把服务对象目前的内心冲突与以往的经历联系起来,才能准确地揭示服务对象困扰产生的真正原因。

(二)运用综合的诊断方式确定服务对象问题的原因

对服务对象的有关资料进行整理和分析,寻找服务对象问题产生、变化的原因和过程,这个阶段称为心理治疗模式的诊断阶段。心理治疗模式的诊断包括心理动态诊断、缘由诊断和分类诊断。心理动态诊断是对服务对象的人格的各部分之间的互动关系进行评估,如意识与无意识之间的关系,就是心理动态诊断的重要内容。缘由诊断则是对服务对象困扰产生、变化的过程进行分析。如服务对象的困扰是什么时候产生的、有什么重要的影响事件、在服务对象的成长过程中有什么样的变化等,是对服务对象个人历史的考察。分类诊断是对服务对象问题的生理、心理和社会三个方面的影响因素作出判断。

(三)采用多层面的服务介入方式帮助服务对象

对服务对象的心理困扰和人际关系失调的各方面因素进行调整和修补,这一阶段称为心理治疗模式的治疗阶段。心理社会治疗模式采用多层面的服务介入方式帮助服务对象。根据服务介入的目标,可以把心理社会治疗模式的服务介入分为5个层面:一是减轻服务对象的不安;二是减轻服务对象系统功能的失调;三是增强服务对象的适应能力;四是开发服务对象的潜在能力;五是改善服务对象的人际交往关系。①

三、行为修正派

行为修正派与另一个心理学流派即行为主义密不可分。行为主义也被称为行为学习,无论是在研究对象还是研究方法上都不同于以往的心理学。

在具体的研究对象上,传统心理学主要以心理为研究对象,但心理是内在的、不可观察、无法度量的。因此行为主义认为,心理学的真正研究对象应该界定为行为,因为行为是外在的、可以观察、能够测量的。行为本质上是外显的心理,心理实质上是内隐的行为,心理和行为归根到底相互统一。基于此,行为主义将人类的外显行为界定为心理学的研究对象。相应地,具体研究方法也发生改变,传统的心理学研究主导方法——内省法被彻底摒除,取而代之的是观察法,即对外在行为的观察。

行为修正派是应用非常广泛的一种社会工作实务理论,人们在肯定其优势的同时也质疑它的一些不足,主要包括以下几方面:

(一)关于人的假设

传统行为主义将人简化为消极被动的机械存在,行为主义因此沦为环境决定论,尽管班杜拉重新把人的主观能动性引入进来,但总体来说,行为主义依然将人简化为行为的复合体。这一方面导致了行为治疗模式简洁使用的优点,但另一方面也的确出现了将人矮化、简单化的趋势,这也是行为治疗模式广受质疑和批评的主要原因。

(二)对社会工作价值观的挑战

行为治疗模式因为信奉行为的刺激,传统社会工作的基本价值,如对案主的尊重以及强调案主自决的原则在行为治疗模式里有些遭弃,这种颠覆性的影响究竟是革命抑或是破坏,也是争论的焦点所在。

(三)行为治疗的非历史性

行为治疗模式认为,案主的行为应该是当下的、可观察的,而且通过改变环境刺激就可以改变行为本身。所以,行为治疗模式既反对心理对行为的作用,又反对早年生活经验对行为的影响,而是坚持环境决定一元论。这种过于极端的判断引发了心理社会治疗模式以及其他许多社会工作流派的

---

① 全国社会工作者职业水平考试教材编写组:《社会工作综合能力》(中级),中国社会出版社,2015版,第120-123页。

激烈批评。

(四) 治标不治本的行为矫正方法

行为修正派追求的短、平、快的治疗效果,不对行为的深层原因进行追索。越来越多的证据表明,人的行为发生不仅仅是外在环境的单纯刺激,还包括主体本身的认知选择作用,而这则是行为修正派所忽略的,也正因为如此,当代社会工作的发展新趋势是行为治疗模式逐渐被认知行为治疗模式所取代。个中原因很清楚,认知行为治疗模式不仅继承了传统行为治疗模式的优点,而且,进一步将行为主体的主观能动作用引入其中,很显然,这才是比较科学的行为治疗模式。

四、问题解决派

问题解决派个案工作是珀尔曼(HarrisPerlman)在20世纪50年代创立的。该派从社会与心理学派中派生出来,同时又吸收了功能派的自我心理学理论和社会学中的自我发展理论。问题解决派可以说是综合传统个案工作方法的新模式。

问题解决派强调人类生活是一连串问题解决的过程。每个人在日常生活中都需要不断地面对问题,反复运用问题解决的方法,以获致快乐、报偿、平衡和较好的适应。在长期的问题解决过程中,人们形成了一套惯常使用的问题解决模式。这一问题解决模式往往持久而稳定地表现在人的日常生活中,成为个人特有的心理与行为方式。同时,个人的问题解决模式形成后并不是一成不变的,人格是一个开放系统,它会不断接受外界的刺激并做出反应,从而修正原有的人格体系。

个人所面临的一系列问题主要导源于无法适当地处理生活中的各种困难,个案工作的任务就是要协助案主解决这些问题。问题的解决一方面解除了案主的问题;另一方面在问题解决过程中,案主通过与社会工作者的不断接触,可以获得人格支持、心理帮助、解决问题的方法以及利用外部资源的途径。这一切都使案主面对新的刺激,有助于案主改变原有的行为模式,形成更积极的新的问题解决模式。

问题解决派从心理与社会学派发展而来,其理论基础与该派没有太大差异。但问题解决派把帮助案主解决现实问题作为个案工作的入手,使个案工作目标更加明确且更具操作性。同时,它把发展人格看成解决问题的自然结果,认为在社会工作者协助下解决问题的过程,为案主提供了一个有效地解决问题的参考样本,这种新经验将促使案主改变原有的解决问题模式与人格系统。

五、任务中心派

任务中心模式的发展可以追溯到20世纪60年代,为了回应当时在个案工作开展过程中服务效率低下的实际问题,雷依德(William J·Reid)和沙尼(Annw Shyne)合作开展了一项为了促进个案工作服务效率的研究。1972年,雷依德和艾泼斯坦(Laura Epstein)合作出版了《任务中心个案工作》一书,具体讲述在有限的时间内实现由服务对象自己选定的明确目标的任务中心模式。

(一)任务中心模式的特点

1. 把服务介入的焦点集中在为服务对象提供简要有效的服务上

任务中心模式认为,应帮助服务对象在有限的时间内实现自己所选定的明确目标。高效的服务介入必须符合五个方面的基本要求:一是介入时间有限;二是介入目标清晰;三是介入服务简要;四是服务效果明显;五是介入过程精密。在任务中心模式看来,任务就是服务对象为解决自己的问题而需要做的工作。它是服务介入工作的核心,是实现服务介入工作的目标——解决问题的手段。两者之间的关系类似于目标和手段之间的联系,解决问题是目标,任务是实现解决问题的手段。

2. 在运用任务实现目标过程中非常关注服务对象的自主性

任务中心模式认为,服务对象的自主性包括两个方面的主要内容:

(1)服务对象具有处理自己问题的权利和义务,即由服务对象自己决定是否需要处理问题、处理什么问题以及怎样处理问题等,提高服务对象的参与程度。

(2)服务对象具有解决自己问题的潜在能力,即社会工作者在服务介入过程中尽可能发挥服务对象自身拥有的潜在能力,提高服务对象解决问题的能力。

3. 问题的界定、服务对象的界定以及任务的界定是任务中心模式实施过程中重点关注的问题

这是任务中心模式的重要特点,因为只有清晰地界定这些问题,才有可能为服务对象制定简要的服务任务。

(1)清晰界定问题。任务中心模式认为,要成为可以处理的问题需要具备以下条件:服务对象知道这个问题存在;服务对象承认这是一个问题;服务对象愿意处理这个问题;服务对象有能力处理这个问题,并有可能在服务以外的时间尝试独立处理这个问题。

(2)明确界定服务对象。并不是所有的求助对象都能成为任务中心模式的服务对象。任务中心模式对服务对象具有明确的要求,主要包括两个

方面：一是服务对象必须是愿意承担自己的任务并且做出承诺愿意尝试完成任务解决问题的求助对象；二是服务对象处于正常的生活状态，具有自主的能力。

(3) 合理界定任务。在界定任务时，任务中心模式强调，只有把以下三个因素融合到任务中，这样的任务才是最好的，而且也是可行的。这三个方面的因素：服务对象的问题；服务对象解决这个问题的能力；服务对象的意愿。

(二) 任务中心模式的治疗技巧

任务中心模式把沟通视为社会工作者与服务对象之间进行交流的工具，无论在辅导面谈之内还是之外，社会工作者只有借助具体的沟通行动，才能把自己的想法传递给服务对象，推动服务对象发生改变。任务中心模式认为，有效的沟通行动必须具备两个要素和达到五种功能。

两个要素：(1) 有系统。社会工作者需要根据所处的介入阶段以及此阶段的目标和任务与服务对象沟通，这种沟通需要集中焦点，不节外生枝，同时又与整个服务介入过程紧密相连，做到层次分明、循序渐进。(2) 有反应。社会工作者需要给予服务对象及时的回应，鼓励服务对象积极表达自己的想法和意见，并让服务对象体会到社会工作者对他（或她）的关心和尊重，了解和分享社会工作者的经验与感受。

沟通行为需要达到的五种功能，具体包括：(1) 探究。明确服务对象的问题和需要承担的任务。在确定了服务对象的任务之后，还需要进一步明确如何执行任务。(2) 组织。规划与服务对象沟通的方式和目标，包括介入目标的解释、介入时间的安排、行动的规划和服务对象的参与方式等。(3) 意识水平的提升。通过提供相关的资料，帮助服务对象提高对自身以及周围环境的认识和了解。(4) 鼓励。强化或者激励服务对象的有助于完成任务的行为和态度。(5) 方向引导。向服务对象提供完成任务所需要的建议和忠告，让服务对象及时了解完成任务的有效途径。

六、危机介入派

1946年，林德曼(E. Lindemann)与卡普蓝(G. Caplan)合作，提出"危机调适"的概念，认为压力、紧张和情绪的调适与危机有紧密的关系。20世纪50年代，美国开始从事预防自杀的研究，成立了预防自杀的危机介入中心。1974年，美国将危机介入模式正式列入社会服务的重要项目，并且在社会工作领域逐渐推广危机介入模式。

（一）危机介入模式的内容

1. 危机介入理论

危机介入模式是一种具体的工作方法，它虽然没有完整系统的理论基础，但在不断吸收其他理论以及总结自己的实践经验基础上，形成了一些重要的理论假设和基本的概念。这些理论假设和基本概念成为危机介入模式的理论核心。

（1）危机的定义。危机是指一个人的正常生活受到意外危险事件的破坏而产生的身心混乱的状态。危机介入模式就是针对服务对象的危机状态而开展的调适和治疗的工作方法。危机通常可以分为两类：一是成长危机，即每个人在成长过程中需要面对不同的任务而产生的危机；二是情境危机，即因生活情境的突然改变而引发的危机。

（2）危机的发展阶段。危机出现之后，服务对象的身心会出现一系列的变化以应对现实生活中的危机情景。危机的发展一般可以分为四个阶段：一是危机发生。在这一阶段服务对象面对生活中的意外危险事件而无法控制自己的紧张和不安，无法有效应对意外危险事件，从而导致危机的发生。二是危机应对。危机出现之后，服务对象就会寻找其他途径和方法解决面临的困难。三是危机解决。在寻求应对危机的方法和途径过程中，服务对象就会形成解决危机的方法，或者消极退缩停止解决问题的努力，或者积极面对形成新的有效策略。四是恢复期。危机产生之后，服务对象的身心处于极度的紧张状态，经过调适和治疗就会形成新的身心平衡状态。

2. 危机介入的基本原则

危机介入模式是围绕着服务对象的危机而展开的调适和治疗工作，注重不同服务介入技巧的综合运用，目的是在有限的时间内快速、有效地帮助服务对象摆脱危机的影响。在综合运用这些不同的服务介入技巧时，危机介入模式形成了有效调适和治疗危机工作的一些重要原则：

（1）及时处理。由于危机的意外性强，造成的危害性大，而且时间有限，需要社会工作者及时接案，及时处理，尽可能减少对服务对象及其周围他人的伤害，抓住有利的可改变的时机。

（2）限定目标。危机介入的首要目标是以危机的调适和治疗为中心，尽可能降低危机造成的危害，避免不良影响的扩大。只有把精力集中在目前有限的目标上，社会工作者才能与服务对象共同协商和处理面临的危机。

（3）输入希望。因为当危机发生之后，服务对象通常处于迷茫、无助、失去希望的状态中，所以在危机中帮助服务对象的有效方法是给服务对象输入新的希望，调动服务对象改变的愿望。

（4）提供支持。在帮助服务对象面对和处理危机的过程中，社会工作者需要充分利用服务对象自身拥有的社会关系资源,为服务对象提供必要的支持。当然,同时也需要培养服务对象的自主能力。

(5) 恢复自尊。危机的发生通常导致服务对象身心的混乱,使服务对象的自尊感下降。社会工作者在着手解决服务对象的危机时,首先需要了解服务对象对自己的看法,帮助服务对象恢复自信。

(6) 培养自主能力。危机是否能够得到解决最终取决于服务对象是否能够增强自主能力。虽然服务对象在危机中自主能力有所下降,但社会工作者不能认为服务对象缺乏自主能力,整个危机介入过程就是社会工作者帮助服务对象增强自主能力面对和克服危机的过程。

(二) 危机介入模式的特点

由于服务对象处于危机的状态中,社会工作者必须在非常有限的时间内快速、有效地解决服务对象的困扰,让服务对象摆脱危机的影响。危机介入模式对社会工作者提出了很高的要求,同时这也形成了危机介入模式的特点,即迅速了解服务对象的主要问题、快速做出危险性判断、有效稳定服务对象的情绪和积极协助服务对象解决当前问题等特点。

1. 迅速了解服务对象的主要问题

由于服务对象在危机面前通常表现出迷茫、不安和不知所措,而且时间又非常紧迫,所以社会工作者需要将自己的注意力集中在服务对象最近的生活状况上,采用开放式的提问方式帮助服务对象整理自己的想法和感受。

2. 迅速做出危险性判断

危机之后经常伴随服务对象的一些破坏行为。因此,作为危机介入模式的一项重要任务,社会工作者在了解服务对象的主要问题过程中,需要对服务对象采取破坏行为的可能性和危险程度进行评估,以便给予及时的介入和治疗。

3. 有效稳定服务对象的情绪

服务对象的情绪在危机中通常是非常不稳定的,表现出紧张、不安、迷茫、无助和沮丧等,社会工作者需要借助简洁易懂的语言、专心的聆听、感情的支持等技巧,稳定服务对象的情绪,与服务对象建立信任的合作关系。

4. 积极协助服务对象解决当前问题

一旦服务对象的情绪稳定之后,社会工作者就需要协助服务对象分析危机产生的原因,并根据危机发生的原因制订以解决当前问题为主要目标的介入计划。在服务对象的周围他人的支持下,协助和检查计划的执行,帮助服务对象克服危机的影响。

第三节　个案工作的基本过程

一、申请与接案

这是个案工作过程的第一个步骤,当案主第一次到机构申请帮助时,工作人员与案主便开始建立专业关系。机构对于初次申请帮助的人可设专门接待人员(receptionist)负责接案,或由社会工作人员直接负责接案。接案时约进行一个小时的会谈,会谈的重点如下:

(1) 明了案主求助的过程和求助时的心理状态,是案主本人主动前来求助？还是亲友、师长介绍来的？抑或是经由其他机构转介而来的？

(2) 了解案主寻求帮助的动机、主要问题、问题的渊源和案主对于问题的看法。

(3) 个人的生活状况、家庭背景以及个人特质。

透过初次会谈过程,获得案主的主要问题、问题史、个人史、家庭背景等数据,然后作进一步的处理。如果案主求助事项不符合机构提供的服务,须把他转介到适当的机构。从接案这个阶段开始,应该让案主有意识地参与服务过程,一直到结案。社会工作者与案主的互动和案主参与在整个个案过程中都扮演着重要的角色。

二、搜集资料

经过接案后,在协助案主解决问题前,势必要对问题有充分的了解,才能提出适当的解决方法,因此需要搜集案主的相关资料。

(一) 与案主本人的会谈

这是社工人员接触案主最直接而且最方便的方法,藉由与案主面对面的会谈,可以直接从案主的口中了解他自己对问题的看法与感受,同时也是社工人员直接观察案主面对问题的态度与行为的唯一途径。

(二) 与案主家人及其他关系人的会谈

除了从案主身上搜集他对问题看法的主观资料外,从案主的家人或其他关系人(如同学、朋友、师长、同事等)的身上知道有关案主一些客观的资料也是很重要的,它可以用来判断案主自己的描述是不是确实,但是这些数据只能仅供参考,不应该受这些关系人意见的左右,因为案主的家人或关系人不一定完全正确了解案主,及对他做客观的描述,而且社工人员最看重的还是案主对自己问题的看法。

(三）查阅有关机构之记录

从相关的机构或场所获得的书面资料，譬如从医院获得案主的就医资料，从学校或工作场所获得案主的出缺勤记录与相关数据，但在查阅这些资料时要特别注意案主的隐私权与有关权益。

（四）分析诊断

搜集资料的目的就是为了分析与诊断问题，诊断（diagnosis）一词简单来说就是透过对问题的了解，发现协助和治疗的方向就称为诊断。诊断原本是来自医学的名词，但在社会工作上强调的是社会诊断。社会诊断是指对案主的社会情境也就是社会适应上的不良功能和人格缺失等方面，尽可能予以正确的分析说明，确定问题的所在。早期的社会诊断比较倾向于功能派的个案工作取向，后来由诊断分析的个案工作更进一步以精神分析理论来诊断案主的人格或心理问题，进而探究案主的内在心理因素，形成心理暨社会诊断，此取向的主要目的是在寻求这个人如何才能获取最有效的帮助，它大致包括四个方面：

（1）生理功能方面：从案主的年龄、性别、健康状况等基本资料去分析与诊断。

（2）心理功能方面：从案主的人格特质、心理防卫机制等去分析与诊断。

（3）社会功能方面：从案主的人际关系、社会角色功能去分析与诊断。

（4）环境方面：从案主生活环境的社会文化因素去分析与诊断，这些因素包括种族、宗教信仰、社会阶层等。

三、制订计划

在分析与诊断问题后，找出问题的症结，然后可以与案主一起讨论解决问题的方法、途径、步骤等，接下来拟订出一套对案主治疗或服务的计划。介入计划一般可从近期目标与远期目标两方面去考虑工作的途径或项目。

关于近期目标方面，就是针对案主的问题提出解决的办法。例如，改变某项行为、澄清某种价值观念来解决某种问题、克服某些困难等。

关于远期目标方面，社会工作者需要针对增强案主本身解决问题的能力提出协助方案。例如，增强自我认识以建立自信心、增进适应能力以及发挥潜在功能等。

为保证为服务对象提供合适、有效的专业服务，制订一个完备的服务计划，社会工作者需要做到以下5个方面：

（1）准确分析服务对象的需要和问题。

（2）明确服务工作的目标、阶段和方法。

(3) 熟悉服务机构提供的具体服务。
(4) 清晰认识社会工作者具备的能力。
(5) 了解服务对象拥有的资源。

四、介入

这是个案工作过程中最重要的一个步骤,经过前面的分析判断和制订计划的阶段后,正式开始协助案主解决问题的实行过程。处置(treatment)、干预(interven)、治疗(therapy)、服务(service)等词常被交互使用在这个阶段中。关于介入方式,基本有以下几种:

(一) 环境改变术

一方面解除案主所承受的环境压力,一方面改善案主面对外在环境的态度,并提升面对环境压力的沟通形态与能力,藉此解决案主的问题。

(二) 心理支持术

鼓励案主表达内心的感受,而社会工作者显示对案主同理的了解,然后表达愿意进一步了解及协助的意愿和对案主解决问题的信心,其主要目的是藉以减少案主面临问题时的焦虑感,并增强案主对自己处理问题能力的信心。

五、评估与结案

随着服务目标的逐渐达成,社会工作服务就进入最后一个阶段——评估与结案。在这个阶段,社会工作者仍有三项重要任务需要完成:结案、成效评估和跟踪服务。

(一) 结案

这是个案工作过程的最后步骤,专业关系的建立是有一定的期限的,当案主的问题已经解决或者他已经有能力应对他自己的问题,抑或因特殊原因如搬家、换工作等情况而必须结束专业关系,就称为结案。结案的主要工作包括:

1. 预告结案的时间

依据个案评估预先安排结案的日期,并在倒数第三次会谈时告诉案主,让他有心理准备,以便顺利结束受助的关系。

2. 回顾处置的经验

协助案主回顾过去所达成之成就的经验,并做重点讨论,增强案主处理问题的能力与信心。

3. 交代注意的事项

与案主客观地讨论处理问题过程中尚须改进、努力的地方,并提醒案主需要注意的事项,使其在独自处理问题时有所依循。

4. 关注案主的情绪

鼓励服务对象表达结案时的情绪,与服务对象一起探讨结案后的跟进服务。

(二)成效评估

个案工作是否具有成效?哪些方式有效?哪些方式需要改进?这些都需要经过评估才能做出准确的判断。评估不仅对于服务对象来说非常重要,它是服务对象获得有效服务的保证;同时对于社会工作者也非常重要,它是社会工作者改进个案工作的前提。所谓评估,是指对个案工作的服务效果和效率进行评定。其主要内容涉及3个方面:

(1) 服务对象的改变状况,包括哪些方面得到了改善、哪些方面没有得到改善以及改善的程度。

(2) 工作目标的实现程度,包括哪些工作目标实现了、哪些没有实现以及实现的程度。

(3) 服务介入工作的人力、物力和其他资源的投入,包括服务介入的人员、时间、经费以及其他资源等。

评估可以采取不同的方法,经常采用的有:一是由服务对象评估服务工作的开展状况以及对服务工作的满意程度;二是由社会工作同行评估服务工作的开展状况;三是由服务机构评估服务的开展状况。为了准确评估服务工作的开展状况,采用多种评估方法是比较有效的方式。

(三)跟踪服务

结案之后并不意味着服务工作结束,就一般情况来说,社会工作者还需要根据服务对象的情况安排跟踪服务。跟踪服务主要有3个方面的任务:

(1) 根据服务对象的状况安排一些结案之后的练习,巩固服务对象已经取得的进步,增强服务对象独立面对问题和处理问题的能力。

(2) 调动服务对象的周围资源,增强服务对象的社会支持。

(3) 持续评估服务工作的效果。

第四节 个案会谈的各类技巧

一、个案会谈的支持性技巧

个案会谈是指个案工作中社会工作者与案主面对面有目的的专业谈话。支持性技巧是指社会工作者通过身体及口头语言的表达,令案主感到被尊重、被理解、被接纳,从而建立信心的一系列技术。支持性技巧主要有专注、倾听、同理心、鼓励与支持等。

（一）专注

专注是指社会工作者面向案主、愿意和案主在一起的心理态度。在某些人生的重要时刻，有人陪伴是非常重要的。当社会工作者以专注的神情面对案主时，案主就会感觉"他与我同在""他在专心地陪伴我"，这无疑会给案主带来心理上的支持，增强面对困难的勇气和信心。

专注行为的品质，反映着社会工作者知觉能力的敏感程度，优秀的社会工作者都会注重培养自己专注的能力。专注技巧既表现为通过生理上的专注行为来表达心理上的专注，也表现为心理上的专注带动生理上的专注。生理上的专注行为主要表现在如下几个方面：

（1）面向案主：社会工作者以一种参与的态度面对案主，这种表现意味着"我愿意帮助你""我愿意留在这儿陪你"。

（2）上身前倾：坐在椅子上，上身略微前倾。前倾的姿势意味着"我对你和你说的话感兴趣""我对你是友好的"。

（3）开放的姿势：双手放开而不是抱住双肩。

（4）良好的视线接触：会谈中社会工作者应与案主保持稳定、坦诚的视线接触，而不是眼睛盯在别处或四处巡视。

（二）倾听

主动倾听是指社会工作者积极地运用视听觉器官去搜集案主信息的活动。专注与倾听是不可分开的，是同一种行为的不同侧面。完全主动的倾听包括三方面的内容：

（1）倾听案主的话语信息：社会工作者在会谈中的一个重要职责就是鼓励案主多说话，自己多倾听。社会工作者的倾听不是盲目的，而应该是有目的的，在倾听时要注意分辨案主叙述中的经验部分、行为部分和情感部分。

（2）观察案主的身体语言信息：有声语言不可能完全独立地传递信息，总有身体语言相伴左右，人在说话时，脸上总有一定的表情或手势、动作，身体语言往往起着对有声语言的辅助和强调作用。与有声语言相比较，身体语言在传递信息中有更大的优势，如身体语言可以独立传递信息，从案主双腿不停抖动的动作就可以知道案主内心的紧张和不安。而且，身体语言还可以起到戳穿有声语言伪装的作用。因此，作为社会工作者，在会谈中必须仔细观察案主的身体语言信息。

（3）解读案主其人：倾听的最深层意义是要解读案主这个人，包括他的生活、行动及与其问题相关的内容。社会工作者在用眼睛观察了案主的身体语言，耳朵倾听了他的话语信息，这还不够，还必须在此基础上动用自己的大脑,迅速地进行思考判断,解读案主整个人。

(三) 同理心

同理心是指社会工作者进入和了解案主的内心世界,并将这种了解传达给案主的一种技术与能力。同理心包括情绪同理和角色同理两个层面的内容。情绪同理即同感,是指社会工作者如同亲身体验一样感受案主的感受,是一种受他人状况感动的能力;角色同理是指社会工作者了解案主的情境、参考构架及观点的能力,角色同理要求社会工作者尽量放下自己的参考构架和文化背景,站在案主的角度去理解案主的问题及其相关的行为。

同理心作为一种会谈技巧,由三个层面的要素组成:一是觉知的能力,包括被感动的能力和理解能力。要想同理案主,就得先了解案主、懂得案主、理解案主。正确感知的基础,首先是培养自己对事物的敏感性,提高感受能力。二是语言表达能力,包括说话能力和身体语言能力。一般来说,陈述句和征询式、不确定式的语气效果比较好。三是传达的及时性,同理心的传达必须是及时的,迟到的表达可能完全失去意义,提前、急于的表达,会影响同理的准确性、正确性和全面性。什么是传达的最好时机,这要依具体情境而定,需要社会工作者去自行把握。

(四) 鼓励与支持

鼓励是指社会工作者通过恰当的话语和身体语言,去鼓励案主继续表达他们的感受和看法的技术。鼓励的技巧可以达到让案主表达、支持案主去面对和超越心理上的挣扎、增强案主自信及创造彼此信任的专业关系的目的。鼓励应该在社会工作者觉察了案主的退缩行为之后运用。社会工作者通过专注与倾听,发现案主沉默、逃避目光接触、避免直接对话、吞吞吐吐等情形时,应当给予及时的鼓励。鼓励案主继续表达可以用话语如"请继续""你说的很好",也可以用身体语言的支持,如身体前倾、微笑地注视、点头、用手示意、眼神鼓励等。

二、会谈时的引领性技巧

引领性技巧是指社会工作者引导案主具体、深入地探索自己的经验、处境、问题、观念等技巧。运用引领性技巧的目的是促进案主在相关主题上做出较为具体、深入、有组织性的表达和探讨,增进社会工作者对案主的认识和了解。引领性技巧主要有澄清、对焦、摘要等。

(一) 澄清

社会工作者引领案主对模糊不清的陈述作更详细、清楚的解说,使之成为清楚、具体的信息。澄清也包括社会工作者解说自己所表达的不甚清楚的信息。沟通本来就是困难的事情,每个人的内心都是一个独特的世界,各自拥有不同的生活空间,不是通过几句话就可以了解的。社会工作者与案主之间不是一般的人际沟通,而是要深入地互动,社会工作者必须对案主有较全面、深刻的了解才能真正按照其需要提供帮助。

(二) 对焦

对焦是指将游离的话题、过大的谈论范围,或同时出现的多个话题收窄,找出重心,并顺其讨论。对焦可以使会谈减少跑题、多头绪的干扰,使会谈能够集中在相关主题上进行深入、具体的讨论。但社会工作者在运用对焦时应注意与鼓励技巧的冲突,鼓励技巧的理念主张让案主多说话,尽量表达自己,这就免不了会出现谈话漫无边际的情况,因此,对焦技巧的运用不可生硬,应考虑偏离主题的程度及所持续的时间,来决定在恰当的时机进行对焦。

(三) 摘要

社会工作者把案主过长的谈话或不同部分所表达的内容进行整理、概括和归纳,并作简要重点的摘述。摘要技术的运用,可以帮助案主理清自己混乱的思路,突出案主在想法、感受、行为、经验上的特点或模式,促进案主对自己有较清晰的了解。另外,社会工作者做完摘要后,还应向案主查证摘要是否准确,容许案主否定、接纳或更正社会工作者的摘要。

三、个案会谈的影响性技巧

影响性技巧是指社会工作者通过影响案主,使其从新的角度或层面理解问题或采取方法解决问题的技巧。影响性技巧主要有提供信息、自我披露、建议、忠告和对质。

(一) 提供信息

社会工作者基于专业特长和经验,向案主提供所需要的知识、观念、技术等方面的信息。提供信息包括案主不知晓的新信息和帮助案主改正已有的错误信息。社会工作者在提供信息的时候首先要了解案主的知识背景,分析其对信息的敏感能力和接纳能力,选择适当的方式提供信息。

(二) 自我披露

选择性地向案主披露自己的亲身经验、处世方法和态度等,从而使案主能够借鉴他人的经验作为处理自己问题的参考。自我披露可以引导案主从其他角度去思考问题,或参考他人的方法解决自己的问题;自我披露还可以为案主树立坦诚沟通的榜样,社会工作者的坦诚开放、与人分享自身的经历和感受的做法,会感染案主,使其愿意表露自己的内心世界;自我披露对促进工作关系也十分有利,社会工作者的自我披露可以拉近与案主的心理距离,发展融洽的专业关系。

（三）建议

对案主的情况、问题有所了解和评估后，提出客观、中肯和有助于解决问题的意见。作为专业的助人活动，在个案会谈中，社会工作者通过对案主问题及相关信息的了解，总会发展出具体的解决案主问题的思路，社会工作者应该向案主提出这些意见。但是，社会工作者首先需要考虑清楚意见或方法的可行性、背后的理念及理论的正确性。而有时如何向案主提出这些建议比方法本身的意义还要重大，如果社会工作者生硬地强行要求案主按照自己的意见做，违背案主的个人意愿，反而会造成不进反退的后果。因此，如何向案主提建议非常重要。

（四）忠告

社会工作者向案主指出案主行为的危害性或案主必须采取的行动。例如，"如果你还是每天翻查你丈夫的包，他会觉得自己不被尊重，会严重影响你们夫妻之间的感情。"忠告通常是针对一些比较严重的事件或行为，但是，是否严重是一种价值的、道德的判断，是很主观化的。因此，社会工作者一定要反复斟酌自己的判断，而忠告之后，社会工作者应该耐心地讲清道理，提供案主不知晓的知识和视角，使案主有所领悟。

（五）对质

对质是指社会工作者发觉案主的行为、经验、情感等有不一致的情况时，直接发问或提出质疑的技术。通过对质，社会工作者可以协助案主觉察到自己的感受、态度、信念和行为不一致或欠和谐的地方。

四、沟通技巧

对人尊重的态度和同感的理解是需要通过语言来传递或表达的，因此，沟通双方运用语言的能力和艺术是取得良好沟通效果的关键。

（一）有效运用语言符号

第一，把话说得悦耳，悦耳的声音会令人心情舒畅。第二，把话说得清楚，必须让人明白所要传达信息的意思，这就要求沟通者思维有条理，吐字清晰，把意思说明白。第三，把话说得准确，要完整地表达句意，说话用词尽量科学准确。第四，把话说得恰当，说话必须符合特定的身份和场合。第五，把话说得巧妙。例如，"如何说好第一句话？怎么才能开启对自己有利又令对方愉悦的话题"，一般的原则是寻找对方的兴趣谈话区域和自己的有知区域，而要避开对方忌讳的区域和自己的无知区域。

（二）巧妙使用身体语言

身体符号包括人的眼神、面部表情、身体的姿势、动作及仪表等。专家认为，在人面对面的信息沟通中，有65%的社会意义是通过身体符号传递的。身体符号具有无伪装性的特点,人可以言不由衷,但强装笑脸总要露出破绽。人们可以通过恰当的身体符号向沟通对象表达自己对对方的尊重、接纳、关心,更可以通过细心地观察对方的身体符号解读其内心世界。

(三)适当运用环境符号

环境符号是指能够传递信息的时间和空间因素。时间在传递信息中具有不可替代的作用。与人约会姗姗来迟,传达给对方的可能是不认真、时间观念不强、对对方不重视等信息,进而会引起对方很多的心理活动:失落、不信任、不愿意合作等。空间因素是指人与人之间的距离、位置以及沟通场所的气氛。谁都知道远远的打招呼表示热情与友好,与人擦肩而过没有任何表示说明彼此的敌意或冷淡。一般而言,人与人之间相隔0~15厘米是亲密距离,其语意是亲密而热烈;15~75厘米是个人距离,语意是亲切友好;75~215厘米是社交距离,语意是严肃而正式;215厘米以上是大众距离,表明彼此之间没有心理的联系,但在一些特殊的场合如拥挤的公共汽车上则是例外情境。由此可见,应该视交往对象的关系,把握与人沟通的距离。

第六章 小组工作

小组工作亦称团体工作,是社会工作的专业方法之一。它是通过有目的的小组活动,促使组员彼此建立关系,并以个人能力与需求为基础,获得成长的经验,旨在达成个人、小组、社区发展的目标。本章主要介绍小组工作的概念、理论基础与工作模式以及小组工作过程等基本知识。

第一节 小组工作概述

一、小组工作的定义及要素

(一)小组工作的定义

内森(Helen Northern)认为,社会工作实践将小组既当作过程也当作手段,它通过小组成员的支持,改善他们的态度、人际关系和他们应对实际生存环境的能力。这种方法强调通过小组过程及小组动力去影响案主的态度和行为。小组成员解决问题的能力和潜力透过成员间的分享、相互分担和相互支持而发挥出来,当然,这还需要社会工作者按照既定的目标进行指导。从不同角度,小组工作的定义有不同方面的侧重,我们从方法的角度可以认为:小组工作是社会工作者依据一定的小组工作理论,以小团体为工作对象,借助小组互动和小组经验分享的过程,帮助小组成员获得个人成长、协调组员与小组、社区之间的相互关系,改善小组成员社会功能的社会工作基本方法之一。当然,小组工作并不只是一种社会工作通用的服务技术。作为社会工作中的一套方法系统,小组工作涵盖着包括理论基础、伦理守则、实务技巧、工作模式以及评估标准在内的各项方法元素,从而与其他基本工作方法在知识层面相区分,同时又与其他工作方法在具体的社会工作服务实践中相融合运用。

(二)小组工作的要素

如果将小组看作一个系统的结构,那么小组的运行离不开一些基本要素和要素间关系的存在。小组工作的基本要素包括：小组、小组成员、工作者、小组的活动。

1. 小组

社会工作小组是一个具有持续互动关系的有机体，随着内环境与外环境的变化而不断发展变化。组员的机械集合并不等同于小组的存在，小组是一个包容了各种关系、含有丰富的活动内容、具有现实的工作目标与工作计划、蕴含组织能量同时也承载组织的原则和规范的有机体。小组的存在为组员包括社会工作者创造了一个特殊的小环境，参与者在其中发挥自己的功能，实现自己的需要，共同分享小组的过程与经验。

在不同的服务需求下，小组的类型也不同。按照小组的性质和目的来区分的小组类型一般包括：娱乐性小组、教育性小组、社交小组、兴趣小组、服务或志愿者小组、成长小组、治疗小组、自助与互助小组、任务小组、社会行动小组等。

2. 小组成员

小组成员是小组的主体，因此组员的特征、能力与角色就成为他们在小组中发挥功能、获得成长和推动小组发展的决定性因素。无论小组成员带着怎样的初衷加入小组，作为社会工作者都应当慎重地选择组员、认识和了解组员，赋予组员适宜的角色，从而实现助人成长和改善功能的目标。

3. 工作者

小组工作者是小组的带领人，肩负着建立小组、设定小组计划与目标、协调互动关系、运作小组规则、影响和支持组员的重任，因此小组工作者的专业素质、人格特征以及专业角色扮演都会直接影响到小组工作的成效。

4. 小组活动

活动在小组过程中十分关键，它构成了小组过程的主要内容，是社会工作者开展小组服务所运用的主要工具。小组活动的种类很多，如表演、游戏、手工艺展示、角色扮演等。但在小组发展的不同阶段，由于有着不同的小组工作目标，因此社会工作者所选择的小组活动类型也不同。

二、小组工作在中国的实践

小组工作在中国的实践最早可以追溯到1885年。美国传教士施美志和毕海澜进入中国，分别创办福州英华书院和河北潞河书院——中国最早的学校青年会。之后十年也就是1895年，中国第一个城市青年会——天津基督教青年会正式成立，学校青年会与城市青年会构成了中国基督教青年会的主要机构①。在中外人士的共同努力下,基督教青年会在华传教的同时,对正经受近现代社会转型带来的社会问题困扰的中国民众提供了大量的社会救济与救助服务。尤其是青年会在20世纪初,以青年为组织对象所开展的各类社会改造运动也成为小组工作在中国早期的社会服务实践。这些社会服务实践活动包括:平民教育运动、体育运动、公民卫生运动、学生救济、军人服务、劳工社会福利等。1949年后青年会不同程度地停止了活动,此时还有参与"三自"爱国运动和社会服务,直至"文革",青年会的社会服务活动完全停止。20世纪80年代,国际友好合作关系恢复,青年会依此而恢复在中国的社会服务活动。随后数十年,青年会积极创办成人教育和兴趣班,开展团体活动。至今,基督教青年会在中国大陆十个城市仍设有分支机构,开展社区、团体等社会服务活动。

基督教青年会借助小组的形式在中国大陆进行扶弱济贫服务实践的同时,其相关的实践活动也在中国香港和台湾地区展开,并且由于历史等各方面的原因,香港和台湾地区在20世纪60年代至70年代就逐渐发展出本土的专业社会工作,其中也包括专业的小组工作服务。

香港地区的小组工作最早也由基督教男女青年会开展。从早期帮助社会弱者,为他们提供满足基本生活需要的服务,到二战期间提供战时服务救助活动,再到战争结束后为青少年提供教育和娱乐的服务。1950年,香港地区成立社会福利联合会,下设物资救助组、保护妇孺组和感化组三类小组。由于战争期间逃难至港的难民不断增多,父母外出谋生其子女面临严峻的教育问题,香港服务联合会开始为儿童、青少年提供小组工作服务,服务内容是教育和娱乐。直至20世纪60年代后期到70年代中期,青少年犯罪问题严重,小组工作被较多地应用于青少年辅导与治疗、教育和兴趣培养等。20世纪80年代以后,随着香港老龄化问题、家庭暴力、残障人士权利维护问题日渐突出,小组工作者的服务对象范围再次扩大到老人、妇女和特殊人群。小组工作的形式更加多样,支持小组、成长小组等都为满足弱势人群的社会需求发挥了重要功能。通过对这些现实社会问题的回应和解决,香港小组工作的本土化探索无论是在理论方面还是在实务方面都取得了顺利进展。

台湾地区的小组工作源起于各种宗教机构提供的慈善性活动,与此同时台湾地区的社会工作专业教育也促进了小组工作的发展。1961年台湾东海大学首次开设小组工作课程;20世纪70年代台湾成立社区发展研究训

---

① 青年会主要分以职业青年为主的城市青年会和以学生为主的学校青年会两部分。参见赵晓阳:《中国基督教青年会早期创建概述》,《陕西省行政学院学报》,2003年第1期。

练中心,专门培养社区中的小组领导人才;1983年小组工作被列为台湾社会工作专业教育的必修方法。在台湾,承担小组工作的机构分布较广:医疗卫生机构、学校、司法机构、工益机构、一般社会福利机构、社会教育机构都有开展各类面向儿童、青少年、老人、妇女、残障人士、低收入人群包括健康人群的小组工作服务。在台湾从事社会工作专业的学者和实践者都十分注重本土化社会工作服务实践经验的积累,因此台湾地区关于社会工作专业的论著,包括小组工作理论与实务的论著资源相当丰富,这为我们借鉴学习提供了宝贵的参考资料与经验,同时也是台湾社会工作本土化发展的重要标志。

新中国成立后,尽管专业的小组工作兴起于20世纪90年代,但是小组形式的社会服务实践早已为我国一些群众性的组织和相关机构所开展。全国总工会、中国共产主义青年团、全国妇联以及各级民政机构都有着丰富的团体工作经验。与西方专业团体社会工作相比,在新中国早期的小组工作实践带有较强的行政意味,提供服务的方式以教育和指导等行政手段为主。如政治教育、文化活动、法律援助、经济资助等。应该说,这一时期中国大陆小组工作实践经验丰富但专业理论指引不够,工作的职业化与专业规范化程度不高。随着改革开放步伐的加快,中国大陆在20世纪后期发生的社会结构转型加速,各种社会问题相继凸现,从而也对专业的社会服务提出紧迫要求。小组工作实践随着中国社会工作专业化教育的迅速发展而逐步走向专业化,也随着非营利组织的成长壮大而逐步走向职业化。这些非营利机构为承接20世纪末21世纪初中国社会面临的下岗职工再就业、青少年犯罪、农民工维权、大学生心理健康、老人照顾、残疾人福利保障、儿童安全、卫生权益保障等问题发挥了重要的作用。如癌症康复俱乐部、青少年成长小组、打工妹支持小组、单亲母亲互助小组、空巢老人照顾小组、弱智儿教育小组等。

相信随着中国社会工作专业化步伐的加快,随着日益丰富的社会需求的出现,也随着人们公民意识和社会参与能力的增强,中国的小组社会工作亦将迎来无论是理论领域还是实务领域都具突破性的发展。那时,也将是中国小组工作专业本土化进程的关键期。

第二节　小组工作的理论基础与工作模式

小组工作者开展实务所依据的理论与其他社会工作有着同样的来源构成,一部分来源于人们对小组工作实践过程中所积累经验的提炼,一部分则来源于相关专业对团体心理与行为、团体互动与发展以及团体动力与结构等方面的研究。在小组工作理论建构过程中,一方面团体(小组)被视为一个整体成为受助者改善心理与行为的环境系统,从而使研究者关注团体的构成要素和运行规律,并寻找能有效发挥团体治疗功能的团体工作模式;另一方面团体(小组)中的成员即受助者作为构成小组的主体其彼此间的互动以及与社会工作者的沟通亦成为研究者关注的对象和内容。当前,一些来自于社会学、心理学、教育学、管理学等学科的知识为小组工作实践提供了理论启示,其中场域理论、镜中自我理论、符号互动理论、交流分析理论、社会学习理论等都对小组社会工作的影响较大。除此之外,人类行为发展理论和以小团体为研究对象而发展起来的团体动力学更是对小组社会工作予以直接的指导。

一、团体动力学

团体动力学是以团体的形成和发展、团体成员间关系、团体凝聚力、团体领导、团体气氛以及影响团体生活动力的因素为主要内容的社会心理学研究分支。"团体动力学"一词由勒温在1939年首次提出,后来得到广泛使用。团体动力学的研究充分体现了20世纪30年代末、40年代初西方社会科学融合的趋势,因此团体动力学不仅与心理学、社会学、文化人类学和经济学等都保持着密切的联系,同时还存在着多种理论取向,如系统论、精神分析理论、交互作用论等都曾是团体动力学者进行经验研究时的具体理论取向。当然,各种理论取向仍然共享同一个理论源头——"场论"。"场论"的集大成者勒温注意到了团体的特殊功能以及不同于个体行为动力的团体行为动力,运用自创的"心理学相对论",带领其团队对团体可能具备的心理特征与行为特征开展了大量的基于实验和经验结果的科学性研究。

团体动力学者研究非正式组织——团体。团体必须具备三个要素:活动、相互影响及情绪。在这三项要素中,活动是指人们在日常工作、生活中的一切行为。相互影响是指人在组织中的相互发生作用的行为。情绪是人们内在的、看不见的心理活动,如态度、情感、意见、信息,但可以从人的"活动"和"相互影响"中推知其心理活动,相互影响和情绪不是各自孤立的,而是密切相关的,其中一项变动,会使其他要素发生改变。团体中各个成员的活动、相互影响和情绪的综合就构成团体行为。团体中需要有动力才可以推动团体运转。一般团体的动力都包括静态和动态两个方面。静态动力来自于团体的名称、团体的组织结构、团体的目标以及不同类型团体具备的独特特点;动态动力则包括正在进行的团体运作、团体的改变、团体成员的反应和互动行为。这些静态的和动态的动力因素对团体产生作用,使团体不断运作,团体动力在这些因素的相互作用中自然产生同时又影响着团体。

在团体中存在着实际影响团体成员态度和行为的共同准则——团体规范。法律、道德和价值观都可以是团体规范,团体成员根据所属团体的规范去判断行动的情境意义并产生行为动机。团体规范可以分为正式或非正式规范,也包括参照团体规范和社会认可的规范、反社会规范。团体规范的功能体现在:对团体成员的行为树立评价的标准、维持和巩固团体、产生团体舆论和行为导向。团体的维持倚赖于团体的压力状况和成员的从众行为。团体中各种动力的交互作用所产生的变化、影响、压制、权力、内聚力、吸引、排斥、平衡和不稳定等都是团体动力学研究的基本术语。

对社会工作者来讲,团体动力学者首先为他们开展小组工作准备了两条基本的信念:第一,社会的健全有赖于团体的作用;第二,科学方法可用以改善团体的生活。因此,构建健康的团体(小组)生活成为小组工作者帮助其成员借以恢复社会功能的工作指南。团体动力学者坚守这两条信念开展了大量的经验的研究,从而为团体动力学理论积累了丰富的观察和测量团体动力的方法与技术。这些方法与技术又成为小组工作者了解小组的发展阶段和特征、发掘小组动力的源泉、合理设计小组活动、建立有效的团体规范的重要参照。团体动力学注重实验研究和应用性的特征使其理论在社会工作领域,还包括企业管理、教育、心理治疗,乃至政府和军事领域都有着广泛的应用。

二、其他社会科学理论

(一)场域理论

"场域"概念是借用19世纪中叶物理学中"力场"的概念而来的。场域理论(场论)强调个体行动受其行为环境(场域)的影响,行为环境不仅仅是物理环境,更包括个人行为的心理环境以及其他环境因素。场域理论的代表人物库尔特·考夫卡(Kurt Koffka)与勒温(Kurt Lewin)分别也是格式塔心理学与完型心理学的代表人物。

在考夫卡看来,行为产生于行为的环境,受行为环境的调节。与行为环境相对的是地理环境即现实的环境,而行为环境是个体意想中的环境。"男子骑单车雪夜蓦过冰湖,知内情而恐死"的著名故事,正出自考夫卡之手。故事的作者考夫卡正是想向人们说明,湖泊作为地理环境似乎并未对男子的"勇敢"行为产生刺激影响,在骑车男子看来其行为环境是冰雪平原。该男子不知现实的地理环境从而顺利到达休憩的客栈,然而也正是当他得知骑过的雪地是一片大湖时,为后怕惊愕所致命。考夫卡在分析人的行为发生中运用了"心理场"概念。心理场中的核心是"自我",同时还有"环境"。考夫卡认为,个体的心理活动是一个由"自我—行为环境—地理环境"等进行动力交互作用的结果。遇到地理环境阻碍个体行为发生时,自我的作用发挥会直接影响行为发生与否:自我强调克服困难时行为易发生,自我退缩时行为发生则缺乏动力。当然,行为的发生还需要满足个体的自我是否认识到问题的存在,即其发生行为所依赖的行为环境是否存在,这可以理解为个体的自我是否认知到有利于行为发生的预期结果。

勒温在分析个体行为心理时则提出了"心理紧张系统"和"生活空间"两个基本概念。前者可以解释行为的心理动力,后者则强调人与环境共同所构成的整体对个体产生心理动力的影响。"紧张系统"代表了个体的心理需求,当需求得到满足,紧张消除,反之紧张则持续。个体心理产生的动力来自于还未消除的心理紧张体系。"生活空间"就是人的行为发生的心理场,人与环境被看作是一个共同的动力整体,环境只有在同人的心理目标相结合时,生活空间才得以出现并发挥心理动力(吸引力和排斥力)作用。勒温在他的场域理论中,正是将"紧张系统"同"生活空间"相结合来分析个体的心理动力产生和发挥效用的机制。勒温在其场论中更强调:过去的事件尽管在个体生活中留下记忆,但并不一定对个体当前的行为和心理产生直接的影响,而只可能存在间接的影响。因此,个体当前所处的行为环境、个体的需求等因素综合造就其当前在场的行为和心理。

对小组工作而言,场域理论提供了一个人们对个体行为和心理注重个体人格因素影响分析相区分的思路——从社会环境因素出发寻找改变不良心理和行为的途径。小组工作者能够运用场域理论对案主的心理动力与行为发生条件予以有效的分析,帮助案主意识到社会环境对行为的影响。这里的社会环境就包括个人所处的团体环境,让案主参与到适宜的小组中,在小组活动所营造的良好环境下改善心理结构与行为倾向。在场域理论的观点下,每个人的行为均受到其行为环境的影响,因此个人、小组和社会系统之间的互动尤为重要,互动的结果构成了个体行为的环境。当然,场域理论十分强调人的行为的主观环境,它肯定了人类行为的进取性,但也存在着淡化客观环境对心理某些决定作用的弱点。

(二) 镜中自我理论

镜中自我理论是由美国社会学与心理学者查尔斯·霍顿·库利(Charles Horton Cooley)首次提出"镜像自我"的概念而得以开创。库利专注于探讨人的社会化问题,深入研究人际互动中的自我意识,他的理论直接成为后来的符号互动论、戏剧论、人际传播论等的思想源头。库利的"镜像自我",是指人们在与他人的互动过程中,通过感知他人的回应和评价来建立自己的自我意识、自我形象与自我评价。库利将"他人"比作一面镜子,人们是从"他人"这一面镜子中来发现"自我",并根据他人的反映和评价来考量自己的言行是否呈现出符合自己愿望和他人所认为恰当的"镜中形象"。人的自我意识正是通过想象和感觉他人对这一形象之评价而形成的。对于小组工作来说,"镜中自我"观点提示社会工作者去帮助小组成员如何感知他人对自己的反映和评价,如何建立正确的自我意识,如何塑造完美的自我形象和如何确立合理的自我评价。在镜中自我理论中库利还首次提出了"首属小组"的概念。首属小组是指具有亲密的、面对面交往关系,成员间能直接发生互动与合作的小组(团体)。家庭、邻里以及儿童伙伴团体都属于首属小组。库利认为,首属小组对个人的社会化过程能产生深远的影响,个人在这些首属群体中的经历和体验对其个人终生发展甚至能起到决定性的作用。依据库利对首属小组的观点,社会工作者十分注意探讨案主在首属小组中曾经的经历和体验,尤其是案主在首属小组中人际关系的构建和适应状况,进而引导案主调试不合理的人际交往心理与行为,通过建立良好的首属群体帮助其改善不适应的人际交往环境,以此来达到帮助案主恢复自助功能的目的。

(三)符号互动理论

符号互动论是一个主张从人们互动所发生的日常环境中去研究人类群体生活的社会学和社会心理学理论派别。"符号"是代表人的某种意义的事物,语言、文字、动作、物品甚至场景等都可以是人们互动过程中所使用到的符号。一个事物之所以成为符号是因为人们赋予了它某种意义,而这种意义是大家(相关的人们)所公认的。文字被赋予意义而成为人们进行思想沟通的工具;语言更是所有符号中最丰富、最灵活的一个符号系统,通过口头语言、身体语言(包括表情与体态)等人们可以传达各种意义,实现人们之间的复杂交往。物品也是重要的符号,比如奥运会会徽是一场运动盛会的象征。符号是个人参与社会活动的基础,人们通过各种符号进行互动,符号提供人们彼此理解言行的媒介,人们也通过符号评估自己的行为对他人的影响。

在符号互动理论的代表人物米德(George Herbert Mead)看来,影响人的思想行为不只是客观的物理环境,更有来自于主观层面的"符号环境"。人们在行动前会面对一定的行动场景与条件,它包括作为行动主体的人、角色关系、人的行为、时间、地点和具体场合等,人们将上述因素进行组合以表达自己行动的意义。符号并不能脱离情境而显示其意义,人们对某套符号系统确切含义的理解要结合其所发生的背景或场景来实现。同样是落泪,在不同情境下有人是喜极而泣,有人却是悲愤交加。在各种不同的背景下,同类行为的意义会有所不同,甚至意义完全相反。于是,解释情境对于理解人的行为和进行互动就十分重要。米德的符号互动论对个人社会化问题的研究产生重要的影响。符号互动论者认为,人生活在一个符号环境和物理环境之中,个人有能力通过符号对他人产生有别于自我刺激的某种刺激,个人也通过基于特定情境对符号予以理解来学习他人身上大量有价值和有意义的信息、知识、技巧甚至行为方式。

符号互动论对小组工作的启示在于:小组互动能为其成员提供行为的环境,每个成员通过不断地彼此互动来能动地接受刺激与发出刺激,并基于良好的小组环境正确理解符号背后的意义与价值,从而提高其社会性与创造力。小组成员还可以通过适应小组环境来增强自觉适应现实社会环境的能力,通过在小组互动中不同角色的扮演来掌握对社会规范与社会期望的理解、遵从或修改的能力。概括来看,对社会互动过程与功能的强调正是符号互动论对小组工作基本要素与工作机理的重要贡献。

(四)社会学习理论

社会学习理论的创始人班杜拉(Albert Bandura)以行为主义理论为基础,设计了著名的"波波玩偶实验"以及相关系列实验,以实验结果首先论证了行为主义所强调的教育和环境对于人类行为之重要性的根本观点,与此同时实验还发展了有关行为学习与模仿机理的研究。班杜拉总结了自己的实验结果,发展了社会学习理论,就人类行为尤其是儿童、青少年行为的习得、模仿机理和影响因素予以了系统的阐述。观察学习、模仿学习、交互决定论、攻击、自我调节以及自我效能等成为社会学习理论中核心的概念与观点。

班杜拉的社会学习理论是在传统条件反射理论、强化条件反射理论的基础上发展起来的,其中交互决定论是班杜拉针对个人决定论和环境决定论而提出的人类行为决定的新理论。传统条件反射理论认为,外部刺激引起行为发生改变;而强化条件反射理论则提出某种行为结果被加以肯定,这种行为将被坚持与强化。这两种传统学习理论强调"刺激"和"行为结果肯定"这些外部条件的重要性,而班杜拉的交互决定论在此基础上更提出:行为者个体会对环境与刺激条件进行有选择的反映、能动地组织与转化。交互决定论将行为的决定因素分为先行决定因素、后继决定因素和认知因素三个主要方面。环境与条件构成了先行决定因素,行为结果的回馈则构成了后继决定因素,而认知因素对行为的发生、维持和表现过程予以调节。在班杜拉看来,个体的行为是外部环境刺激与个体认知、反应双向作用的结果,而非某一个因素单独的作用。只是在特定的情境之下,某些单个方面因素存在支配作用的可能。

交互决定论注意到人类行为过程中各种外部事物与内部事物的相互联系,从而为我们提供了一个环境、行为、个人三者相互独立同时又交互作用、相互决定的行为研究视角。在交互决定论视角下,小组能够作为成员所处的外部环境对成员的行为产生影响,对成员行为奖励和惩罚的合理运用亦有助于成员形成适当的行为习惯,并产生积极的行为—条件认知。社会工作者需要为小组成员营造恰当的小组氛围与小组目标,有效地运用鼓励、赞赏、惩罚等多种刺激手段,引导成员形成正面的行为心理与认知,并采取合理的行动。

三、小组工作的模式

社会工作模式是涵盖社会工作理论、原则、方法与技巧在内的,针对特定的工作目标而形成的理论实践形式,它为工作者提供服务行动的设计理念和参考框架,指导工作者的服务实践。小组工作模式是依据小组工作理论,针对各类小组工作目标,融合相应的原则、方法和技术所构成的理论小组服务形式。其中最基本的和被广泛采用的小组工作模式有三种:社会目标模式、互动模式和治疗模式。此后又出现了发展模式、组织与环境模式、行为修正模式。

(一)社会目标模式

社会目标模式是较早出现的一种小组工作模式,它受美国民主传统的影响,强调小组成员的积极参与、承担社会责任和推动社会变迁。这一模式最初主要运用在社区中,小组活动的目标是为了培养小组成员的社区归属感和社会整合。而现在,社会目标模式下的小组工作目标仍然以此为核心。社会目标模式的工作目标细化为三个方面:发展和提高小组成员的社会意识和潜能;发展小组成员的社会能力;培养当地的社会领袖,使其能带领、推动社会变迁。在该模式下组建的小组多是以评议会、改变社会行动小组、地方发展委员会等这些任务小组的形式出现。小组活动要求组员民主参与(特别是鼓励弱势人群和边缘化群体参与),共同寻找解决问题的办法。小组具有开放性,凝聚的力量来自于共同的目标和兴趣。组员对小组的事务有较大的控制力。倡导者、引导者、使能者、示范者和调解者是社会目标模式下社会工作者扮演的主要角色。社会目标模式小组运作的原则包括成员的自我意识和社会工作者的专业纪律、民主参与、组员共识、完成小组任务、识别目标与政策、充分调用社区资源、成员自决。

社会目标小组工作模式强调通过改变社会环境,鼓励成员积极参与,有利于促进民主与实现社会公正。这种模式在提升社区服务水平、改善社区环境、提升社区参与意识方面发挥了很大的作用。其局限性在于,由于注重从宏观层面解决问题,该模式下的工作成效会突出群体需要的满足而弱化个体独特需要的满足。

（二）互动模式

互动模式也称为交互模式、互惠模式以及中介、居间模式，它的理论主要来源是系统理论、场域理论和人际沟通理论。在小组工作中，互动模式注重协调小组成员之间、组员与小组系统之间的互惠关系，工作的目标是建立一个互助互信的系统。在具有互助互信关系的小组系统中，小组成员能够在社会工作者的帮助下以及组员彼此的互帮互助下掌握沟通的知识与技巧，学会表达自我和寻求帮助，学会承担责任与接纳他人，学会与人分享又保持独立。以这样一种互动模式开展小组工作，社会工作者相信互助式的小组系统本身就是成员们解决问题的必要条件，个人只有成功经历了健康的群体生活，才能更好地适应社会。互动模式的实践原则围绕"群体互动"这一主题而细化：社会工作者启发组员寻求共识，主动考虑与解决问题并强化发展目标；向组员澄清角色、责任和义务；以诚实的态度提供信息、协调关系、支持沟通。社会工作者在互动模式下扮演的角色主要是中介者、协调者和使能者。社会工作者要帮助成员改善他们与他人、机构存在问题的关系结构；鼓励组员积极主动地借助自身力量和善借他人之力解决自己的问题。

互动模式能很好地应用于促进儿童、青少年成长，改善老年人人际交往状况和帮助社会弱者寻求社会支持等方面。由于互动模式着重于小组成员的互助与自助能力的培养，因而对互动模式的应用，社会工作者也面临着对小组过程不易控制、对成员个体具体的改变程度评估不足的问题。

（三）治疗模式

治疗模式是社会工作者借助小组经验为个人提供心理、社会与文化适应问题治疗所采用的小组工作模式。由于所针对的服务对象是具有行为偏差、心理疾病以及精神障碍问题的个人，因此精神分析理论、行为理论、学习理论等成为治疗模式的理论基础，并充分吸收了心理治疗与咨询的理论和技术为服务对象提供治疗。

与社会目标模式着重于改变社会（社会变迁与社会整合）的目的不同，治疗模式小组的目的主要在于改变个人适应不良与功能障碍问题。具体体现在：消除小组成员的社会心理和行为问题；帮助组员达到更佳的社会适应功能；协助个人实现功能的康复与重建。

治疗模式小组工作的实践原则包括：治疗前对小组成员个体充分与个别化的了解，并与组员建立明确的契约；治疗目标特别化与小组方向的明确化；为达到社会治疗的目的，社会工作者可以与小组以外的关系（小组成员的家庭、医生或来源机构等）联络，以取得与治疗目标一致的价值系统与准则。社会工作者在治疗模式下主要扮演的角色包括：专业的临床诊断者、治疗者、教育者和领导者。

治疗模式适用的人群类型十分广泛,出现精神疾病、心理问题、行为偏差和功能障碍的儿童、青少年、成人和老人都能成为该模式的工作对象。治疗模式适用人群广、治疗针对性强、理论与技术系统完善、易于见效,因而在小组工作中仍被广泛采纳,并奠定了其基础模式的地位。但治疗模式中带有较强的"医患关系"色彩,这容易形成社会工作者对小组成员行为的某种控制,从而限制了组员发挥主动性和能动性,导致组员自决意识和能力的减弱。

(四)发展模式

发展模式以发掘个人潜能、预防社会功能弱化、促进组员和小组成长为小组工作目标。发展心理学、社会结构论以及小组动力学是其理论基础,强调人的发展。发展模式下的小组过程,对成员来说是一段人生的现实经验,组员间的互动与借鉴、组员的自我管理和自我教育能帮助成员建立良好的人际关系、实现自我与获得成长。

发展模式的实践原则包括:寻找组员共同的兴趣与目标,鼓励组员民主地参与和表达自己;提供小组成员宣泄的机会,培养组员的现实取向;人本、平等地对待组员,尊重组员的发展性需求;相信组员通过努力克服困难能获得成长;强调自我实现的能力提升社会功能,而不是接受治疗以恢复社会功能。

在发展模式中,社会工作者扮演的角色是影响者、支持者和使能者,其主要工作就是推动小组目标的实现、协助组员保持良好的人际关系以及促成个人的自我实现。

发展模式抓住了"人的发展"这一人类生活的永恒主题,因此该模式下的小组工作可以面向各类人群,无论存在现实问题和困难与否。发展模式下的社会工作者承认每个人都有个性化的需求和自我成长的需要,并持有现实的生活态度。这无疑凸显了发展模式应用范围广泛的优势。不过对于"成长"具体如何科学地被界定,这为发展模式工作者为小组确定合理的发展目标带来一定的挑战。

第三节 小组工作的过程

关于小组工作的过程,本书分别以小组筹备期、小组开始期、小组转折期、小组成熟期和小组结束期来概括小组工作的过程。每一时期或阶段,小组工作都面临不同的小组环境,承担着不同的任务。

一、小组筹备期

小组筹备是为小组成形做好从形式到内容的充分准备。这一阶段具体的工作任务是：组前评估、确定小组目标、招募组员、筛选组员、拟订计划书。

（一）组前评估

组前评估是小组筹备工作的首要任务，它的质量好坏直接关系到小组计划书的可行性。组前评估既涉及小组内部需求同时也涉及小组外部需求。评估小组内部需求中最关键的是评估服务对象的发展需求，特别是服务对象对问题的认知状况和寻求改变的期许程度。小组外部需求评估则涉及机构、社区、社会工作者自身、政府与国家政策执行等多个层面。

（二）确定小组目标

小组工作的目的是概括性的，它是工作者和组员通过共同努力最终期望达到的总目标，而小组目标则是具体的，它是特定行为和环境的改变，是对总目标（目的）的明确化、可行化和可测量化。小组目标确定的工作既要有工作者的参与，也要有潜在成员的参与，参与主体的意见被采纳所占的比例则依据小组的类型而定。如在主要由社会工作者主导的治疗性小组当中，小组的目标大部分是由社会工作者提供的，而在交互式小组当中，组员则可能成为小组的目标的主要决定者。经过充分讨论所形成的小组目标首先要与机构的目标相一致，以能够顺利地获得机构的支持；其次要与小组成员的需求相一致，以保证目标的实质性；此外，社会工作者的目标以及小组外部系统的目标也是目标确定时的重要参考。

（三）招募组员

组员的招募有多种方式，如自愿成组、经工作机构转介入组、由社会工作者编制入组。一般通过发布招募公告来联系潜在的小组成员。一份招募公告应包括小组类型、宗旨、聚会时间和地点、参加的办法、有关团体领导的声明、确定适合于小组参加者的准则、收取的费用①等内容。为使更多的潜在组员们加入备选的行列，招募宣传十分重要。宣传活动在条件允许的情况下最好直接接触具备入组条件者，如向他们发放招募传单并解释传单内容；也可以向有关对象寄发宣传资料；在公众多的场合发放宣传资料；利用传媒手段向社会进行招募宣传。

（四）筛选组员

当潜在组员名单握手在即，社会工作者就需要根据小组的类型和小组

---

① 参见黄丽华著：《团体社会工作》，华东理工大学出版社，2003年版，第325页。

的目标对潜在的组员进行筛选,以获得一份符合建组需要的正式组员名单。筛选组员的过程既是对组员进行确定的过程,也是社会工作者与潜在的组员进一步沟通和相互了解的过程。只有在对组员进一步了解之后,社会工作者才能就"哪些潜在组员可以被吸纳入组"做到心中有数;同时,只有潜在的组员在与社会工作者进行沟通之后,才能更清楚小组的意图、特点与要求,以考虑是否与自己入组的动机和需要相符。

(五)拟订计划书

社会工作者通过组前评估,初步确立了所要开展的小组的性质、类型、目的与介入点之后,就要根据小组工作的目的制订详尽的工作计划书,它包括工作机构的性质;组建小组的缘起与理论准备;具体目标与团体的宗旨;服务对象的特征说明;小组的结构、形式和性质;小组活动的次数、时限与阶段性内容;预算;潜在小组成员的准备;小组的评估方式和其他未尽事宜。

二、小组开始期

(一)开始阶段组员的一般特点

在小组的开始阶段,由于初入小组,组员往往不知道自己该做什么,故在心理和行为上容易出现矛盾、困惑和焦虑等问题。

1. 矛盾的心理与行为特征

大多数成员既对小组充满好奇和期待,也希望与其他组员或社会工作者有良好的互动,但又有疑惑和焦虑,如怀疑小组的能力和价值、担心社会工作者和其他组员对待自己的态度等。

2. 小心谨慎与相互试探

开始阶段大多数成员的行为十分拘谨,说话做事显得小心谨慎、客气、礼貌。他们会以自己以往的经验去揣测其他组员或社会工作者,也会以此划定自己的好恶范围。

3. 沉默而被动

由于刚进小组,不懂小组规范,怕说错话、做错事,不少组员会表现为沉默、观望、等待的特征,大多希望在别人说或做之后再被动跟进。

4. 对社会工作者的依赖性

初入小组,小组组员不知道自己该做什么,同时又难以获得其他组员的支持,非常容易产生对社会工作者较强的遵从倾向。

(二)社会工作者的任务

1. 促进组员相互熟识,协助建立小组信任感和安全感

小组活动开始时,组员之间因为"两极情感"的存在而导致的不信任感和不安全感会严重阻碍小组活动的进展。为此需要开展一些以"首场告白"

"寻找共同点"和"表达关爱"为主题的小组活动,目的在于帮助小组成员化解顾虑、打破沉默、寻求共识、增强信任以及为大家创造轻松、安全的小组环境。

2. 澄清小组的工作目标和组员与社会工作者彼此的期望

在正式的小组当中,目标已被确定下来,它会在未来的小组期内作为社会工作者和组员共同努力的方向。因此小组成员需要在社会工作者的引导下正确理解并认同小组的工作目标。向组员澄清工作目标时,如遇到组员不能接纳,也能提醒社会工作者及时与组员讨论修改的意见直至目标清晰化。在小组目标中还暗含了组员和社会工作者彼此的期望,包括小组工作预备达到的成果,双方在其中应当承担的责任和义务等。这都要小组成员和社会工作者通过不断沟通来完成。

3. 共同建立明确的小组规范,并得到相互认可

小组规范是小组成员在小组活动过程中共同遵守的行为准则,它为维持小组活动互动的秩序提供了保障。小组规范并不只是对组员的约束,同时也对社会工作者的行为做出规定。并且,如果社会工作者能够以身作则严格执行规范而树立榜样,成员就能够对社会工作者产生强信赖感而更加积极地加入小组的互动。一套指向清晰、充分考虑组员需求,同时又维护小组公共利益的小组规范自然容易得到组员的认可和自觉执行。

4. 维持小组关系并形成阶段性的小组结构与动力

当组员相互熟识,对小组目标已经了解,对小组规范已逐步内化时,小组成员间以及小组成员与社会工作者之间的信任关系开始建立。但这种信任关系的结构随时可能因为内外部环境因素的影响发生变化。为此,社会工作者要设法维持建立不久的信任关系,逐步强化,以推动小组形成阶段性的稳定结构,并产生逐步增强的凝聚力。

三、小组转折期

小组转折期是小组进入一个"异化"阶段,产生矛盾与冲突又不断调整直至重新达至小组结构相对稳定形态的时期。

(一)小组及组员的一般特点

1. 对小组具有较强的认同感

由于前一阶段即开始阶段的小组规范学习及小组活动,多数组员对于所参与的小组会产生比较明确的归属感和认同感,愿意与他人相处和沟通,也愿意在小组中表达自己的想法。

2. 互动中的抗拒与防卫心理

抗拒与防卫是组员为免于焦虑而发生的自我保护的行为,沉默、表层化

沟通甚至迟到、缺席小组活动都是这种抗拒和防卫行为的具体表现。抗拒与防卫行为产生的原因有多种，如组员因为担心自己不能适应小组的环境、怀疑小组治疗的功能、不愿意见工作者、不愿意和多人分享自己的感受等。

3. 角色竞争中的冲突

小组转折期最为明显的特征就是，组员之间、组员和社会工作者之间会发生冲突。冲突来源于组员之间、组员和社会工作者之间对相互控制权力的争夺，因此冲突出现的时期也是小组成员角色和地位确立的时期，更是小组成员试图摆脱对社会工作者的依赖，走向自主的标志期。

（二）社会工作者的任务

1. 处理抗拒行为

社会工作者要帮助组员了解小组是分享和表达感受的重要场所，同时营造一种开放的气氛，帮助组员探索自己的恐惧和防卫，鼓励他们承认并解决他们所体验的任何犹豫和焦虑。

2. 协调和处理冲突

社会工作者要学习如何面对和处理小组的冲突，并协助组员让冲突成为他们正向成长的经验。在面对冲突时，社会工作者应该有包容、冷静和理性的态度。在解决冲突时，社会工作者可以运用这样一些具体措施：一是帮助组员澄清冲突的本质，特别是澄清冲突背后的价值观差异；二是增进小组组员对自我的理解，如运用角色扮演的方法，复制或重现类似的冲突情境，以增进自我了解和对他人处境的敏感度；三是重新调整小组规范和契约；四是协助组员面对和解决由冲突带来的紧张情绪与人际关系紧张；五是运用焦点回归法，即将问题抛回给组员，让他们自己解决。

3. 保持组员对整体目标的意识

在转折阶段，组员之间围绕个人目标的摩擦、争执和冲突，常常会取代小组的整体目标。因此，社会工作者需要经常以各种方式提醒组员保持对小组目标的意识，使组员时刻注意小组目标或与小组目标一致的个人目标。

4. 协助组员重新建构小组

在转折阶段，为了协助组员向着小组目标和既定方向努力，社会工作者需要协助组员重新建构小组。也就是说，这一阶段对小组的建构不同于小组开始阶段，不是以社会工作者为主导，而是主要以组员为主导，社会工作者引导、协助和鼓励组员担负起重构小组的全部责任，一般从聚会的时间和程序、沟通和互动模式、介入层面和介入方法等方面进行工作。

5. 适当控制小组的进程

在转折阶段，社会工作者应该认识到组员经过处理抗拒和冲突的过程，会养成一定的自我管理、自我决策的能力，但尚未达到完全独立自主的状态。这时社会工作者还需要适当控制小组的进程,引导组员以小组为中心的互动,创造一个以小组为中心的环境解决问题的情境,以期更好地实现小组目标。

顺利渡过了小组转折期,社会工作者与组员之间的信任关系将更加稳定,组员之间的互动更为亲密,而小组结构也开始进入新的、基于互信的整体协调发展阶段。

四、小组成熟期

(一) 小组及组员的一般特点

1. 小组的凝聚力大大增强

小组的凝聚力包括小组的吸引力、归属感等。在小组后期工作阶段,小组对组员有很强的吸引力,组员对小组有较高的归属感;小组的沟通更顺畅,组员之间善于相互接纳和认同等。可以说,这一阶段,小组的凝聚力达到了小组工作过程中的最高点。

2. 组员的亲密程度更高

在小组后期即成熟工作阶段,组员之间、组员与小组之间的关系更亲密,对社会工作者的依赖则大大减弱。由于负面情绪和矛盾冲突得到表达并彻底解决,小组已形成一种让组员感到信任、安全和温暖的氛围。

3. 组员对小组充满了信心和希望

在这一阶段,由于体会到了小组对自己的尊重和接纳,也看到了其他组员的真心表露、分享、关怀和承诺,组员对小组的信心进一步增强,觉得建设性的改变是可能的,对解决自己的问题充满了信心和希望。同时,组员会认识到必须为自己的改变负责任,也会表现为更多开放性的言行。

4. 小组的关系结构趋于稳定

当小组发展到这一阶段,小组的关系结构已经形成,小组的决策机制基本成型,小组活动的进程有规律可循,小组的权力结构基本稳定,小组的领导、次小组的领导已被组员认同,不会再有权力与控制之争。

(二) 社会工作者的任务

(1) 维持小组的良好互动。

(2) 经过开始阶段和转折阶段的探索、冲突和挣扎之后,小组工作的后期阶段已经形成了一套良好的互动模式。社会工作者应该协助维持这一良好的互动模式,并使组员的行为与互动更为有效。

(3) 协助组员从小组中获得新的认知。

(4) 社会工作者要协助和鼓励组员进一步自我表露、自我探索,以获得更深的自我认识。同时,通过他人的回馈反省自己,让组员对事物有更客观的了解,对自己问题的形成原因和可能改变的方法,以及对环境、对自己与环境的关系有更新的认知。

(5)协助组员把认知转变为行动。

(6)在组员有了新的认知后,社会工作者还需要协助组员意识到必须为自己的改变承担责任,并将这种认知转化为实际行动。要鼓励和支持组员不断尝试新的行动,在被期待的新行动出现时,不断予以强化,使组员更有信心、更有勇气去尝试和坚持,以备将来运用在小组之外。

(7)协助组员解决有关问题。

(8)社会工作者要协助组员将有关问题澄清,通过分析和磋商,协助组员建立合理的目标,并整合小组内的资源,在合理分工的基础上,一起寻找解决问题的方法并付诸实施。

五、小组结束期

由于小组结束后,小组成员将离开社会工作者独立应对外部环境,直接检验其在小组过程中获得的经验和能力,因此小组结束期对成员来说与其他小组阶段的意义同等重要。

(一)小组及组员的一般特点

在结束阶段,小组最明显的特点是组员情绪和小组结构的变化。

1. 浓重的离别情绪

经过前几个阶段,组员之间已经建立了密切的、支持性的组内人际关系。面临分离,组员之间依依不舍,甚至产生悲伤和失落感。部分组员也会对将来能否建立一个互助信任与接纳的社会关系产生担忧。这时的离别情绪主要表现在:一是采取逃避的态度否定小组即将结束的事实。二是出现退化行为,以期望能够延长小组的日程,增加与社会工作者和组员相处的时间,如原本在小组中已经解决的问题这时又出现了。

2. 小组关系结构的弱化

由于组员知道小组即将结束,小组规范对一些组员的约束力、影响力开始减弱,组员间的联系也可能松散化,互动频率和强度相对降低。这时有些组员开始情绪转移,向外寻找新资源以适应实际生活;有的组员则因害怕小组结束对自己的伤害,提早离组或减少对小组的感情投入。

(二)社会工作者的任务

为了维护和保障组员们的利益,实现平稳而有效的小组结束,离不开一些关键性步骤的实施:

1. 协助组员保持小组经验

在小组即将结束的阶段,引导和协助组员系统地回忆与整理各自历经小组过程时的种种收获，交流在小组中应对问题和困难的经验，评估自己参与小组互动后所做的积极性改变，以明确自己受益的程度并进行正确的归因。

2. 处理组员的不良情绪与感受

组员之间、组员和社会工作者之间在小组成熟期结下的亲密关系在结束期不得已要终止，这对于当事人来说都是不易接受的事实。否认、倒退、依赖、抱怨、忧郁、讨价还价甚至愤怒，这些都是组员在结束期一般会出现的不良情绪。因此社会工作者要在小组目标实现后和小组正式结束前，有针对性地运用专业技巧，消除小组成员的不良情绪：如降低凝聚力，逐渐减少聚会的次数与时间，提早预告小组结束的必要性和安排正式的结束活动等。

3. 对未来行动计划的探讨

回顾过去，展望未来。小组成员的最终目的并非为了一直留在小组环境中，而是要在脱离小组之后在更广泛的社会环境中独立解决自己的问题和发挥功能。因此，在结束期与组员一起对各自未来的行动计划予以探讨，"趁热打铁"，既能巩固组员在小组活动过程中获得的成长，又能为组员步入现实生活应对新问题和新环境做好充分的准备。

4. 评估

小组结束期的评估工作必不可少。小组成员、社会工作者、机构督导以及小组观察员都可以作为小组工作成效的评估者。评估的方式可以向组员发放问卷和评估表、与组员进行面谈、督导或观察员根据跟组情况填写评价表等。社会工作者的自我评估中最为重要的依据是小组工作记录。社会工作者可以依据记录对自己所带领小组的状况予以过程评估和结果评估，以此作为一段工作的总结，并对未来的工作改进提供重要参考。

5. 跟踪服务

在小组结束时，从小组成员利益出发，社会工作者需要为小组成员设定一段跟踪服务期，其目的在于：为组员提供一个交流的平台，讨论团体结束后在现实生活中组员运用组中所学知识的体验和感受；为组员提供一种提醒与激励，让组员意识到小组结束后仍有坚持自我探索的必要和自我反思的责任；为组员提供与社会工作者继续沟通的机会，方便一些未尽事宜的处理；为社会工作者的小组评估工作提供最具现实检验力的参考资料。

第七章 社区工作

社区工作是与个案工作、小组工作并列的三大社会工作方法之一。社区工作既是一种基本的工作方法,也是一种促进社会发展的途径。与个案工作、小组工作不同,社区工作不是直接解决个人、家庭和团体的社会问题,而是以整个社区为工作对象,通过社区组织、社区发展等形式解决社会问题。与前两种工作方法相比,社区工作涉及面更广,更侧重于社会环境与制度的变迁。

第一节 社区工作概述

一、社区的概念

"社区"一词最早是由德国社会学家腾尼斯(F·Tonnies)于1887年在《社区与社会》一书中首先提出来的。他认为,社区是指那些由具有共同价值取向的同质人口组成的,关系亲密、出入相友、守望相助、疾病相抚、富有人情味的社会关系和社会团体。人们加入这种团体,并不是自己有目的选择的结果,而是因为他生于斯,长于斯,是自然形成的。这样的团体逐渐向由目的和价值取向不同的异质人口组成的,由分工和契约联系起来的,缺乏感情和关系疏远的团体过渡,这就是社会。可见,在腾尼斯那里,社区这个概念的本义,是指传统的社会关系亲密的社会团体。他提出社区这个概念,是用来与现代社会作对比,借以说明现代社会变迁的趋势。中文"社区"一词,是20世纪30年代初以费孝通为首的一些燕京大学学生从英文Community翻译而来的。目前,国内外社会学家给社区下的定义有140多种。一般认为,社区是指居住在某一地域里的,有一种认同感的人们结成各种社会关系,从事各种社会活动所构成的社会生活的共同体。简言之,社区是一种相对独立的地域性社会。我国学者把社区分为农村社区、集镇社区和城市社区三类。

二、社区工作的定义和特点

(一) 社区工作的定义

1. 社区工作的定义

社区工作一词从英文 Community Work 直译而来的,它在很多国家都存在,但名称却有不同,如英国采用"社区工作"比较普遍,美国通常用"社区组织",还有的地方用"社区发展",中国大陆则习惯使用"社区建设"。下面介绍几种有代表性的"社区工作"的定义:

(1) 罗斯(Murray G. Rass)认为,社区工作是一种方法,一个社区用这个方法确定它的需要或目标,排列其先后缓急次序,鼓励其从事改造的信心与工作的意志,寻求内外可用的资源,而采取行动的过程。并在工作过程中扩大和发展社区人民互助合作的态度与实践。

(2) 台湾学者白秀雄认为,社区工作是从社区入手,了解社区的问题或需要,动员社区内的一切资源,配合外界的协助,来解决社区的问题或满足社区的需要,以促进社区的福利。

(3) 巴多克(Baldock)认为,社区工作是受薪工作人员进行的工作,藉以协助居民识别所面对的问题和机会,由居民共同做出实际决定,并且采取集体行动,解决面临的问题。居民在付出行动时,社区工作者给予支持,培养居民能力和自我独立。

(4) 弗里德兰德(W. A. Friedlander)认为,社区工作是一种社会工作的过程,它使同一地区内社会福利的需要,与该区内解决这种需要的办法之间获得较为圆满的调节。同时,他指出社区工作的三个工作目标:一是决定社区的需要;二是从事审慎严密的策划工作,以解决人民之需要;三是发动社区力量,希望以最有效的方法达到社区福利组织的目标。

(5) 在通常意义上,社区工作是人们通过社区组织而进行的,旨在增进区域发展和福利服务而进行的社会活动。社区工作具有如下几项基本任务:① 把无组织的人群联合成为有行动力的团体和联盟;② 强化社区中的家庭、亲属和邻里纽带,并形成新的制度安排;③ 发展社区服务,使之成为社会救助的有效手段。[①]

本书认为,社区社会工作是一个过程,在这一过程中,社会工作者帮助社区成员确定其社区目标,树立起行动的信心,协助其寻求各种资源,采取行动,以求得问题的解决,促进社区与社会协调发展。

---

① 林卡、苏科:《论北欧社区工作发展的动力及其制度环境》,《浙江社会科学》,2007 年第 1 期。

2. 社区工作与社区组织、社区发展

在有的国家或地区,社区工作也称为社区组织、社区发展。

(1) 社区组织。社区组织是指由社区机构通过联系、协调、配合等组织管理的方法,对社区内各种组织、力量进行协调,对社区内各种资源进行动员以及在社区之间进行沟通,以预防和解决社区内各种社会问题。它主要包括以下几方面内容:① 建立社区工作机构,这些机构在层次上是不同的,主要是全面负责社区工作的组织、管理、协调;② 调查社区资源并确认社区成员的需要,制订社区发展计划,发动社区力量,解决社区问题,满足社区需求;③ 加强社区成员之间、社区成员与社会组织之间、各社会组织和社会团体之间的交流与沟通,从而利于问题的解决和需求的满足;④ 对社区服务、社区发展项目规划作评估、监测,以适应社区变迁的需要。

(2) 社区发展。社区发展是指社区居民依靠本社区的力量,有目的、有计划地改善社区经济、社会、文化状况,解决社区的共同问题,增强社区的凝聚力,提高居民的生活水平。它主要包括以下几方面内容:① 社区发展是一种有计划的社会变迁,有比较长远的社区发展规划方案及实施部署;② 社区居民共同进步、人的素质全面提高以及社区发展对国家的贡献具有重要意义;③ 社区本身的力量、社区成员的参与和创造性能力的发挥是社区变迁的力量源泉;④ 社区发展是一种过程,需要经过一系列的步骤来实施这一过程。

如上所述,社区工作、社区组织、社区发展三者事实上难以清楚地予以区分。社区组织蕴含于社区工作和社区发展中,社区组织与社区工作、社区发展的对象和内容几乎是重合的,同时在社区工作与社区发展工作中总是包含着一定的组织工作内容。

(二) 社区工作的特点

(1) 分析问题的视角更加趋于结构取向。社会工作者重点考虑社区环境及制度如何影响人的社会功能,如何限制人的能力,它的视角是结构取向的,而非个人取向的。

(2) 介入问题的层面更为宏观。社区工作方法认为解决问题的责任不应完全放在个人身上,政府、社区均有责任提供资源,协助处理和解决问题,因此社区工作较多涉及社会层面,牵涉社会政策分析以及社会制度的改变,注重资源和权利的分配。

(3) 具有政治性。与个案工作和小组工作相比,社区工作的内容较具政治性。社会工作者更关心社区居民,尤其是社会弱者权利的维护,更多时候会采取多种行动为社区居民争取合理的资源分配。

(4) 富有批判和反思精神。社区工作总是在关注问题,并且试图从根本上找出问题的症结,由此引发出对现存社会制度、结构和政策的反思。

三、社区工作的目标及原则

(一) 社区工作的目标

社区工作的目标分为任务目标和过程目标。任务目标是指解决一些特定的社会问题,包括完成一项具体的工作,满足社区需要,达到一定的社会福利目标等。过程目标是指促进社区居民的一般能力,如加强社区居民对公民权利和义务的了解,增强居民解决社区问题的能力、信心和技巧,发现和培育社区居民骨干参与社区事务,以及建立社区内不同群体的合作关系等。社区工作的具体目标包括:推动社区居民参与;提高社区居民的社会意识;善用社区资源,满足社区需求;培养相互关怀和社区照顾的美德等。

(二) 社区工作的原则

1. 组织的原则

社区工作需要通过组织,使社区居民产生一致的行动,以解决社区共同的问题,满足社区共同的需要。事实上,社区工作本身就是一个组织的过程。

2. 公平的原则

社区工作应当以社区全体居民的需要与利益为依归,坚持社会公平与正义,坚持"民主社会的职责是照顾每一个公民的福利与发展"的价值观。

3. 全面的原则

在社区工作中,需兼顾物质文明与精神文明、经济发展与社会发展,不可偏废。实现社会与经济协调发展以及人的全面发展,是社区发展的核心内容,也是社区发展工作的首要原则。社会与经济的协调发展,既是社会事业发展的需要,也是经济自身发展的内在要求。社会事业的发展水平与经济发展水平密切相关,它们互为条件、互相依赖、互相促进,只有大力发展经济,才能为社会事业的发展提供充分的物质基础。而各项社会事业的发展则为推动经济的发展创造良好的"软"环境。实现人的全面发展,就是要全面提高人的素质,最大限度地发挥人的内在潜力。因此,通过社区发展,引导人在社会变迁中不断转变和提高。

4. 自治的原则

社区工作应当充分发挥社区居民的潜能,充分利用社区内外部资源;社区要积极地发掘和培养社区领袖,充分发挥自动自发、自助自治的精神,实现社区的自我发展。社区发展强调社区成员的自觉参与、自助、互助、自治与自我发展。努力做到充分依靠社区内部力量,通过多种方式和途径鼓励社区成员直接参与、踊跃参加、自治管理,才能从根本上解决社区的发展问题。自我发展,是社区发展的根本途径和重要标志,也是社区稳定、持久发展的需要。

5. 协调的原则

社区工作是地方性的发展计划,应当注重与总体计划相协调。依据全国性或地区性计划,制订出社区计划与目标,使每个社区的发展汇集成国家整体的发展。

6. 预防的原则

应当注重预防性的服务工作,在计划与方案的制订上,要有前瞻性,尽量把可能产生的问题化解于萌芽状态,防止新问题产生。

7. 因地制宜的原则

每个社区的社会、经济发展水平不同,人的素质不同,发展基础不同,因此,要达到社会和人的全面发展的社区发展目标,就应当在具体实施社区发展时,从本社区的实际出发,根据社区的具体条件,主要是经济发展水平、人的素质、资源状况等,制定适宜于本地区的社区发挥规划、模式和重点。如在经济落后的社区,其社区发展的重点应放在发展经济上;而对那些经济发展已有相当水平的社区,重点应转到发展社会事业上来,实现社区的全面发展。

第二节 社区工作的策略模式

一、地区发展模式

(一) 地区发展模式的含义

在社区工作中,比较有代表性的策略模式是美国学者罗斯曼(Rothman)的社区工作三分法。罗斯曼于1968年提出了社区工作三分法,并于1987年和1995年进行了完善。他根据对服务对象及其问题界定、行动目标、策略和角色等指标,将社区工作分为地区发展、社会策划、社会行动三个模式。随着理论和实务的不断发展,策略模式越来越多,地区发展、社会策划、社区照顾和社会行动则是社区工作中较受关注的策略模式。

地区发展模式是罗斯曼根据社区发展以及社区建设的相关经验所提出的社区工作实务模式。该模式强调在一个较大的社区范围内鼓励社区居民通过自助或互助的方式,广泛参与社区事务,解决社区问题,推动社区发展。地区发展模式的包含了三方面的意义:一是强调是一种以地区为基础的经济、社会、文化等实质内容的发展;二是强调是一种发展理念,促进当地居民的需求与当地的资源、环境和人口的协调、可持续发展;三是强调是一种社会工作的介入手法,推动社区居民自下而上的参与、合作,让居民集体组织起来掌握、利用社区资源,解决社区问题,满足社区福利需求,增强社区归属感和凝聚力。

(二) 地区发展模式的实施理念

地区发展模式认为,只要社区内的多数人广泛地参与决策和社区活动,就能实现社区的变迁。这一模式注重发掘与培养地方领导人才,发掘地方资源,强调民主程序,志愿性的合作,居民自助与教育,如社区服务中心所执行的邻里工作方案,实施于村、镇的社区发展方案,成人教育领域的社区工作等。这一模式对公共利益的假设倾向于理想主义,认为对社区的共识是可能取得的,社区中各团体等阶层间的利益差异是可以调和的。

在这一模式下,社区问题归结为地方社区缺乏良好的人际关系与解决问题的能力,社区衰败、社会紊乱脱序,社区中的居民是孤立的,他们生活在传统静态的社区,思想保守,对民主程序一无所知。因此,社区工作的目标在于培养一种态度、氛围、程序与机制,强调自动、社区能力与整合。主要通过舆论产生共同意识,激发社区成员广泛参与,强调通过不同的个人、团体、党派间充分的讨论与沟通,来实现一致和共识。在此过程中,社区工作者着重扮演促成者、协调者、催化者的角色,协调人们表达不满,发现自身的需要,培养良好的人际关系,并使人们熟知解决问题的技术。变迁的媒介是组织并运作以小型任务为导向的团体达致目标。

这一模式针对的案主体系是整个地理区域上的构成分子,其中社区中的权利精英也是社区中分工合作的一部分。案主被看成是有相当丰富的未开发潜能的公民。案主积极参与互动过程,充分发挥自己的主体性和创造性。

(三) 地区发展模式的评价

1. 优点

(1) 营造良好的社区氛围。地区发展模式强调居民和团体间的团结、合作、互助,因此可以营造互相关怀的社区气氛。

(2) 提高居民的能力。居民通过自助参与的过程学会解决问题的技巧,能够提高其面对和解决危机或问题的能力,并有助于提高居民的自信心。

(3) 推进社区民主。地区发展模式注重沟通与合作,尤其是在社区共同问题的解决过程中,强调充分表达,交流分享,协商互谅,达成共识,形成合作。在这一参与过程中,也培养了社区组织和居民寻求共识与协商共治的民主意识。

(4) 切合中国文化传统。地区发展模式的目标和所运用的手法与中国的传统文化有较多的相容之处,如中国人强调中庸之道等,所以这个模式较为适合在我国城乡社区施行,可以有效地达到推动社区自助和解决社区问题的目标。

2. 不足

(1) 无法解决整体资源分配不均及制度不合理产生的社区问题。在社会日趋现代化的过程中,社区所面对的问题越来越复杂,且问题的成因也涉及多个方面,单靠调动社区内部资源和居民的参与,未必能有效及彻底地解决问题。

(2) 调和不同利益群体的手段不足。地区发展模式假设社区为一个整体,各团体或组织的利益是可以相容的,它们之间的矛盾是能够通过沟通与合作化解的。但事实上,社区内存在着不同的利益群体,各自关注本身的利益和所获得的资源分配,对本身所属的利益群体的认同要明显高于对整体地域社区的认同,而这些利益群体之间较容易因资源分配和立场不同而对立,由此产生的矛盾较难以和谐合作的方式化解。

(3) 民主参与导致的成本高而效率低。地区发展模式相信,通过社区居民广泛的民主参与便可达到解决问题和自助的目的,但这种参与会花费不少资源和时间,不符合成本效益的计算原则。

二、社会策划模式

(一) 社会策划模式的含义

社会策划也叫社会计划模式,是指在理性方法指导下,依靠专家的意见和知识,在准确把握社会服务机构的使命、宗旨、政策、资源的基础上,确立社区工作目标,并依循社区工作目标的引导,从多个预选方案中选择一个最佳的工作方案,然后结合社区需要,动员和分配资源,并在工作过程中根据不断变化的实际状况随时修改计划,保障计划朝向预定目标前进,在工作结束时对计划执行情况加以总结和反思,最终解决社区问题。

(二) 社会策划模式的实施理念

社会策划模式强调专业人员的参与,强调理性设计在社会变迁中的作用。只有专门的计划者运用专业技术知识,才能制订合理的社会变迁计划,引导复杂的变迁过程,才能为社区居民提供合适的服务,解决住宅、犯罪、心理卫生等社会问题。这一模式对公共利益假设倾向于理性主义,认为社区内各团体的利益可能是调和的,也可能是冲突的,强调知识、事实与理论以及客观中立的态度。

在这一模式下,社区问题归结为许许多多具体的、有实质的社会问题,如心理与生理的健康、住宅、休闲娱乐等。这些问题的产生是因为缺乏合理的社会策划与实施能力,因此解决问题的途径是专业技术人员的参与。与地区发展模式着重过程目标不同,社会策划模式更着重于任务目标,强调社区问题的解决。在此过程中,社会工作者主要扮演事实的归集与分析者、计划执行者等角色,他们从事调查研究、方案拟定,并与各种不同科层体系及各种不同学科的专业人员建立关系。变迁的媒介是组织正式团体,收集资料并分析资料。

这一模式针对的案主体系是整个社区或社区某一部分(或特殊功能的团体)。案主更倾向于被看成为"服务的消费者",而不是决策者。他们享受各种社会策划的成果,如住宅、娱乐、福利等。社会策划是社区权力精英所聘请的专家制定的,因此较多地反映了权力精英的共识。案主的主动性和积极性表现在服务的消费上,而不是政策或目标的决定上。

(三)社会策划模式的评价

1. 优点

(1)保证服务质量。因为事先已经考虑清楚如何解决社区问题,加之社会工作者又拥有所需的技术和能力,所以可以保证其所提供服务的质量。

(2)较有效率。社会策划模式比较注意专家的作用,因而使决策和行动都可以有更高的效率。除非遇到反对力量,一般而言可以保证服务能较快满足民众的需要。

2. 不足

(1)居民参与率低。首先,在服务目标方面,常常由社会工作者来确定什么是居民的需要,可能不能真正代表居民的心声;其次,由于在决策过程中缺少居民的参与,可能导致居民对计划本身缺乏兴趣和投入。

(2)服务对象对所提供的服务的依赖性上升,可能导致被动居民群体的出现。

三、社区照顾模式

(一)社区照顾模式的定义

社区照顾就是社会工作者动员社区资源、运用非正式支持网络、联合正规服务所提供的支持服务与设施,让有需要照顾的人士在其熟悉的环境中(家里或社区中)得到照顾的福利服务模式。社区照顾可以看作是一个社会服务网络,非正式网络与各种正式的社会服务机构相配合构成了这个网络。

(二)社区照顾模式的对象

社区照顾通常为社会中有需要的一群人提供照顾和支援服务,促进社区中的居民对有困难对象的关怀,从多方面为他们提供协助,同时也直接支援处于危机时期需要援助的任何个人和家庭。具体来说,社区照顾的服务对象包括:

（1）严重老弱伤残——社区中存在着需要被照顾的社会弱者,如老年人、儿童、精神病人等。

（2）处于危机境况的人及家庭——包括独居老人、单亲家庭、慢性病人、轻度及中度弱智人士、精神病康复者等。他们长期处于危机困境,随时可能恶化,需要社会的援助。

（3）照顾者——长期的照顾工作使其处于很大的压力当中,身心疲惫,生理和心理都受到影响,也需要社会的援助。

(三) 社区照顾模式的实施策略

英国学者沃克(A. Walker)指出,社区照顾的主要实施策略有三种:在社区内照顾(care in the community)、由社区照顾(care by the community)和与社区一起照顾(care for the community)。应该说,这三种含义都只反映了社区照顾总体含义的一部分,社区照顾应是上述三种含义的综合。实际上,它是一种支持社区并通过社区充分地挖掘社区内的各种资源对受助人进行照顾的综合性的实施策略。

1. 在社区内照顾(care in the community)

"在社区内照顾"是指将一些服务对象留在社区内而开展的服务,即指有需要及依赖外来照顾的弱势人士,在社区的小型服务机构(即由政府及非政府的服务机构在社区里建立的小型的、专业的服务机构)或住所中获得专业人员的照顾。"在社区内照顾"的核心是强调服务的"非机构化",发展以社区为基础的治疗与服务设施、技术和计划,将照顾者放回社区内进行照顾,使他们在熟悉的社区环境中生活,协助他们融入社区生活,使所提供的服务更贴近人们的正常生活,从而避免了过去大型照顾机构那种冷漠、没有人情味和与世隔绝的程式化的专业照顾带来的负面后果。

在社区内照顾的服务形式主要有以下几种:

（1）将被照顾者迁回他们熟悉的社区中的家庭里生活,并辅以社区支援性服务,如家务助理、社区护士及社区中心等。

（2）将社区内的大型机构改造为更接近社区的小型机构,如老人庇护所、小型儿童之家等。

（3）将远离市区的大型机构迁回社区内,使服务对象有机会接触社区,方便亲友探访见面。

2. 由社区照顾(care by the community)

"由社区照顾"是指由家庭、亲友、邻里及社区内的志愿者等提供的照顾和服务。"由社区照顾"的核心是强调动员社区内的资源,发动在社区内的亲戚朋友和居民协助提供照顾,它是实行社区照顾的一个核心策略。

在社区照顾实践中,已充分证明了建立强有力的地区支持网络是实行社区照顾不可忽略的策略。"由社区照顾"的重点是要积极协助社会弱者和有需要的人在社区中重新建立支持网络,从而帮助他们继续留在社区或他们原本的生活环境下维持独立而有尊严的生活。

社会支持网络是指个人在社会的人际交往中所形成的比较紧密、可以相互支持和帮助的人际关系网络。社会支持网络包括正规社会支持网络和非正规社会支持网络两种。"由社区照顾"强调借助非正规社会支持网络的力量,因为非正规社会支持网络的特点是灵活、及时、方便和人性化,比较适合给有需要的人提供情感性支持、伦理性支持、信息性支持和短期轻度服务等,所以较易得到受助者的信任及较能提供首先的支援。通常社区内有需要的人士会在有困难时先寻求家人、亲戚、朋友及邻里的支援,而很少会立即寻求正规的专业援助。当代社会的现实表明,正式的组织关系并不能代替非正式人际关系提供的社会资源和支持,如果不依赖非正规社会支持网络,很难建立起一个守望相助、互助互爱的"关怀的社区"。因此,社区工作者的主要任务是去识别社区现存的网络,协助建立或强化这些支持网络,并促进网络成员的支持及互助能力。

一般来讲,社区支持网络大致分为三类:

(1) 提供直接服务的网络。第一类以直接服务为主,是在社区内动员家人、亲友、邻里或志愿者等,借此建立一个支援系统去关怀社区内有需要的人。例如,动员社区志愿者探访独居孤寡老人,帮助他们打扫家庭卫生;动员志愿者有组织地、系统地为伤残人士提供康复服务等。

(2) 服务对象自身的互助网络。这是指建立服务对象本身的互助小组,使他们能够以助人自助的方式互相支持。这类服务是以同一类型的服务对象为主体,例如癌症病人的互助组织、白血病病人互助小组等。第一类工作较多以地域社区为基地,在同一社区内发动邻里、居民组织或志愿者等去关怀社区内有需要的人士;而第二类工作则以同类型的服务对象为主体,是以功能社区的概念去建立的互助组织。

(3) 社区紧急支援网络。这是帮助个人及家庭预防突发事故或危机而建立的支持网络,例如独居老人的紧急互助计划、由警方协助推行的邻里守望预防犯罪计划等。目前,我国社区紧急支援网络还没有得到很好的推广,家庭纠纷和个人困难常常因为得不到及时的调解或处理而恶化。一个理想的社区紧急支援系统,应由居民委员会与邻里系统、公安派出所与政府机构街道办事处、社区中心或社会服务机构,以及辖区单位共同组成,建立热线或紧急支援服务网络,力争为居民提供及时的帮助和支援服务。

3. 与社区一起照顾(care for the community)

英国学者沃克(A. Walker)在对社区照顾进行系统划分时,提出除了

"在社区照顾"和"由社区照顾"外,还应包括"与社区一起照顾",认为要成功地进行社区照顾,单靠社区及家人的力量是不够的,为了不至于使这些照顾者被"耗尽",还需要充足的支援性社区服务辅助,才能使社区照顾持续下去。

"与社区一起照顾"的服务主要包括日间医院、日间护理中心、家务护理、康复护士、多元化的老人社区服务中心、暂托服务、关怀访问及定期的电话慰问等。这些服务的足够提供,才能扶助社区把需要照顾的人留在社区里生活。"与社区一起照顾"的核心是强调正规照顾和非正规照顾相辅相成、互为补充的重要性。

(四)社区照顾模式的评价

1. 优点

(1)对服务对象人性化的关怀。社区照顾强调把需要照顾的对象留在社区内,解决他们的困难;强调挖掘社区的各种人力资源,建立社区支持网络,实现社区成员之间的互助,以发挥照顾的功能,增强人性化的关怀,密切社区居民之间的关系。

(2)调动社区民众参与社区照顾。社区参与和社区民主是社区照顾的核心原则,调动社区居民的参与和互助意识,鼓励社区居民对一些有特殊需要的服务对象加以关心和接纳,为社区中有需求的人提供服务,为有需要的人建立一个社区互助网络,才能有助于建立一个关怀互助的社区环境,促进社区发展。这样,社区照顾最高层面上的价值理念才能得以实现。

(3)促进服务资源整合。"在社区照顾"体现了服务策略的改变,即通过服务的非院舍化及支援性服务的加强,使被照顾者留在自己熟悉的社区中生活。"由社区照顾"突出了服务资源的综合运用,即发动被照顾者的亲朋好友及邻居等提供协助照顾。社区照顾注重利用社区中存在的非正式的自然关系网络,使其和正式网络相结合,向服务对象提供帮助,从而建立一个关怀性社区。

2. 不足

(1)资源及权力下放可能引发的政府责任和角色问题。社区照顾注重利用社区中存在的非正式的自然关系网络和正式网络的结合,向服务对象提供帮助和服务,发挥社会支持网络中正面的社会资源的作用,避免由此引起的社会排斥。但是,政府不能借口社会非正式网络的存在就推卸政府的责任,减少政府和机构等正式网络对社区应提供的服务。相反,社区照顾的落实需要政府更多的投资及承诺。

(2)社区资源的状况可能不符合社区照顾的要求。社区照顾的基本思路是以社区为依托,立足社区,依靠社区和充分发挥社区关系网络的力量去支持各种服务，所以社区照顾的重点是强调社区资源的充分运用。但是由于目前社会的发展状况和家庭结构的变化，这一切都可能出现社区资源状况不符合社区照顾的要求，使被照顾者得不到应有的照顾。

（3）激励机制问题。社区照顾显然是把传统责任和利他精神作为照顾行为的道德基础。然而，当我们肯定道德承担和约束力量的同时，必须承认道德的承担是有限度的。当家庭、社区网络不可能对被照顾者负起长期责任时，最后会伤害被照顾者的利益。

（4）非正规照顾的服务质量难以保证。社区照顾是一个社会服务网络，这个网络中的家人、邻里、朋友和志愿者等非正规照顾者通常没有受过适当的专业训练，提供的服务是非专业化的，服务质量可能难以保证。依靠亲朋好友及邻居的帮助也很难确保服务的连续性和可靠性，需要专门或特别服务的受助者可能得不到适当的照顾。

（5）社区对有困难人士的排斥和歧视问题。社会对一些有特殊困难的人，如残疾者、精神病人、失足青少年以及刑满释放人员等往往存有偏见和歧视，甚至反对在社区内设立有关的服务设施，缺乏用关怀和体谅的态度去接纳他们。

对于中国社会来说，社区照顾模式也是一种很好的选择，因为中国社会对这种实施策略有较好的接纳基础。从社会文化背景看，邻里相伴、守望相助的传统在中国已有数千年的历史，中国社会文化是农耕型文化，它强调家庭的作用，重视家族关系，进而推及邻里关系。而以家庭为核心的福利保障与服务制度，又使中国从一开始就有了以家庭照顾为基础的社区照顾的雏形。在中国传统思想里，都有过较系统的阐述。例如，《礼记·礼运》就说："大道之行也，天下为公……故人不独亲其亲，不独子其子。使老有所终，壮有所用，幼有所长，鳏寡孤独废疾者皆有所养。"《孟子·滕文公上》中则说："乡田同井，出入相友，守望相助，疾病相扶持，则百姓亲睦。"这些思想对中国社会福利的发展产生了深远的影响，民间以"守望相助，疾病相扶持"的理念为生活准则，形成了以家庭自我照顾和邻里互助互济为基础的福利照顾网络。正是这样，中国自古以来就有社区照顾的传统。

从中国特有的家庭养老照顾传统看，中国的家庭是父母承担养育子女的责任，而子女也要承担赡养父母的责任；而西方家庭的父母要承担养育子女的责任，但子女却无承担赡养父母的责任。这种传统为我们今天开展社区照顾奠定了文化和社会历史基础。

从中国人口老龄化的现状看，中国作为世界上最大的发展中国家，在社会生产水平、经济尚不发达的背景下迎来了人口的老龄化，必将给经济和社会发展带来深刻的变化。这种变化正在广泛而深刻地影响着人类社会生活的各个方面,采取相对延缓老龄化速度、实施老年服务等应对策略和对策,也是我们今天开展社区照顾的一个重要的问题。

随着国有企业深化改革和政府机构改革、转变职能,企业剥离的社会职能和政府转移出来的服务职能,大部分要由城市社区来承接。随着人民群众生活水平的不断提高和住房、养老、就业、医疗等各项制度改革的深入,推动社区建设、拓展社区服务、提高生活质量已成为广大城市居民的迫切要求。建立一个新的社会保障体系和社会化服务网络,发展社区照顾,需要有广泛的社会力量的参与,特别需要非政府和非营利的社会服务中介组织的介入。因此,近几年我国通过推广社区服务发展社区照顾,开始形成了一些符合中国国情的经验。

四、社会行动模式

社会行动模式认为,人口中居于劣势地位的人们,为了向社区提出适度的要求,实现社会正义与民主,必须组织起来,采取行动,才能达到目标。使"社会行动"付诸实施的有两种团体:其一是对社会不平等表示关切的团体;其二是意识到自己在某些情况下处于劣势地位的团体。社会行动的主要方法是辩论、磋商、直接采取行动或施加压力,以促成社区制度、法规或政策的改变。这一模式对公共利益的假设倾向于现实主义,认为社区各部分间以及个人间的利益是不一致的、无法调和的,既得利益者不会轻易放弃权利,因此,需要采取强制性的措施包括立法、政治与社会治理等。

在这一模式下,社区问题被归结为由于社区中存在着权力与地位的分化,社区中有一部分人成为社会弱者中的一员,他们被剥夺、被忽视,失去了权利,遭到了不公平的待遇,由此导致了社区问题的产生。因此社会工作的目标着重于任务或过程目标,注重权利关系及资源之转变与基本制度的变迁,力求通过基本制度的变迁来提高一部分人的社会经济地位。在此过程中,社会工作者主要扮演社会行动中的倡导者与活动者、策划者、谈判者以及案主的代言人等角色,变迁的媒介是运用政治过程与操纵群众组织。

这一模式针对的案主体系是社区中的一部分人,包括劣势团体以及处于劣势地位的个人。社区权力精英往往是社会行动所针对的目标,而不属于案主体系。案主是决策者,也是所进行的社会行动的得利者。

第三节 社区工作的程序

社区工作的实施过程不仅受到社区本身发展水平的制约,而且受到各种不同的理论派别和工作模式的影响。这里从一般程序和具体程序两个方面加以介绍。

一、社区工作的一般程序

按照时间顺序可以把社区工作的实施过程划分为五个阶段:

(一) 建立专业关系

正如其他社会工作方法一样,社区工作首先要建立良好的专业关系。

社区工作的第一步是进入社区,是认识社区居民和让社区内的居民了解社区工作者的角色,并建立起初步的专业工作关系。社区工作者建立专业关系一般是从拜访社区重要人士与社区发展机构入手。对于社区工作者而言,因为社区居民人数众多,不可能一一认识,因此最关键的是要获得社区重要组织和人士的了解与支持。这一阶段的工作重心是"让社区居民知道我是谁"以及"寻求未来工作的支持者"。

(二) 搜集与社区生活有关的资料

推动社区工作前,必须对社区的情况有全面与深入的了解。社区工作者需了解的情况主要有三个方面:社区生活、社区需求与社区资源。

1. 社区生活

要了解和熟悉社区生活,社区工作者可从以下三个方面着手:(1) 查阅档案资料和地方志,了解社区在相当长一段时间内的社会变迁历程;(2) 与社区资深居民进行深入交谈,了解社区居民的生活水平、生活方式和人际关系等,把握该社区的社会结构;(3) 建立卡片档案,把社区中的重要组织或机构负责人的资料登录在资料卡中,以便翻阅参考。

2. 社区需求

了解社区需求最常用的方法是社区调查。社区调查的方法主要有问卷法和访问法。问卷法是通过设置问卷让居民填答的方式来了解社区需求情况,问卷的设置情况视调查目的而定。访问法可采用面对面的访问,也可采用电话访问,访问法可以对问题的来龙去脉深入的了解,从而弥补了问卷法的不足。除了这两种方法外,还有观察法、文献法、社会指标法、会议等收集资料的方法。

3. 社区资源

搜集社区资源是社区工作实施的重要步骤。社区工作的要义之一就是充分地挖掘与利用社区的资源,以促进社区的发展,搜集资源可以从三个方面着手:(1) 社区基本资料,包括社区位置、人口质量、经济情况、行政区划和组织机构;(2) 社区内部的各种设施以及它们被利用的情况;(3) 社区的文化与社区居民的价值观,包括社区的认同感与归属感;(4) 社区自治的程度等。

(三) 拟订社区发展计划

为了正确引导社区的发展,必须制订周密完备的计划,根据对象与范围的大小,社区发展计划可以分为整体规划与具体方案两种。

在制订社区发展计划时,应当遵循以下几条重要原则:一是参与的广泛性,社区发展计划必须根据社区全体居民的愿望与需要,由各方代表共同参与制订;二是在计划的制订过程中应考虑其适合性、可行性和可接受性;三是目标明确、整体规划;四是各种与计划有关的文件、会议记录及评估报告等应妥善存档保管,以为将来检讨、改进之用。

(四) 采取社区行动

社区行动是实施社区计划的过程,包括会议、财政、协调、宣传等方面。

1. 会议

社区会议是社区各方代表交流意见、分享经验、达成共识的过程,它起着教育和组织的作用。要使会议开得成功有效,就得做好准备工作。事务性的准备包括:会议的时间、地点、会议议程、通知、礼仪以及会议记录安排等。业务性的准备主要有以下四项内容:确定会议的主题;就会议主题和各与会代表进行磋商,以获得尽可能的支持;预测会议中可能出现的各种情况,并提出初步的处理意见;与会议主席进行沟通,并辅助主席推动会议的进行。

在会议进行的过程中,会出现各种情况,社区工作者除需熟练地运用"会议规范"外,还应当洞悉这些情况并妥善处理。

2. 财政

财政包括募集资金、编制预算以及使用资金。社区工作的开展有赖于财政上的支持,在国家和政府财力支持有限的条件下,通过募集来获取资金也成为财政来源的一条重要途径,而且还能动员社区内的物力、财力以发展社区或支持社区的福利事业。在资金募集的过程中,最需要的原则是公开性原则,其内容包括:公布捐款者姓名和捐款数额,说明经费分配情形,说明经费用途等。预算的编制应当遵循需要的原则和合理分配的原则。在编制预算时,首先应当深入了解各种社区需要,然后区分出各种需要的轻重缓急,从而对经费做出合理的分配。资金的使用需根据预算来进行,在使用的过程中,所要考虑的最重要的问题是如何最有效地发挥资金的效能。

3. 协调

协调是指使社区内人与人之间、机构社团之间或各方案之间的协调合作,以达成共识与一致,避免不需要的重复与冲突。社区工作者要做好协调工作,必须对社区各方面的情况有深入详细的了解,以争取在最少资源投入的情况下,最大限度地完成工作任务,实现预定目标。

4. 宣传

宣传的目的是向社区有关机构或人士报告事实，以引起人们对某一事件或某一问题的重视，改变有关机构或人士对某一事件或问题的态度，并因而采取行动改善现状。宣传可根据不同的情况采用灵活的方式进行。地方性的宣传可以是口头的，也可以是文字的。口头宣传比较经济，文字宣传有海报宣传、小型社区报纸、油印传单等。对于全国性、地区性的宣传，则可运用各种大众传播媒介，如广播电视、报纸杂志、网络等。

（五）成效评估

评估是检验社区社会工作成效的一种重要方法，对于社区工作的发展有着重要的意义。在评估的过程中，应当遵循以下几个重要原则：一是评估的对象和方法在设计社区计划时就应当考虑，目标的陈述必须具体明确，最好是能够量化，具有可操作性。二是社区正式及非正式领导者、地方官员、工作参与者与各阶层民众的反应是测定社区的变迁时必须兼顾的内容。三是组织的、权利的、经济的、社会的、心理的、文化的等各方面的因素是衡量社区变迁时必须考虑的内容。四是对于社区工作的评估模式和方法选择，应向行为科学等方面的专家寻求咨询。

做好评估工作，有助于随时弹性地修正方案，使工作方案更加完善；有助于未来工作的开展与方案的设计；有利于获得社区居民的信任与支持，并使社区工作人员获得成就感。

事实上，以上五个阶段的工作内容经常是相互混合、相互交叉的，而不是截然划分的。例如，人们在建立关系阶段就已开始做宣传、协调工作；而在编制计划时更不可忽视协调、会议、宣传等工作。因此，社区工作者在具体从事社区工作时，应当根据实际情况，灵活运用，而不是死守固定的程序。

二、社区工作的具体程序

（一）准备阶段

1. 了解社区状况，进行社区分析

（1）社区基本情况分析：地理环境、人口状况、社区内的资源、社区内的权力结构、社区的文化特色。

（2）社区需要分析：

需求类型包括感觉性需求、表达性需求、规范性需求、比较性需求。

① 感觉性需求（perceived need）：透过有需要的人来界定，人们透过想象及感受，来觉知自己有何种需求及需求程度。感觉性需要是指当个人被问及是否需要某一特定服务时的反应。

② 表达性需求（expressed need）：透过有需要的人真正寻求得到服务

来界定,以满足与否或是满足程度来定义,是指当个人把自身的感觉性需要通过行动来表达和展现,反映了对社会服务数量上的需求。

③ 规范性需求(normative need):以现存的某些标准来界定需求,标准通常来自惯例、权威(专家、行政人员)或一般共识。

④ 比较性需求(relative need):以相似的区域或人口群作为比较,评量两者间所得到服务的差距,比较性需要中需求的认定是针对某种特征所做的比较。

2. 准备阶段的工作要求

(1) 确定主要任务和行动方案。通过上述分析可以确定社会服务机构介入社区的任务,进而确定服务方案,并筹集经费、招募和培训人员,准备介入社区。

(2) 确定介入策略和工作方法。利用社区观察、街头访问、家庭访问等方法,认识社区和建立关系;通过提供服务接近社区居民。

(3) 社会服务机构做好自己的准备,包括人员、资金、支持体系等。社会工作者在没有充分掌握社区状况和找到合适的工作方向时,不要将工作过分活动化和事件化。

(二) 启动阶段

1. 行动方针和主要任务

启动阶段的行动方针:利用资源、成立社区小组、训练社区居民带头人、巩固社区居民的参与。

启动阶段的主要任务:寻找和发现社区居民中的带头人,并对其进行培训,提升其对参与社区事务意义的认识;确定工作目标的优先次序,加强社区中的互助合作气氛。

2. 介入策略和工作方法

启动阶段的主要介入策略和工作方法包括3个方面:

(1) 发掘资源和进行社区教育。通过社区服务和活动,发现居民中有影响力、权威感和号召力的居民带头人。社会工作者可以通过一对一的训练,培养这些人成为各个社区小组的带领者开展互助合作,通过组织社区内的资源,共同解决社区问题,如社区大扫除、社区巡逻队等,鼓励居民多关心社区和多参与社区活动。

(2) 推动成立居民小组。社会工作者可以根据居民的兴趣、爱好,组成自娱自乐的自助性小组,也可以根据居民关心的事情组成小组。社会工作者在这些小组开始时扮演主动的角色,包括召集会议、讨论,甚至具体工作的执行。但当小组工作渐渐走上轨道后,社会工作者要鼓励居民承担起一些简单的任务,培养他们独立的办事能力。

(3) 提供服务。这个阶段的服务要求社会工作者能够推出大量互助服务的计划和密切邻里关系的社区活动，创造互动机会，让居民能够通过服务过程相互认识，如举办社区运动会、社区文艺表演等。

3. 阶段性工作目标

当社区内组成了不同性质的小组，培养了一批社区带头人，并能够协助社区解决一些问题时，启动阶段的工作目标就实现了。

4. 注意事项

由于社会工作者依靠专业能力提供了较多服务和活动，居民在信任社会工作者的同时也会不自觉地依赖他们，而对居民带头人的信赖少，居民带头人因此可能会有挫折感，也造成了社会工作者培养居民带头人的困难。另外，各类居民小组成立后，小组内部和小组之间也会产生竞争，需要社会工作者谨慎处理。

（三）巩固阶段

1. 行动方针和主要任务

(1) 行动方针：成立或巩固居民组织，让社区工作系统化。

(2) 主要任务：巩固居民组织使居民支持社区居委会的工作。

2. 介入策略和工作方法

(1) 互助合作。用不同的策略服务于居民带头人和普通居民，帮助小组成员建立对小组的归属感，并通过各种互助活动改善社区。

(2) 社区教育。社会工作者要采用支持、鼓励和训练的方式，继续培养居民带头人，用课程辅导、小组分享等多种方式强化居民带头人的办事能力，用示范的方式提升居委会成员的行政能力。

(3) 争取资源。用行动争取更多的外部资源，尤其是与辖区单位共建和联盟，争取这些单位为社区提供物资和人力的支持，强化社区功能。

3. 阶段性工作目标

(1) 使社区居委会得到大部分居民的支持。

(2) 社区小组的居民带头人能够健康地新陈代谢。

(3) 组织工作系统化，并得到辖区有资源单位的支持。

4. 注意事项

(1) 社会工作者要防止把注意力过分集中在少数居民带头人身上，忽略了多数普通的社区居民。

(2) 要不断提醒居民组织，既要提供服务，又要考虑维持居民持续参与社区活动。

(四)评估阶段

1. 评估的分类

(1) 过程评估:

① 投入的资源和人员配置。② 一系列工作的优先次序。③ 各个程序的进展状况等。

(2) 成果评估:

① 工作取得了哪些成果?② 这些成果是否达到了预期的目标?③ 工作的成果是否由于工作之外的因素而达到?④ 工作是否带来了预期之外的成果?

(3) 效益评估:

效益评估注重服务的成本收益分析,关注的是所取得的工作成果与所付出的代价孰大孰小的问题。

2. 评估阶段的主要任务

评估阶段的主要任务包括根据社区的变迁重新评估社区需要和问题;社会工作者对专业工作过程进行总结,决定未来专业工作的方向;社区居委会对工作进行经验总结,重新界定组织的方向,做出未来发展安排等。

第八章 社会工作行政

社会工作行政是指在社会工作领域里的行政活动,它是通过执行社会政策,为有效地实现社会政策目标所进行的组织、协调和推展社会服务的活动。本章主要介绍社会工作行政的含义和性质、社会工作行政规划、社会服务机构运作、社会工作人力资源管理以及社会服务资金筹集等基本知识。

第一节 社会工作行政的含义与性质

一、社会工作行政的含义

社会工作行政,又称社会福利行政,或简称社会行政。不同学者对社会工作行政的定义各有侧重,基德内(John C. Kidneigh)是最早将社会工作行政纳入社会工作实务范畴的学者之一,他认为,"社会工作行政可以说是把社会政策转化为社会服务的过程,这个定义包括在把社会政策转化为社会服务的过程中经验的使用,以作为对社会政策修改的建议,因此这是双向的过程:(1)把政策转化为服务的过程。(2)所得的经验用以建议政策的修正"[1]。这一定义侧重于政策的分析、策划、制定和实施。

斯宾塞认为,社会行政是促成社区资源(人力和财力)转化为社区服务的过程。这一定义侧重于社会服务机构内部的管理。[2]

白秀雄认为,社会工作行政一方面是政府公共行政的一个部门,另一方面作为社会工作的一种间接方法。就前者而言,它是指一个政府根据其立国主义和社会政策,顺应社会福利世界潮流,并参照当前社会需要与状况,所从事的有关社会福利的措施及活动,其目的在于发挥政府福利工作的功能,履行国家福利工作的责任,以保障人民的生存权、工作权及财产权。就

---

[1] Johnc. kidneigh, Social Work Administration——An Area of Social Work Proctice, Social Work Journal, April, 1950. p58.

[2] 宋林飞主编:《社会工作概论》,南京大学出版社,1991年版,第144页。

后者而言,社会工作行政作为社会工作的专业方法之一,它通过行政程序以确保服务的功效、实现社会福利的目标。①

崔克尔(Harleigh. B. Trecker)综合各家说法,概括出不同权威人士对社会工作行政原则的观点,包括如下要素:

(1) 社会福利行政是一种持续不断的动态过程。
(2) 此一过程的运作是为了达成共同的目的。
(3) 发掘并运用一切资源以达到目标。
(4) 以协调与合作的方式去取得各项资源。
(5) 在定义内包括计划、组织及领导等要素。②

王思斌认为,社会工作行政是依照行政程序,妥善利用各种资源,实施社会政策,向有需要者提供社会服务活动。③

一个完整的社会行政概念至少应包括以下两点内涵:第一,社会工作行政是一种重要的间接社会工作方法,是透过行政程序以确保服务的功效,以实现社会福利的目的。第二,社会工作行政是一种动态的、持续不断的过程,每一个人均参与其中,包括专业人员、非专业人员、董事会(或理事会)、民众及社区团体等均参与或专心于全面社会工作行政过程。

综上所述,社会工作行政有三方面的作用:第一,进行有关社会福利的政策分析策划,把社会的要求转化为可以运作的政策。第二,通过社会服务机构把社会政策转化为具体的社会服务过程。第三,运用行政学与管理学的方法和技术以提高社会服务机构的工作效率与服务品质。

社会工作行政是一种重要的间接社会工作方法。它主要是一种把社会福利、社会保障政策转变为各种社会服务活动的程序。具体地说,通过各级政府的社会工作机构、国家与社会的福利保障单位、基层社区组织等的行政管理,社会工作行政把社会政策转化为社会服务活动,其中包括对各种团体、群众性社区组织和大量群众性社会工作活动的组织、领导、管理与提供服务,以使社会工作机构顺利实现工作目标,同时也确保其工作对象得到合格的服务。

二、社会工作行政的性质

社会工作起源于民间与教会的慈善事业,开始以直接服务为主,其工作方法主要是个案社会工作方法、团体社会工作方法与社区社会工作方法。

---

① 白秀雄:《社会福利行政》,台北:三民书局,1989年版,第22-23页。
② 白秀雄:《社会福利行政》,台北:三民书局,1989年版,第22-23页。
③ 王思斌主编:《社会工作概论》,高等教育出版社,1998年版,第131页。

随着民间慈善活动的广泛开展,各社会服务机构存在着协调行动与提高效率的需要。现代社会行政概念的发展,可以追溯到慈善组织协会创立时所发展出来的基本概念之一"机构间的合作"。但在纳入政府公共行政部门之前,社会工作行政主要是把行政学、管理学的知识与方法引入社会工作领域,以提高社会工作机构的效率。

西方自由经济制度所导致的贫困、失业、犯罪与不幸,随着时间的推移而日益严重,曾经在社会福利和社会救济中扮演主要角色的志愿性慈善团体无力应对这一新的社会危机。于是,政府开始负起急难救济的责任。政府通过福利立法与设立专门机构的方式广泛介入社会福利与社会保障领域。此后,政府成为社会福利与社会保障的主要力量。与此同时,社会观念也发生了很大的变化,公民的生存状况不再单纯是公民个人的私事,也不是社会民间志愿团体出于仁慈的动机而进行的补偿性工作,社会保障与社会福利逐渐被看成是国家对公民应尽的义务,是公民应该享有的基本权利。由于社会工作与行政和立法的关系越来越密切,作为间接社会工作方法的社会工作行政在社会工作中的地位与作用越来越重要,最终成为社会工作的一种重要方法。

在我国,社会工作是一个新兴的专业,普遍缺乏社会工作的专业人才,社会福利方面的立法不够完善,社会福利机构严重不足。目前,我国社会工作专业教育培养的目标在注重治疗性个人辅导的同时,也要重视宏观方面,宏观工作包括政策分析与策划、政策与计划的制定、社会问题的研究、服务及机构的管理、第一线基层人员的督导工作等,这些方面大多属于社会行政的范畴。

三、社会工作行政的层次

当前,中国社会工作行政的范围界定,从层次上来划分,主要是依据西方学术界的论述提出的两层次说和三层次说。

(一)两层次说

两层次说是将社会工作行政划分为宏观、微观两大层次。①

1. 宏观社会行政

(1)宏观社会行政的含义:宏观社会工作行政涉及国家或地方政府在一国或一定地域范围内执行社会政策的活动。它表现为政府的职能行为是政府官员在一定范围内推行社会制度,指导、帮助、监督、评估政策的落实情况,其范围包括解决、处理及预防社会问题,并促进社会福利的一系列活动。

---

① 李迎生主编:《社会工作概论》,中国人民大学出版社,2004年版,第210-211页。

即对社会问题的调查研究,社会政策及法律的制定、修订,社会福利制度与方法的研究、实验,社会福利工作、制度与标准的建立,社会福利经费的预算、筹措、运营与分配,社会福利组织的促进发展与社会资源的利用。

(2) 宏观社会行政的特征:第一,较强的政治性;第二,广泛的协调性;第三,对政策实施负有主要责任;第四,运用权力系统推动政策落实。

2. 微观社会行政

(1) 微观社会行政的含义:微观社会工作行政是将社会政策转化为具体的社会服务的活动。在民间及专业性福利机构比较发达的西方国家,微观社会工作行政往往表现为社会福利机构的行政活动。以某个社区中的社会福利机构为例,其工作范围包括:研究社区及确定机构目标;确定机构的政策、方案、程序;提供财源、预算及会计;选择专业及非专业人员;提供并维护机构的设施;制订计划以建立并维持有效的社区关系;保有完整及正确的机构工作资料,并定期提交报告;对方案、计划与人员进行评估。

(2) 微观社会行政的特征:① 实务性;② 局部协调;③ 部分责任;④ 科层权力和其他方法并用。

3. 二者之间的关系

从结构角度看,宏观社会行政是对于实施某项政策的总体设计和推动,微观社会行政则是微观设计和对实际服务的推动,它是宏观社会行政的延伸。从功能上来看,宏观社会行政处理的是与政治相关的问题,是建构资源筹集和分配的总体格局,是建立政策实施中的总规划;而微观社会行政处理的是与实施服务相关的具体问题。

(二) 三层次说

三层次说是按照帕森斯的意见,将社会工作行政划分为制度、管理和技术三个层次。

(1) 制度层次属于宏观控制,包括制定社会工作整体规划,制定社会政策、法规,决定各级行政组织的职责范围等。

(2) 管理层次包括筹措与安排各种资源,设计组织结构,协调各级组织间的关系,指导机构成员充分发挥作用以人尽其才,招聘、培训职员等。

(3) 技术层次包括向受助者提供咨询服务,个案转介,案主辅导,社会资源的提供,制定工作目标,选择工作方案,人员的具体配置,执行、评估,资金预算等。[1]

---

[1] Rosemary. C. Sarri. Administration in Social Welfare. Encyclopedia of Social Work,1977. 1(1):47-48.

第二节 社会工作行政计划

一、社会工作行政计划的含义及类型

(一) 社会工作行政计划的含义

社会工作行政计划,就是社会工作行政机构为达成行政决策目标,而进行的筹划活动及所制定的实施步骤和方法。①

(二) 社会工作行政计划的类型

1. 计划的类型

社会工作行政计划的类型主要有:第一,长期计划、短期计划和年度计划;第二,国家计划、地方计划和机构计划;第三,策略性计划和管理性计划。

2. 战略规划与行动计划

战略规划是一个正被广泛应用于社会服务机构、工商业运营以及其他领域的新概念。它主要致力于在尽量着眼现实情况的基础上进行前瞻性规划,包括制定具体的长期目标。

行动计划的目标是具体的,可以量化的,比较实事求是,通常还比较简单。详细说明目标非常重要,因为它使人们更明确自己的目标和视野,但简单化必须建立在人们清楚地了解目标和程序步骤的基础上。行动目标必须是明白易懂的,这样才可以经常估量,否则评估就不能进行;制定目标必须实事求是,否则就变得没有任何价值和实际应用意义。

二、社会服务机构中的决策

(一) 决策的含义及作用

1. 决策的含义

美国管理学家西蒙认为,决策就是对若干个准备行动的方案进行选择,以期优化地达到目标。根据西蒙的分析,决策概念至少包含以下两层含义:决策是一种行为和过程,而不是一个结果;它是一种选择的过程,是人们在实际行动前,对多种可能的行为取向所做的一种判定和"择一而行"的择优选择,即决策具有超前性和选择性。因此,决策是一种选择的过程,这个过程可能是理性的,也可能是非理性的。

社会工作行政决策是指社会工作行政组织和社会服务机构的工作人员,在制定社会政策及其执行方案时,为了达到预定的服务目标,根据一定

---

① 张曙编著:《社会工作行政》,社会科学文献出版社,2002年版,第138页。

的实际情况,运用科学的理论和方法,系统地分析主客观条件,在掌握大量有关信息的基础上,对所要解决的问题或处理的事务做出决定。

2. 决策的作用

社会工作行政决策的作用:第一,社会工作行政决策是社会工作行政过程的首要环节和执行各项管理职能的基础;第二,社会工作行政决策是社会工作行政管理成功的关键;第三,社会工作行政决策水平是衡量领导者能力的重要标准。①

(二)社会服务机构决策的一般程序

1. 决策的一般程序

社会工作行政决策的程序大致可分为以下步骤:第一,识别问题和评估需要;第二,制定目标;第三,选择和实施方案;第四,评估决策结果;第五,科学总结决策经验(见图8-1)。②

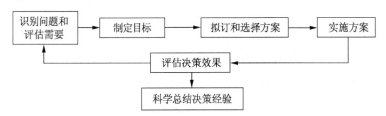

图 8-1 社会工作行政决策一般程序图

(资料来源:萧洪恩主编:《社会工作行政》,华中科技大学出版社,2005年版,第272页)

2. 社会服务机构决策的复杂性及其危险

社会服务机构决策是在一定的环境条件下通过组织成员的参与而进行的,决策的内容涉及机构的战略发展、服务项目的选择、执行措施的制定、机构员工的任用、机构财务资源的筹集及分配等各个方面,因此,决策过程会受到组织内外各方面因素的影响,具有明显的复杂性。在我国,社会政策的自上而下的推行模式,常常会出现决策考虑不周,实施者遇到诸多并不协调的状况。已有的决策在实施过程中,因执行者拥有很大的决策空间和自由裁量权,而加剧了不可忽视的自上的行为,实施者依照自己的判断甚至是偏好去选定或舍弃某些目标对象,提高或压低福利服务的规定标准,这也使得社会福利政策方面的决策过程变得十分复杂。③

---

① 张曙编著:《社会工作行政》,社会科学文献出版社,2002年版,第106-107页。
② 萧洪恩主编:《社会工作行政》,华中科技大学出版社,2005年版,第273-275页。
③ 王思斌:《社会政策实施与社会工作的发展》,《江苏社会科学》,2006年第2期。

(三) 社会服务机构决策的类型[1]

决策方式是各种各样的。卡莱尔从管理领域引申出三种决策模式：直觉的、判断的、问题解决式的。

直觉的决策与情感而不是与理性相联系；判断的决策建立在知识和经验的基础上；问题解决式的决策是建立在理性研究及分析基础上的，是一种比较客观和科学的理论模式。

三、社会工作行政计划的内容[2]

计划是管理的几种方法中最重要的一种。它是一种干预方法，是通过推测、系统思考而有目的地解决社会问题的一种手段，是人们试图控制事件、社区或社会的发展进程的一种方式。社会服务计划就是在社会政策转变为社会服务的过程中预先对社会服务的提供进行科学的设计和计划，以增加社会服务的可行性。

一项完善的社会服务计划大致包括以下内容：(1) 了解服务对象的需求；(2) 调查社区资源；(3) 识别居于优先应满足而未获满足的需要；(4) 确定工作目标与范围；(5) 发展战略；(6) 制订工作计划；(7) 编制预算；(8) 履行方案；(9) 评估方案设计等。

四、社会工作行政计划的过程模式及具体方法

社会工作行政是一种将社会政策转化为社会服务的活动，其社会服务计划的制订是一个复杂的决策过程。传统的决策理论推崇理性决策模型，即认为决策就是获得关于决策的全部信息，找到实现目标的全部方案，能准确地预测出每一个方案的执行结果。实际上，理性决策模型在上述几个方面常常显得过于理想化。[3] 香港学者梁伟康提出的计划模式似乎更显具体和可操作性，计划模式（见图8-2）。[4]

---

[1] 〔美〕雷克斯·A.斯基德莫尔：《社会工作行政》，张曙译，中国人民大学出版社，2005年版，第61-62页。

[2] 宋林飞主编：《社会工作概论》，南京大学出版社，2002年版，第197页。

[3] 王思斌主编：《社会工作概论》，高等教育出版社，1998年版，第137页。

[4] 梁伟康、黄玉明：《社会服务机构管理新知》，集贤社，1994年版，第47页。

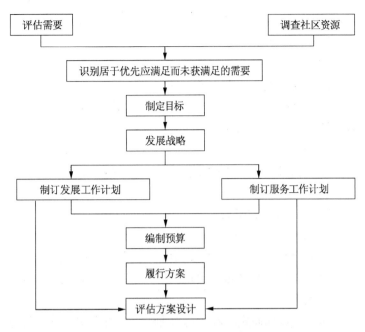

图 8-2　社会服务计划过程模式图

（资料来源：梁伟康、黄玉明：《社会服务机构管理新知》，集贤社，1994 年版，第 47 页）

这一社会服务计划的具体操作步骤和方法可分为以下几个阶段：

第一阶段：问题识别和分析阶段。

1. 评估需要

即了解服务对象的需要。例如，服务对象需要何种协助？何时有此需要和哪里有此需要？如提供服务以满足他们的需要时要做哪些工作？现在社区内的机构所提供的服务能否满足服务对象的需要等。

需要评估的方法，大致可分为三类，包括：（1）社会指标方法，即利用现存的有关社会问题资料。如收入，教育程度，失业情况及犯罪等问题的统计资料来评估社区的需要。（2）参与性方法。如讨论会，访问主要人物，咨询专家及调查等。（3）服务数字。如现有接受服务者的背景，等候服务人数等。

2. 调查地区资源

即深入了解地区现有的服务潜能及模式。通过调查，可搜集这样一些资料：机构的目标，现在所提供的服务，人员编制，受助人的年龄，性别收入，地区分布等。受助人主要的问题类别，社区现在缺乏的服务是什么？获得上述资料的方法有：（1）邀请各机构主管出席研讨会以提供服务信息。（2）通过问卷、个别访问方式直接和服务机构领导联系。（3）获得地区资源的资料后,可对地区需要和地区资源作一客观、正确的描述。

第二阶段:目标制定阶段。

1. 识别居于优先且未获满足的需要

在对地区需要和地区资源作一客观评估之后,便可制定需要满足的优先次序。界定次序的原则是:将政府的要求、机构的规章、专家的意见以及先前所做的社区需要及资源的评估和分析结果综合起来考虑。

2. 制定目标

目标可分为总目标和阶段性目标。目标成果须明确、具体、实际、有价值、可测量。

第三阶段:方案的安排阶段。

1. 发展战略

即实现目标的步骤。通常有两步,其一,由现有的方案提供所需的服务;其二,派遣员工发展新的资源或改善现在由其他服务方案所运用的资源。

2. 制订工作计划

工作计划依据目标而定。在工作计划里,必须列明主要的服务和非服务性的工作任务,何时开始,预计完成日期,由谁负责,以及如何去做,方案预算等。方案发展工作计划是指整个服务方案的详细计划,而服务工作计划是指单项服务项目的详细计划。后者应在前者的基础上产生。

3. 编制预算

预算的编制必须尽可能反映计划实行所需的经费数额。包括:(1)活动和服务预算,即提供某项服务所需的成本。(2)开支项目预算,即员工工资、交通和物资供应等。

4. 履行方案

即推行各项服务计划所要开展的活动,以及具体日程安排。

第四阶段:评估阶段。

评估方案设计主要分两大类:过程评估和方案效能评估。过程评估,也可称为方案监查评估,即评估方案活动的推行与既定的行动计划相符合的程度。方案效能评估,即评审计划目标实现的程度。

第三节 社会服务机构运作

一、社会服务机构的组织

(一)社会服务机构的组织理论设计

现代组织理论把组织看成是一个由人群、物质和程序等相互影响因素构成的复杂系统。其代表理论有系统学派的组织理论,权变学派的组织理论,H·明兹伯格(H. Mintzberg)的组织结构设计理论,德鲁克的目标管理理论,西蒙的现代决策理论等。其中,H·明兹伯格提出的关于组织结构设计的理论被广泛认为是对现代组织理论的杰出贡献。明兹伯格认为,任何一个组织由5个基本部分组成:战略顶层、中层、操作层、技术机构和协同人员。

(二) 社会服务机构组织设计的具体内容

组织的四个基本结构要素是劳动分工、等级和职能过程、结构和控制幅度。[1] 组织结构设计的具体内容如下:[2]

(1) 职能设计,包括职能分析、职能整理和职能分解。机构战略计划和目标的实现有赖于职能设计,即科学合理地规定管理层次、部门的规模及结构。

(2) 管理幅度设计,即机构管理的控制幅度,指组织的一名领导者能直接领导下级的人数。适中的管理幅度有利于提高组织的效率。

(3) 管理层次设计,指机构职能的纵向结构。管理层次太多或太少,都将导致组织效率的低下。

(4) 部门设计,指机构中的各种工作应根据某种标准加以分类。具体内容包括:机构中应分哪些单位、各部门的大小规模、彼此之间的关系如何等。

(5) 信息联系设计,主要解决纵向和横向的信息联系,克服专业化分工与上下沟通、部门协作之间的矛盾。

(三) 社会服务机构的组织结构

一般来说,较常使用的组织结构有三种,纯直线式组织结构、直线幕僚式组织结构、功能职权式组织结构。

社会服务机构在提供社会服务的过程中,为了全面目标的达成,往往要借助"团队"的方式进行;相较于团体,团队不仅重视组织整体目标的达成,更包括其成员间的相互依赖与彼此承诺。团队工作过程包括五项主要子过程:沟通、妥协、合作、协调、完成。[3]

---

[1] 〔美〕雷克斯·A.斯基德莫尔:《社会工作行政》,张曙译,中国人民大学出版社,2005年版,第106页。

[2] 王思斌主编:《社会行政》,高等教育出版社,2006年版,第98页。

[3] 〔美〕雷克斯·A.斯基德莫尔:《社会工作行政》,张曙译,中国人民大学出版社,2005年版,第163页。

二、社会服务机构中的领导

（一）领导的定义

领导就是领导者在一定的组织结构中依据有关的规章制度,运用各种方法和手段,有效影响下属去共同努力,以实现既定管理目标的行为过程。社会工作行政领导的要素包括四个方面：领导者,被领导者,领导行为的内容以及客观环境。①

（二）领导者的职责

领导者的职责和其职位、职权是统一的。领导者的责任分为两种：首先,法律责任。即领导者担任某一职务,运用权力,而对法律所应做出的承诺,也就是对法律予以领导者的规定所做出的回应。其次,工作责任。即领导者自己的岗位与领导责任。②

三、社会服务机构中的沟通与协调

（一）沟通与协调的含义

1. 沟通及其模式

所谓沟通,就是指人与人之间通过语言、文字、符号或类似的表现形式,进行信息、情报交流和传达思想的过程。沟通不仅仅指意义的传送,更重要的是指意义必须被理解。

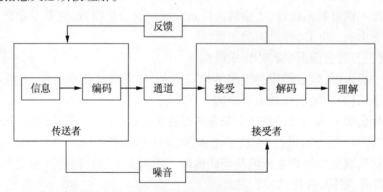

图 8-3　沟通过程模型图

（资料来源：王思斌主编：《社会行政》,高等教育出版社,2006 年版,第 108 页）

沟通一般涉及信息的传送者、接受者、传递通道以及所要传递的信息内容。概括地说,各种沟通过程都可以用图 8-3 所示的模型来反映,按照这一

---

① 张曙编著：《社会工作行政》,社会科学文献出版社,2002 年版,第 72 - 73 页。
② 张曙编著：《社会工作行政》,社会科学文献出版社,2002 年版,第 82 页。

模型,完整的沟通过程可以分成以下几个阶段:第一,创造有价值的信息;第二,信息编码;第三,选择信息传递通道;第四,接受者接受信息;第五,接受者理解或阐释信息;第六,接受者做出反应。①

Skidmore(1994)的5C沟通原则很有参考价值:清晰(clarity)、完整(completeness)、简洁(conciseness)、具体(concreteness)、准确(correctness)。②

2. 协调的意义③

协调就是指管理者为了有效地实现机构的特定目标而引导机构各部门、人员之间建立良好的协作与配合关系,以实现共同目标的行为。协调可分为机构内部的协调和机构外部的协调,就某一个具体单位来说,协调的范围大致有:第一,本单位内的协调;第二,上下级单位的协调;第三,与其他单位的协调。就协调的内容来看,大致可分为:第一,协调关系;第二,协调工作。机构内外部的协调不外乎都是通过一定的沟通,使机构内外的关系和谐,各个组织管理环节互相衔接、互相配合,做到人力、物力、财力合理计划、合理搭配、合理使用、减少冲突、化解矛盾,从而实现组织的高效运作。

(二)社会行政中沟通的类型

1. 组织沟通

组织沟通分为正式沟通和非正式沟通。正式沟通是指通过组织明文规定的渠道进行的与工作相关的信息传递和交流;非正式沟通是指不由组织的层级结构限定的,在正式沟通渠道以外进行的信息传递和交流,如员工私下交谈,传播小道消息等。

2. 人际沟通

人际沟通分为语言沟通和非语言沟通。语言沟通即借助于语言符号系统而进行的沟通,包括口头沟通和书面沟通;非语言沟通是指借助于非语言符号系统而进行的沟通。

(三)社会行政中协调的主要方法④

1. 组织协调

组织协调体现在机构内部,就是在机构内部建立一个职权等级协调系统,以协调上下级之间行政职权、责任和关系等方面的矛盾与冲突,同时建立一个部门间的协调系统,以协调同一层次各行政部门的职、责、权等方面

---

① 王思斌主编:《社会行政》,高等教育出版社,2006年版,第107页。
② 何志安、林彩珠:《追求卓越:前线社会福利服务管理技巧》,香港城市大学社会科学部,2000年,第130页。
③ 萧洪恩主编:《社会工作行政》,华中科技大学出版社,2005年版,第336-337页。
④ 张曙编著:《社会工作行政》,社会科学文献出版社,2002年版,第176页。

的配置。组织协调体现在机构外部,就是通过在各机构之间成立组织,由各有关单位派代表组成委员会,并成立联合的办公机构,以加强联系和协调工作。

2. 公共关系协调

公共关系协调体现在机构内部,就是处理机构内部上下级、部门、工作人员之间的矛盾,创造一个团结、协作、温暖、和谐的内部人际关系。公共关系协调体现在机构外部,就是通过机构与外部环境的协作,为机构发展创造良好的外界环境。具体地说,就是要和服务对象建立良好的工作关系,以便助人活动能顺利开展。要和政府机关主管部门加强联系,以提高政府行为的合理性。要和社区维持良好的关系,从而更好地挖掘社区资源,并使机构的服务在社区获得更大的影响力和吸引力,使机构自身得到顺利发展。

四、社会行政中的控制

(一) 社会行政中控制的含义

社会行政控制是指社会组织在动态变化的环境中,为确保实现既定目标而进行的检查、监督、纠偏等管理活动。社会行政控制在社会行政实施中同样是一个十分重要的环节。这个概念包含三个方面的意义:(1) 控制有很强的目的性,控制与计划密不可分。(2) 控制是通过监督和纠偏来实现的。(3) 控制是一个过程。①

(二) 社会服务机构中的冲突与控制

1. 冲突的类型

根据冲突的主体差异和客体内容的不同可以把冲突划分为以下类型:②

第一,目标型冲突。冲突双方或多方因所希望达到的结果和目标互不相容、不可调和时所发生的冲突。目标型冲突是生活中最常见的冲突类型,它往往涉及冲突双方或多方的利益问题,因此,处理目标型冲突是比较困难的。

第二,情感型冲突。冲突双方或多方因在情感或情绪上无法达到一致、不可调和时所发生的冲突。情感型冲突主要体现在人际交往过程中,由于认知错误、沟通不及时或是第三者的错误信息产生误解,直至信任失效。彼此之间相互猜疑,必然会产生情感抵触,导致情感冲突。情感型冲突的解决需要冲突双方或多方的积极沟通和了解,增强信任,加固感情基础,以消除

---

① 王思斌主编:《社会行政》,高等教育出版社,2006 年版,第 111—112 页。
② 李鹏、张成虎:《现代企业组织的冲突分析与管理对策》,《经济纵横》,2007 年第 8 期。

彼此之间的隔阂。

第三,强势型冲突。冲突双方中的一方凭借着自己的绝对优势对另一方进行强行压制而发生的冲突。强势型冲突在管理过程中极易引起员工的反抗,影响工作效率,因此这也是成功的管理者应尽量避免的。

第四,背景差异型冲突。冲突双方或多方由于个性、立场、价值观、教育程度等方面的差异而导致的冲突。这种冲突在社会服务机构中也是较常见的,这需要管理者能够全面把握,在"异中求同",寻求冲突的解决。

第五,实质型冲突。冲突的双方或多方由于规章制度、职责任务、方法、程序、工作的分配等问题而引发的冲突。这种实质型冲突,在管理过程中能够得到有效的解决,甚至是可以预防的。

2. 冲突形成的原因

组织机构中冲突形成的原因主要有三个方面的因素:

第一,人际因素。包括个性差异,沟通障碍,归因的失误。第二,群体间因素。包括目标不相容,相互依赖性。第三,组织因素。包括资源稀缺性,任务的不确定性,组织的变动性。

在社会服务机构中,比较常见的冲突主要表现为:机构成员个人目标与机构目标的冲突,角色期待与机构成员心理的冲突,资历深与资历浅的成员间的冲突,以及机构内的上级行政主管单位与下级机构之间的冲突。[1]

3. 冲突管理策略

分清冲突的性质,对不同类型的冲突采取不同的方法。

第一,个人冲突管理策略。首先,分析冲突的原因。其次,了解冲突当事人。最后,选择自己的立场。

第二,机构冲突管理策略。首先,改变机构的组织结构。其次,重塑机构文化。[2]

第四节 社会工作人力资源管理

社会工作人力资源管理,主要指的是对人力这一资源进行有效开发、合理利用和科学管理。从开发的角度看,它不仅包括人力的智力开发,也包括人员的思想文化素质和道德觉悟的提高;不仅包括人力现有能力的充分发挥,也包括人力潜在能力的有效挖掘。从利用的角度看,它包括对人才的发现、鉴别、选拔、分配和合理利用。从管理的角度看,它既包括人力资源的预

---

[1] 张曙编著:《社会工作行政》,社会科学文献出版社,2002年版,第178-179页。
[2] 王思斌主编:《社会行政》,高等教育出版社,2006年版,第115页。

测与规划,也包括人力的组织和培训。总之,社会工作人力资源管理是对人力资源的形成、开发、利用等进行系统控制。

一、社工机构员工管理

(1) 系统设计与职务分析:一个系统必须建立合理的知识结构,这是提高工作效率的前提与基础,只有在建立合理系统结构的基础上,才能有效地进行职务与工作分析。

(2) 建立人力资源发展规划:社会工作发展必须建立科学合理的发展战略规划,而支持社会工作发展战略规划得以实现的两个支持平台:一个是财务规划,另一个是人力资源规划。

(3) 社会工作人力资源的招聘与培训:在合理系统机构下,建立合理的人员招聘与录用调配管理机制,在遵守公开、公平、公正的原则下为组织寻找最好的最合适的人才。要建立有效的培训机制与体系,建立有特色、实用的培训途径与方法。

(4) 制定社会工作者职业生涯计划:社会工作的高层管理人员和人力资源职能部门要与社会工作者相沟通,关心社会工作者个人职业发展的前景与个人目前工作的关系,共同制定个人职业生源发展规划,使社会工作者感到组织把社会工作者作为组织的一员,激发他们的奉献精神与创新精神。

(5) 绩效考评:绩效考评必须根据工作说明书及规定建立科学、合理的员工考核机制,以科学合理的考核标准,对社会工作者的工作评价做出结论。

(6) 薪酬与激励:薪酬是推动战略目标实现的重要工具之一,同时也是社会工作成本项目之一,更是社会工作者社会工作成功与否的标志。要对不同的人才实行不同的薪酬与激励,鼓励社会工作不同的发展时期实行不同的激励措施与薪酬制度,保证组织人才的创造力。

二、社工机构志愿者管理

(一) 志愿者的定义

对于社会服务机构来说,志愿者是重要的人力资源,加强对志愿者队伍的能力培训与管理,有利于社会服务的开展。

英语 volunteers 是一个没有国界的名称,在西方发达国家中,是指不受私人利益的驱使、不受法律强制,是基于某种道义、信念、良知、同情心和责任感,为改进社会而提供服务,贡献个人的时间、才能及精神,而从事社会公益事业的人或人群。美国的非营利组织专家集团实施的"志愿者调查"中将其定义为"在非营利组织中为他人和社会提供的无偿劳动的当事者"①。联合国将其定义为"不以利益、金钱、扬名为目的,而是为了近邻乃至世界进行贡献的活动者"②。

在国外,志愿服务是组织化的。但是在我国志愿服务尚不发达,甚至存在着某些不正确的认识,即认为做志愿服务完全是随意性的,它是爱心的表现,没有方法与技术方面的限制。实际上,志愿者要做好工作,社会服务机构要有效地用好志愿者资源,就需要对他们进行培训和管理,包括服务理念的强化、服务方法的培训、制度规范的建立、志愿者网络的建设等。

(二) 志愿者的内涵

尽管"志愿者"一词是舶来品,但中、外对"志愿服务"的理解却有差异,这种理解差异直接影响非营利组织对志愿者管理的误解。

在西方市民社会公领域和私领域有明确分界的社会背景下,志愿精神的发生很容易理解。作为公民社会中的个人,无偿为公共领域和事业做一些社会服务工作,不仅是对社会的回馈,自身也在其中受益,因为没有任何人能脱离公共空间生存。

在中国传统的社会背景下,以家庭为单位、以邻里为基本的社会网络构筑了整个社会和国家,并没有明确的公领域和私领域的分野。在这样的环境中,邻里关系应该算是对别人的奉献还是对自己本身的帮助,很难有一个明确的界定。

西欧和日本的志愿组织规定,志愿服务为非营利性服务,志愿者可以要求、接受服务对象为其提供基本食宿和最低生活费用。这样才能保证志愿服务具有经久不衰的生命力。

法国明确指出,非营利是志愿活动的根本精神。他们认为,志愿服务有别于义务服务,因为义务服务有的是慈善性的,有的是强制性的,并且完全不应获取报酬;而志愿服务不排斥获得维持志愿者基本生活的报酬。③

我国志愿服务活动多被理解为义务性质,尽已所能、不计报酬是志愿者的誓词。我们并不鼓励志愿者通过志愿服务来获取利润,但是,尊重志愿者的劳动,并为志愿者考虑报销活动相关的费用,如车费、通信费、基本食宿乃至最低的生活费用、办理保险等,应成为非营利组织考核志愿者管理工作的重要指标之一,不计报酬不能理解成"不应得到报酬"。

---

① 田思路:《有偿志愿者的劳动者性》,《法学杂志》,2007年第5期。
② Anheier et al. (2003),p.16.
③ 苏苏:《志愿者管理的误区解读》,《NPO纵横》,2006年第4期。

(三) 志愿服务的特征

志愿服务泛指利用自己的时间、自己的技能、自己的资源、自己的善心为邻居、社区、社会提供非盈利、无偿、非职业化援助的行为。

志愿服务具有四个基本特征：(1) 公益性。公益性是志愿服务的本质，它明确了志愿服务以为社会和他人提供服务与帮助为根本目的，它把志愿服务与以实现个人利益或本组织利益为根本目的的各类活动，特别是商业活动区分开来。(2) 自愿性。自愿性是志愿服务正常开展的基础，它把志愿服务与行政命令、组织要求、法律规定等强制性要求开展的活动，包括公益活动区分开来。(3) 无偿性。无偿性是志愿服务的基本要求，它把志愿服务与有偿服务区分开来。(4) 组织性。组织性是志愿服务开展的体制保证，它要求建立一整套志愿服务的法律法规、组织机构和内部规范，并由志愿者机构统一组织开展活动，与此同时加强对志愿者的管理，它把志愿服务与个人自发的公益行为区分开来。

三、社会服务志愿者的管理

(一) 志愿者管理面临的问题

目前，国内众多 NPO 组织中，在志愿者管理方面所面临的主要问题有：

(1) 没有建立规范的志愿者管理制度。其主要原因有：意识不强，或没有能力，或忙于筹款、开展活动，对自身制度建设重视不够，建立一个不适合自身组织的志愿者管理制度，而实际上并没有很好地执行。

(2) 法治观念淡薄，缺少对志愿者管理的风险意识。认为个人热情、经验、信任和友谊更重要；或者组织处于发展初期，规模较小，不需要专门对志愿者进行一整套规范化管理。

(3) 没有足够的人力。缺少对志愿者招募、组织和管理的专门人员；或者志愿者稳定性不够，流失率较高，志愿者的来源、背景具有很大的多样性，无法按统一标准管理。

(4) 缺乏对志愿者的足够的培训和激励机制。造成志愿者素质参差不齐，志愿者的服务质量不高。

(5) 没有明确组织与志愿者建立契约关系，对志愿者的权益保护措施不力。

(6) 缺乏志愿者资源，或者现有的志愿者资源无法或者不能很好地利用。

从一定程度上讲，上述问题的出现和存在与我国的志愿服务尚处于初级阶段，NPO 自身发展经验的缺失，各项规章制度不健全，志愿服务的顺利开展受到种种限制等因素具有直接或间接的关联。

（二）志愿者的组织管理

从组织管理的角度来讲，志愿者管理是组织管理的一部分。志愿者管理的问题也是组织管理的问题。在志愿者管理的工作中，经常会遇到组织领导不重视、不支持的问题。另外一个常见的问题是在志愿者管理中，没有将志愿者管理和组织的使命很好地结合起来。志愿者管理本身是一项系统的工作，和组织管理的其他系统紧密相连，没有其他系统的支持，不可能做好志愿者管理的工作。[①]

目前，社会工作行政中的志愿者管理尚未纳入机构的日常运作中。社会工作职业的出现促使志愿者提供的服务更趋细化。志愿者作为社会工作者服务于服务对象的重要参与者，对服务对象所带来的效果非常重要。因此，需要针对服务对象的不同对参与到各个领域的志愿者进行不同方面的培训与考核，因此，将志愿者管理与培训纳入各社会工作机构的社会工作行政中也就显得至关重要。目前，社工义工联动模式尚不能满足各个服务对象的需要，基层社会工作者难以调动志愿者资源，有时很难达到社会工作服务的目标，即助人自助。强调的是服务对象本身的自助，而非一味接受帮助。所以，帮助志愿者在理念上接受社会工作助人自助的理念，并与社会工作机构结合才能提高服务的效益与质量。

（三）志愿者的风险管理

做一名志愿者，将会有哪些风险？在 NPO 的志愿者管理中，又将会有哪些管理风险？无论对于志愿者还是对于 NPO 来说，这个问题都需要认真考虑。

就 NPO 志愿者的风险管理而言，最大的也是最直接的风险是志愿者可能会受到伤害；而更多的风险则发生于由志愿者、员工、受助者多种因素引发的意外事件或事变，不仅给当事者带来伤害，而且还会损害组织的声誉，甚至影响 NPO 下一步的生存和发展。

因此，对于 NPO 而言，志愿者管理风险的防范应是一项系统、综合的工作，不仅要从志愿者招募与筛选、指导与培训等方面尽一切可能保护受助者、志愿者、员工免遭不幸；更重要的是，还需要通过与志愿者签署协议，将彼此的权责约定明确。

然而，从 NPO 的长远发展来看，其可能遭遇的风险除了来自于对志愿者的管理方面外，其他如对员工的人力资源管理、合作伙伴的选择、政策与法律的约束与要求、资金筹集与使用的安全等，都是 NPO 发展中遭遇风险的潜在因素。但 NPO 先天的"草根性"则决定了志愿者对其发展、壮大的至

---

① 王广宇：《志愿者管理是组织管理》，《中国发展简报》，2006 年第 1 期。

关重要性,因此,作为 NPO 的负责人和管理者,对志愿者进行科学管理与风险防范,无疑会影响到机构的历史使命的顺利完成以及愿景目标的早日实现。

(四)志愿者的聘用

非营利组织在招聘之初,应当制定志愿者需求评估条例。我们是否需要志愿者参与,在哪些方面需要志愿者参与,需要哪些专长的志愿者参与,自己的员工是否已经做好了接纳志愿者的准备,员工准备为志愿者提供哪些辅导和支持。

在明白了组织对志愿者的需求后,还应该明确怎样让志愿者参与,对志愿者将要参与的工作有具体的规划:我们将要给志愿者提供的工作是什么,是否有专人负责协调,是否编制了相关预算,是否有灵活的、有序的志愿者招募程序,是否进行面试并进行登记,招募要求能否列出所需志愿者应具备的条件(专业技术、爱好特长、年龄、职业等),是否备有一份清晰的书面文件列明志愿者可以选择的工作,能否为志愿者列出确切的工作内容及职责范围,是否有一份组织的介绍或工作手册供新志愿者参考,是否为志愿者提供培训机会,帮助他们完成任务,使志愿者感到满意。

第五节 社会服务资金筹集

一、争取政府拨款

各国政府都会在社会福利和服务方面提供相关的资源,对社会服务机构来说,重要的是必须了解政府的资源投入与分配的路径和信息。政府拥有的资源大致有:行政资源、经费资源、公众调动资源、责信资源。政府有资源、有经费、想作为,但不能无所不包。社会服务机构有理念、有能力,但缺少资源和经费。因此,各国政府通过资源与计划的发展,以外包契约、公设民营或奖励补助等方式分配社会服务机构所需获得的资金。社会服务机构应认真研究政府各相关部门的服务目标和计划,主动向政府寻求经费或捐助,争取共同主办、协办或委办活动及参与投标等。

社会服务机构取得政府资源与经费支持的策略有:(1)投其所好,配合政府的福利服务发展目标;(2)掌握时机,把握时效;(3)利用正当与合法程序;(4)机构主动游说政府;(5)设计精湛的服务计划。

社会服务机构与政府社会服务资源结合的方式有:(1)经费补助;(2)注重特定的活动;(3)分工合作;(4)伙伴关系;(5)策略联盟。

二、劝募

Kotler 将募款组织、沟通管道、潜在捐款者及集款的方法四方面视为一个循环,每个管道可以接触到不同的目标群众(target population),且设计出来的募款方案亦有所不同。在劝募管道的部分,过去的做法不外乎在平面和电子媒体(如报纸、电视)传递募款的信息,然后通过捐款者亲自以现场付款、邮政划拨、薪资定期扣款等方式来完成捐款(见图 8-4)。而今社会服务机构也开始与网络结合,利用网络的资源以实现使命目标,所以网络募款也开始成为社会服务机构募款管道之一。①

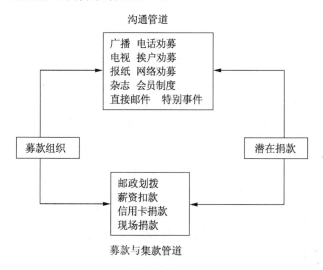

图 8-4　募款与集款管道分析图

(资料来源:王思斌:《社会行政》,高等教育出版社,2006 年版,第 143 页)

募款管道方面,Kotler 认为,可分为沟通管道(communication channel)和集款管道(collection channel);其中沟通管道主要是以大众传播媒体和不特定的大众沟通,或以小众传播的方式进行一对一的宣传;集款管道则包括直接邮寄的回邮、薪资扣款、信用卡捐款或现场捐款等方式。② 而最易促使民众捐款的募款方式,根据台湾地区张培士等人的实证研究,依次为街头义卖、公益广告、亲朋好友介绍、报纸与杂志特别的报道、邮寄信件募款、园游会或晚会等活动、捐统一发票等。③

---

① 王思斌主编:《社会行政》,高等教育出版社,2006 年版,第 142 页。
② Philip. Kotler and Alan R. Andreasen: Strategic Marketing for Nonprofit Organizations. (5th ed.) Adapted by permission of Prentice-Hall, Inc., Upper Saddle River, NJ. 1996. vii, p632.
③ 郑怡世:《个人捐款行为分析》,《社会工作学刊》(台北),2001 年第 7 期。

(一) 募款策略及其发展趋势

社会福利机构在募款或社会资源开发的实际运作及策略上,从演变过程的先后顺序来看,大致有下列四种模式:①

(1) 媒体攻势模式,或称攻占模式,即充分利用媒体造势以提高机构在社会大众视野中的能见度,尤其是塑造机构本身或机构领导者的传奇事迹,如此即可在社会大众心目中占有一席之地。

(2) 资讯宣导模式,或称说服模式,即反复灌输给社会大众有关机构的信息,借以说服社会大众对机构本身或服务措施的肯定和支持。

(3) 举证辩护模式,或称协商模式,即进一步以具体事迹或科学证明,借助辩护机构的专业形象和服务绩效,以赢得社会大众的认同和信心。

(4) 双向交流模式,或称合作模式,即机构与其所处社区之间必须建立一个长期的可以互相接纳和彼此善待的调适关系。如此机构事实上就成为社区的一部分,社区也乐于长期认同和支持机构的服务与做法。联合劝募可以说是此种模式的典型形式。联合劝募所促成的机构之间的联合组织运作模式,是社会福利机构努力发展的方向和目标。

志愿事业或非营利事业,从过去的慈善义举(Charity)演变为公共事业(Philanthropy)后,本质上有很大的不同。慈善义举是个人随兴或一时的恻隐行为,而公益事业则是有组织、有计划和长期投入的社会改善行动。在这个意义上,彼德·德鲁克对非营利组织筹资策略的建议是中肯的:"很多非营利组织以为得到钱的办法是宣传需求,但公众是为结果而捐献,不再是为'慈善'而捐献,而是'买入'。"②

(二) 募款的方法③

社会福利机构募集经费的方法不胜枚举,以下列举较具代表性的形式,并略加阐释其成效和优缺点。

1. 直接信函

就是直接以信件的方式向目标对象诉求,寄出诸如信函、简介手册或者其他相关资料。对个人的募集可以通过邮件和电话方式,对于年度募捐和重要募捐采用亲自会面的方式。直接信函的特点是:第一,最能辨识潜在的市场,可以掌握最恰当的诉求方式与时效;第二,可视情况控制成本,集中资源于最有效的方向;第三,对小额赞助者最有成效。直接信函的缺点,一

---

① 施教裕:《志愿机构团体在劝募活动上的因应和推展》,《社会福利月刊》(台北),1985年第125期。
② 〔美〕彼德·德鲁克:《大变革时代的管理》,赵干城译,上海译文出版社,1999年版,第216页。
③ 范志海、阎更法:《社会工作行政》,华东理工大学出版社,2004年版,第309-310页。

是回报率比较低,二是竞争日益激烈。

2. 基金会的赞助

基金会倾向于简短的咨询函。在一些基金会网站上可以找到相应的表格,可以直接填写。在对基金会募集时需要注意的问题:要把观点落实到纸上;只要有可能,亲自会见基金会组织的相关官员,与他们讨论组织的项目,交谈永远比阅读更能引起别人的认同和兴趣。向基金会募款的优点是:第一,成本效益可能最佳;第二,许多基金会是勇于创新并愿意承担风险的。向基金会募款的难点是:第一,大多数基金会只注意特定的主题,并无意于广泛地从事赞助;第二,即使日渐开放,基金会仍有相当程度的封闭性。

3. 寻求企业赞助

直接和企业的关键决策者接触。企业赞助的优点是:第一,赞助数额往往比较可观;第二,金钱以外相关资源的赞助也很可观,如资料设备方面的赠予、专业人士的时间投入等。企业赞助的难点是:第一,大部分公司团体的捐助,一般都是捐给和企业组织本身性质相关的慈善组织;第二,福利机构管理者须小心维护本机构的公众形象。

4. 特定主题活动

特定主题活动的优点是:第一,可促使机构成为公众瞩目的焦点;第二,可为开发潜在赞助人士奠定基础。特定主题活动的挑战是:第一,可能入不敷出;第二,活动若失败有损机构的公众形象。

5. 政府赞助

政府的财政来源和运作方式决定了获得政府的资助是十分困难的。通过政府报告、新闻通讯、计算机数据库等关注政府的相关政策,了解他们的意见和关心的问题,有针对性地对政府募集。政府赞助的优点是:第一,政府签约通常可提供稳定且可靠的经费来源;第二,政府项目经常会委托给一群专家缜密审核,因此组织的提案考虑越周全,通过审查的机会就越大。寻求政府资助的难点是:第一,复杂的文书作业;第二,机构实力获得证实后才有机会获得经济援助。

三、争取国际支持

全球化的大趋势使大多数社会服务机构开始寻求国际支持与援助,许多机构纷纷加入国际联合劝募协会(United Way International),成为国际联合劝募协会会员国家之一。这种联合劝募组织在市场上统一筹款,并根据一定的规则合理分配给NPO组织,尤其是社区福利性NPO组织。联合劝募的优势在于节约资源,提高效率,减轻一些社区小型NPO的筹款负担和压力,使它们能集中精力从事社会服务工作。

国际资助的方式有：(1)项目支持；(2)资金援助；(3)低息或无息贷款；(4)技术援助；(5)能力建设服务；(6)志愿者援助；(7)国际交流。

我国还没有类似国外的联合劝募组织,大多数社会服务机构还无法从国际上募集服务经费。导致这种现象的原因在于：第一,目前中国绝大多数民间非营利组织缺乏与境外组织直接打交道的能力和人才。第二,社会服务机构对国际筹款市场不了解,不知道通过什么途径可以获得国际资助。第三,制度和政策障碍。目前,还存在一些不利于境内组织与境外组织沟通的思想和政策障碍。防止境外敌对势力威胁我国家安全是绝对必要的,但不能因噎废食。过分依赖境外资金的潜在危险并不意味着否认现阶段尽量争取外援的必要性。

第九章 社会政策

社会工作是在政府的社会政策指导下开展的,社会工作遵循一定的政策与法规。本章主要介绍社会政策与法规的特征和功能,社会政策与法规运行的一般过程,并对我国社会政策与法规的相关内容作一简要介绍。

第一节 社会政策概述

一、社会政策的概念

"社会工作"和"社会政策"都是源于西方的概念。它们就像一对孪生兄弟,为解决工业化、城市化、现代化过程中的贫困问题而生。社会政策是在制度、规划的层面制定反贫困的战略和策略,并通过具体的计划和项目使之可操作化;社会工作则站在政府和公众之间,将社会政策转化为社会行动,从而贯彻落实到每一个具体的社区和个人身上。[1] 基于此,在社会工作专业的知识体系中,"社会政策"成为不可或缺的组成部分。

一般认为,最早提出社会政策概念的是19世纪的德国人瓦格纳。当时德国社会矛盾众多,瓦格纳及其历史学派的同仁认为,许多不符合伦理道德的社会问题在相当大程度上是自由竞争带来的,因此他们建议,国家应该加强对生产、分配和消费等经济过程的干预,运用立法和行政手段来调节财产所得和劳动所得之间的分配不均问题。1891年,他在《西方国家法律制度社会政策及立法》一文中把社会政策定义为"运用立法和行政的手段,以争取公平为目的,清除分配过程中的各种弊害的国家政策"。瓦格纳的社会政策在立法和行政的手段操纵下,包含了社会政策两个方面。他们提出的国家干预经济和社会生活的主张成为19世纪德国俾斯麦政府率先建立社会保险制度的思想基础,从而促进了以社会保障制度为核心内容的社会政策

---

[1] 王婴:《社会工作与社会政策的发展历程与启示》,《江苏社会科学》,2002年第3期。

的发展。

第一次世界大战前后,费边社会主义逐渐成为英国工党的理论和政策基础。费边社会主义认为,社会政策就是指社会福利的一系列政策活动。国家和政府是社会福利和社会服务的主要承担者;为了解决社会问题和需求,政府应该通过政策干预为市民提供那些市场无法满足的援助和保护。这种思想成为第一次世界大战后20年福利国家形成的理论基础,此时有关社会政策研究的主题是社会福利。

20世纪50—60年代,随着福利国家的建成,社会政策开始研究如何增进公民福利,即政策的有效执行,主要代表是英国著名的社会学家、社会政策研究的鼻祖马歇尔与蒂特姆斯。早期社会政策研究领域最著名的学者之一是英国社会学家马歇尔,在其1965年出版的《社会政策》一书中对社会政策的解释是很简单明了的:"'社会政策'不是一个有确定含义的专门的术语,它指的是与政府有关的政策,这些政策涉及向公民提供服务或收入的行动,通过这些行动对公民的福利有直接的结果。因此,其核心由社会保险、公共救助、健康和福利服务、住房政策等组成。"(T. H. Marshall,1965)另外,马歇尔认为教育也应该属于社会政策的研究范围,但是由于它自身有许多独特的问题,构成了一个很大的研究课题,不便于放入他的这本书中。概括马歇尔的解释,社会政策即是通过政府供给对公民福利有直接结果的政策。①

蒂特姆斯反对把社会政策等同于社会福利,他认为,所有为了满足某些个人需求或为了服务广泛社会利益的集体干预大致可分为三大类:社会福利、财政福利和职业福利。社会福利是指社会服务,财政福利是指具有明确社会目标的特别减税和退税措施,职业福利是指与就业或缴费记录有关的由企业提供的各种内部福利,可以现金或实物形式支付,常常由政府依法强制实施。他认为,社会福利只是社会政策的"冰山一角"或露出水面的部分,而财政福利和职业福利则是"社会政策冰山的水下部分"。此外,蒂特姆斯认为,在以不同价值取向制定不同社会政策的政策制定者面前,要保持价值无涉的科学和客观的态度。

20世纪70年代以后,社会政策的研究范围被进一步拓展,开始界定政府干预的界限和范围以及公共行动与市场机制的界限,换言之就是,政府、家庭、市场和志愿组织(公民社会)等各自发挥什么样的作用问题。这是社会政策的最基本问题。90年代以来,对于社会政策的解释进一步深化,从关注经济性资源分配发展到更加关注社会关系(地位及权利)的分配,认为

---

① 杨伟民:《社会政策与公民权利》,《江苏社会科学》,2002年第3期。

正是社会关系的分配影响了社会部门(家庭、学校、社会福利、教育、社区等)与经济部门(市场)之间的关系;社会政策不仅属于政府的行为,还反映了不同社群在社会资源及社会关系方面的分配结果,左右社会政策产生不同结果的是社会、经济及政治部门的制度安排。①

相对来说,美国学者对社会政策的定义似乎更为宽泛。他们把社会政策看成是"社会的"政策,而不只是"社会福利的"政策。吉尔认为,社会政策体系是生活方式的指导原则,它的发展动力来自人类基本的感觉性需求。②

基于以上对社会政策的认识,本书认为社会政策是国家和社会运用行政和立法手段,配置社会资源,解决社会问题,保障公民基本权益,实现社会公平的过程。

二、社会政策的功能

(一)治理国家和管理社会

社会政策是与阶级和国家紧密联系在一起的政治现象。在阶级社会,统治阶级通过运用社会政策调整统治阶级和被统治阶级的关系,形成有利于统治阶级的稳固的社会结构。此外,社会政策还具有管理社会的职能,是一个国家公共管理体系的重要组成部分。当代各国政府都通过广泛实施各项社会政策来加强对社会的管理。具体表现为:首先,通过满足社会成员在就业、住房、教育与健康等方面的基本需要来实施社会管理;其次,通过维护社会公平来提高社会管理效果;再次,通过解决社会问题来促进社会管理;最后,通过政府与社区和民间组织的合作来实施有效管理。

(二)调节社会矛盾和维护社会稳定

社会政策之所以具有调节社会矛盾、维护社会稳定的功能,是因为它充当了社会的"安全阀"。所谓社会"安全阀",是指社会的一种自我调节机制,当社会矛盾和不满情绪积累到一定程度就需要得到适当的、有效的解决和释放,否则就会引起社会冲突和震荡,危害社会肌体自身的安全。当前,我国社会在平稳发展过程中也出现了一定程度的失业、贫困等社会问题,需要通过完善的社会政策体系预防和治理社会问题,使其不影响社会成员的基本生活和社会的稳定发展。

(三)满足社会需要

社会政策从诞生之日起就履行了满足社会成员需要的功能。当前,我

---

① 花菊香:《社会政策与法规》,社会科学文献出版社,2002年版,第6页。
② 黄晨熹:《社会政策概念辨析》,《社会学研究》,2008年第4期。

国社会政策的重要职能之一仍然是满足社会成员的基本需要。由于市场所能提供的商品和商业化的服务在满足人们需要方面总是有限的,有相当一部分需要应该通过政府以提供公共产品的方式来满足,尤其是部分贫困群体成员,需要政府提供更多的救助和福利性服务。

(四) 促进社会公平

现阶段,我国社会经济在取得较快发展的同时也出现了贫富差距拉大的现象。政府的各项社会政策应该兼顾社会中各地区、各阶层和各类人群的利益,兼顾个人、局部和社会总体的利益,以促进社会的公平公正。

第二节 社会政策的意识形态

一、社会政策的价值观念

有学者认为从政治角度看,社会政策是一种政治抉择,反映着社会不同阶层或不同团体间的权力,甚至"政治是权力关系的声明书"(托巴斯·丁·赖斯,1992:216)。这种声明背后的信念或所暗含的理念,即政策的价值观念或者说福利哲学(赵维生 b,1987)。自 20 世纪 60 年代以来,社会政策的理论研究或称为社会政策的分析任务,就是对于影响社会福利的现存政策的理论基础——福利哲学的观念做出评价(Walket, A.,1983)。

(一) 自由主义

自由主义反对许多早期的主流政治架构,例如君权神授说、世袭制度和国教制度。自由主义的基本人权主张为生命权、自由权、财产权。在许多国家,"现代"的自由主义者从原本的古典自由主义里脱离出来,主张政府应该借由抽取税赋以提供人们最小数量的物质福利。自由主义在启蒙时代生根;"自由主义"一词已经包含了许多不同的政治思想,从左派至右派,支持者的政治光谱分布相当广泛。

(二) 保守主义

在西方民主国家,现代的保守主义政党通常倾向于小政府、自由市场的经济架构以及在政治意识形态上(有时候是军事的)对抗共产主义以及集权主义政权,以捍卫他们的保守价值不受威胁。保守主义是近、现代西方主要政治思潮之一。因历史背景不同和策略需要,保守主义有种种表现形式,但要求维护社会现状和历史传统,反对社会重大变革是其基本主张。作为一种政治哲学,它形成于 18 世纪末。英国政治活动家 E. 伯克在《法国革命感想录》(1790)一书中首次明确表达了保守主义思想,奠定了保守主义思想的基础。

保守主义在关于人类本性的哲学问题上认为,人性是有缺陷的,相信社会弊病只可减缓而难以根除。保守主义的核心观念是反对一切激进的革命和革新,主张节制政治,以妥协手段调和各种社会势力的利益冲突。保守主义视国家为一个有机体,局部不能离开整体而独立生存;地位和财产不平等是自然形成的,社会的领导权应属于素质优秀的贤人而非群众领袖。保守主义强调,代表连续性和稳定性的法律与秩序,维护传统社会纽带诸如家庭、伦理、宗教等。主要代表贵族、资产阶级等上层阶级的利益,同时在一定程度上,反映农民、自由职业者、知识分子、工人、无职业者等其他阶级或阶层中的保守分子的要求。

(三) 第三条道路

第三条道路主要内容为:在社会民主主义的基础上,肯定自由市场的价值,强调解除管制、地方分权(非核心化)和低税赋等政策。一般认为,第三条道路不是一种意识形态,因为其不涉及政治运动。试图将第三条道路政治化的努力被称为激进中间派。第三条道路也经常被评论为原有的"带有少数社会主义性质的资本主义取代社会主义制度"的社会民主主义观念,以及社会民主党派为了赢得选举而选择的一种手段。批评家认为,第三条道路理论最终是以劳动阶层和穷人的牺牲来换取大企业的利益与社会福利。

第三条道路概括了资本主义和社会主义之外其他选择的思想。它将人们的注意力转移到了另外一种意识形态,该意识形态吸引了来自不同传统——包括法西斯主义、社会民主主义以及近来的后社会主义的政治思想家。现代形态的第三条道路是老式的社会民主主义及新自由主义的替代选择。前者之所以遭到排斥,是因为它嵌入了国家主义结构中,这种结构难以适应以知识为基础、以市场为导向的现代经济;而后者遭到拒绝,是因为它造成了混乱,损害了社会道义基础。第三条道路蕴涵的关键价值是机会、责任和共同体。虽然第三条道路有时被人说成是"新"的社会民主主义,但支持者认为,第三条道路采用市场和私人部门的解决办法,和社会主义传统不再有任何瓜葛。

二、社会政策的信念

所谓社会政策的信念,也即政策背后的价值观念。社会政策的取舍总是反映着社会上某种价值观念或者称之为社会信念,其中的几个问题一直成为社会政策争论的焦点。

(一) 人民与政府之间的责任分界

社会福利作为公民的一种权利,是在二战后由马歇尔(T. H. Marshall)

提出并广为传播的概念。而政府最重要的功能,应该是承担保障人民福利的责任,这正是"福利国家"的简单含义。以人民权利为基础的福利国家概念,自然受到人民的欢迎,因为一旦成为自己的权利,就有了享用的自由。不过,权利是与责任及义务相对应的,公民在拥有接受社会福利服务的权利的同时,也就具备了参与和制定社会福利政策的责任与义务。其次,权利和责任是有限的,划清政府与人民之间在社会福利领域的权利、义务和责任,已经成为自20世纪80年代以来各国制定社会政策必须面对的基本主题。事实上,仅就这一点而言,西方发达国家在福利国家兴盛时期出生和长成的一代人已经与他们的上一代——更多地领受福利国家利益的一代人有了相当大的区别。他们具有自己的生活方式和人生哲学,他们明白政府可以做到的事情实在有限,不再那么信任政府,不愿意把改善社会福利和自我福利的责任更多地交给政府。这就是为什么近20年来,传统的慈善观念、人道主义精神与现代的公民意识和志愿者精神能够相合相契,成为推动以非营利机构为主体的第三部门的意识形态的一个重要原因。

(二)社会服务提供原则是选择性还是普遍性

所谓选择性,是指对社会服务的对象要经过甄别,把那些收入低、患病、伤残、丧失工作能力,最需要别人帮助的人选出来予以帮助。所谓普遍性,是强调为符合公平原则,应该不分贫富,一视同仁地为全部有特定需要的人士提供服务。选择性的原则承认社会本来是不公平的,有很多人无法与他人公平竞争,所以必须得到额外的帮助。普遍性的原则强调享有福利是全体公民的权利,认为提供服务应该以需求来决定,而不应衡量个人是否有能力去支持服务的费用。选择性与普遍性的争论往往发生在两个层面上:在一个层面,它是一种由学者发起的公平与道德的意识形态层面的争论;而在另一层面,它直接涉及哪一种资源分配方式最为有效。不过,无论政府持何种意识形态观点,当资源有限而又面临政策决定时,政策改革常常是选择性的。

(三)政策取向是剩余模式还是制度模式

剩余模式的取向是基于社会的某些弱者有着特殊的需要,社会有责任发挥补救性的功能去安置他们,其背后的观念是"只为最不能自助的人提供帮助"。制度模式的取向是以整个社会为主体的,建立一个全面的社会福利制度,其背后的理念是每个公民都有接受社会照顾的权利而社会亦有责任去满足全体人民的需要。

第三节　社会政策的运行过程

一、社会政策的制定

社会政策制定的过程,是科学的理性力量运用的过程。在这一过程中,理性力量作用的发挥主要体现这几个方面:一是对特定的社会环境做出分析,以帮助决策人和参与的公众了解作为社会事实的政策背景。二是提供将复杂的社会问题分解为便于理解的要素和概念,并根据所得信息构筑解决问题的理性模式,即从问题"投入"到政策效果"产生"的系统过程的逻辑步骤模型。三是搜集有关政策背景、政策实施方案和政策后果的定量与定性资料,包括运用社会学经验研究的程序方法和技术,进行必要的有关政策研究的文献收集、抽样和问卷调查及统计分析。四是发现社会问题之间的联系,并预见其政策后果,包括政策选择的潜在作用和可能的副作用。[①]

(一) 社会政策的制定者

社会政策制定者是指直接或间接地参与社会政策制定的组织、团体。最早的社会政策发源于解决社会问题的实践,是一种中性的或趋于中性的功能化的工具,而并非政府的专利。只要是能够对社会资源、地位、权力的再分配带来影响或改变的组织,均可列入社会政策的提供范围或关注范围。[②]

在我国,社会政策制定者主要包括:

(1) 行政机关。行政机关是国家权力机关的执行机关,包括国务院及地方各级人民政府。

(2) 立法机关。当社会政策的效力上升至法律层面时,就需要立法机关行使相应的权力。在我国,全国人民代表大会和地方各级人民代表大会及其常务委员会具有立法权,其制定的社会政策法规具有权威性与强制性。

(3) 政党。现代国家的政治统治大多通过政党政治的途径来实现,在我国中国共产党是执政党,其对社会政策的制定有着决定性的影响。

(4) 社会组织。社会组织是由具有共同的立场、观点和利益的个人组成的,它们以各种方式影响社会政策的制定。

(5) 公民。公民是一种最广泛的间接社会政策制定者。在现代民主社会中,公民通过各种政治参与途径,去影响和制约社会政策的制定过程,社会政策最基本的推动力来自公众。主要途径有:一是以国家主人的身份或

[①] 杨团:《社会政策的理论与思索》,《社会学研究》,2000 年第 4 期。
[②] 杨团:《社会政策的理论与思索》,《社会学研究》,2000 年第 4 期。

主权者身份,对某些重大的社会政策问题采取直接投票表达的方式加以决定;二是用间接或代议的方式,选出自己的代表者制定或修改并执行社会政策;三是使用请愿、罢工、示威游行等强制方式去迫使政府修改或废止某些政策与法规;四是通过参加利益团体或借助舆论的方式去影响社会政策;五是对政府实施的社会政策采取不合作态度,以此来影响社会政策的结果。

(二)社会政策制定过程的模型

台湾地区学者李钦勇在《社会政策分析》中介绍的由境外学者提出的六个社会政策制定过程的模型:

(1)价值取向模型。该模型认为,社会政策是一个社会特定时期的社会价值观的反映,一切社会政策都是社会价值观指导下的选择的结果。

(2)人际关系取向模型。该模型把社会政策的制定过程看作是一个人与人之间、组织与组织之间各种力量互动的动态过程。

(3)渐进取向模型。该模型认为,一个政策所能保证的时间、信息、财力以及人的理性都是有限的,政策决策者很难做出一个完美的、在实施中不会出现不良后果的政策。在很多情况下是根据原有的相关政策做一些涉及面较小的、比较容易的调整,持一种渐进的保守的态度。

(4)制度取向模型。该模型注重研究政府机构的组织制度和结构以及其中的处在各个位置的个体对政策制定过程的影响。该取向关心政策主体的组织结构与政策内容的关系,以及结构中个体或组织的行为对政策内容的影响。

(5)过程取向模型。该取向主要是把政策制定过程分为各个阶段,然后研究每一个阶段之间的逻辑关系。

(6)理想取向模型。该模型强调把政策制定和实施的成本—效益分析作为政策取舍的标准。

上述六个模型从不同的角度分析了社会政策的制定过程,包括指导政策的价值观、社会结构(人际互动、制度)、政策制定的阶段、政策选择的理念等。每一个角度都为提出一个整合的政策制定模型提供了很多启发。

(三)社会政策制定的依据

社会政策制定的依据有理论依据、现实依据和历史依据。

1. 理论依据

社会政策的理论依据就是在分析政策法规问题、设计政策法规方案的过程中所运用的各种理论和观点。理论作为政策法规制定的依据,首先表现在需要具备一个作为世界观和方法论意义上的总体指导思想,用以指导人的具体实践活动。其次表现在综合学科的理论依据。政策制定属于决策科学的范畴,而决策涉及政策学、行政学、管理学、社会学和经济学等多学科领域。因此,政策法规制定者需要吸收与决策有关的多学科理论知识,便于自己正确决策。

2. 现实依据

社会政策的制定要以现实为依据。只有将理论与现实相结合,才能把握客观规律,制定出正确的社会政策。现实为依据主要包括以下几方面:首先是国情。国情是一个国家的基本情况,是该国各种社会政策的基本背景,国情主要包括国家的基本政治制度、经济发展状况、科技教育状况、人口状况和自然条件等。其次是国际环境。国际环境是指一个国家外部的国际政治和经济形势,它是社会政策制定的外部环境。

3. 历史依据

制定新的社会政策时,都要从过去的政策法规形成的实际结果出发,借鉴以往制定和实施的社会政策的成功或失败的经验与教训。因为历史上相似、相近或基本相同的社会政策的经历,对大多数社会政策制定者的影响更为直接。

(四) 社会政策的制定原则

社会政策和法规的制定必须贯彻一系列的基本原则,这些原则包括:社会效率与公正原则、利益原则、系统原则、连续性原则和可行性原则。

1. 社会效率和公正原则

实现社会公平和提高社会效率是社会政策制定的基本目的。社会政策和法规既要体现社会公平,又要追求社会效率,要坚持效率优先、兼顾公平原则。一方面,公正性要求政策法规的价值确立和覆盖,在社会层面上要兼顾政策法规相关主体的利益。另一方面,社会政策和法规又必须有利于提高社会劳动生产率,因为社会政策要建立在社会生产力水平的基础上,只有提高社会劳动生产率,政策法规有利于激励劳动者的生产积极性,才能保证和实现社会公平原则提供物质基础。

2. 利益原则

现实社会是一个由不同人群构成的异质性的和复杂的社会系统,存在着不同的利益需求。新出台的社会政策必须反映、表达和综合绝大多数人的利益,满足绝大多数人们的利益要求。同时,社会政策必须对近期利益和长远利益、国家利益和群体利益以及个人利益作恰当的协调和规范。因此在制定社会政策和法规时,必须从社会整体利益出发,统筹和协调各方面的利益,消除社会矛盾,促进社会的安定团结。

3. 系统原则

系统原则是指在制定社会政策和法规时,把社会政策看作是一个相互联系、相互依赖、相互制约的有机整体,把社会政策和法规的制定过程作为一项社会系统工程,在纵向上使各个层次的社会政策上下一致,在横向上使各方面的社会政策和法规协调一致。

4. 连续性原则

任何新的政策与法规都是建立在吸收和借鉴以往政策法规合理内容的基础之上。社会政策也不例外,唯此才能保证社会政策的连续性、继承性和稳定性。连续性原则要求在政策法规制定过程中必须认真研究以往社会政策的发展历程,总结取得的成果和存在的不足,并根据当前形势的发展变化而不断增加新内容。

5. 可行性原则

可行性原则要求在社会政策的制定过程中充分考虑其实施的各种条件。R.M.克朗在《系统分析和政策科学》中认为,政策是否可行,要从政治、经济以及技术这三个方面来研究,相应地形成了政治可行性、经济可行性以及技术可行性。在此基础上人们又增加了行政可行性、法律可行性以及民意可行性等。作为避免决策失误的预防环节,政策方案的可行性论证的优劣影响着决策质量的高低及政策效果。

(五) 社会政策的制定程序

从程序上讲,社会政策的制定方案包括问题界定、目标确立、方案设计、方案择优和合法化等五个环节。

1. 问题界定

社会中存在各种需要解决的社会问题,社会政策的起点就是界定哪些问题应首先得到关注。任何社会政策都是针对社会存在的、为人们普遍关注的、与人们切身利益攸关的问题。社会政策制定者需要对这些问题产生的时间、地点、范围、原因、性质和类型等进行全面的分析与判断,从而准确地把握社会政策问题。

2. 目标确立

在确定社会政策问题后,为解决这些问题所提出的要求和要达成的目的就构成了社会政策目标。社会政策目标是政策制定的指导方针,也是方案设计和抉择的基础,还是政策效果评价的依据。正确的政策目标具有导向和激励作用,反之则会适得其反。在分析和确定政策目标时需注意目标的针对性、可行性、具体性和规范性。

3. 方案设计

方案设计的主要任务是要设计出能实现政策目标、解决政策问题的所有可能备选方案。方案设计包括轮廓构思设计和细节设计两步。轮廓构思主要是针对政策方案的主体思路进行创造性的概括,勾勒出方案的主要框架。细节设计是将社会政策方案具体化,对构想方案轮廓进一步加工,确定实现社会政策目标的具体途径、措施和手段。

4. 方案择优

所谓方案择优,是指对政策方案的优选,就是在评估方案的基础上,对各种可行方案进行比较和鉴别,然后挑选出一个最佳方案。评估是方案择优的前提,通过评估可以了解各种备选方案的利弊得失以及可能产生的后果,以便取长补短,优化方案。同时也能避免和减少决策失误。方案择优遵循一定的标准,如符合全局利益、经济社会效益、切实可行等。当然,在实际方案选择中,最佳方案并非在各个标准上都是最优,要根据实际需要进行抉择。

5. 合法化

所谓合法化,是指法定主体为使方案获得合法地位而依照法定权限和程序所实施的一系列审查、通过、批准、签署和颁布社会政策的行为过程。①社会政策合法化是政策法规制定过程中的重要阶段,又是政策法规执行的前提。政策法规只有经过合法化过程,才能成为合法有效的政策法规,才能予以实施。

二、社会政策的执行

(一) 社会政策执行的含义、特点和意义

1. 社会政策执行的含义

社会政策执行是指执行者将政策方案付诸实施,把政策内容转变为现实,从而实现政策法规目标的行为过程。关于政策执行含义的理解,存在着行动学派和组织理论学派的不同观点。前者认为,政策执行就是一定的机关或人员为了实现既定的政策目标而采取的各种行动;后者认为,政策之所以被有效地执行,组织是关键,因为任何政策法规都是机关组织来执行的②。实际上,行动学派和组织理论学派各自强调了过程和组织两个不同的方面,而社会政策的执行正是这两个方面的有机统一。一方面是执行者和被执行者相互作用的动态过程;另一方面又离不开相应的组织机构以及人、财、物的配备。

2. 社会政策执行的特点

无论何种社会政策执行,都具备以下几个基本特征:① 目标性。社会政策的执行具有目标导向,其目标在执行之前就已经很明确。一切执行活动都是为了实现社会政策的目标,实现决策方案规定的内容。目标不明或

---

① 叶海平、李冬妮:《社会政策》,华东理工大学出版社,2000 年版,第 88 页。
② 兰秉洁、刁田丁:《政策学》,中国统计出版社,1994 年版,第 170 – 171 页。

偏离目标,都将导致政策执行的偏差或失败。② 现实性。政策制定属于设计层面,政策执行则是操作层面。社会政策能否实现目标、是否科学正确,方针、程序是否合理,只有通过执行,在实践中来检验。因此,执行具有现实性的品格,社会政策只有在执行中才具有实际意义。③ 综合性。社会政策执行是一个非常复杂的过程,涉及人、财、物、时间、信息、管理技术、规则制度诸多因素。执行过程将各种因素加以系统综合,使其在有序的状态中发挥整体最大效应。④ 灵活性。在政策执行过程中,由于内部、外部环境的变化,往往会出现新情况、新问题。作为执行机构与执行者,应根据新变化对既定的程序、策略做适时调整。

3. 社会政策执行的意义

(1) 社会政策执行是实现社会政策目标的关键环节。社会政策的制定离不开政策的执行,任何行政决策如果不付诸实施,政策目标就难以实现,再好的决策方案也只是一纸空文。

(2) 执行是检验和修正社会政策方案的根本途径。一项社会政策是否可行与有效,只有通过执行来检验。通过执行还能发现政策的不足,为政策的进一步修改和完善提供依据。社会政策只有在具体的执行实践中,才能得以检验、修正、补充和完善。

(3) 执行是制定后继社会政策的基本依据。社会政策由制定到执行再到制定,体现了理论与实践的逻辑循环过程。政策执行过程中反馈过来的实践经验与政策信息,为新的社会政策的制定提供了基本依据。

(二) 社会政策执行的准备与实施

社会政策的执行是一个完整的程序,包括制订执行计划、学习宣传、组织实施、典型试验、协调监督反馈等。

1. 制订执行计划

执行社会政策是一个有计划的过程。没有计划只会导致盲目的行动。所谓执行计划,就是根据政策内容的要求和实际情况,把政策具体化为一系列行动细节,使政策法规执行活动有组织、有步骤地展开。执行计划主要包括分解政策目标、组织调配资源以及准备防范措施等内容。制订行动计划时,要注意计划内容实施的可行性;计划中的任务指标必须留有余地;计划必须随着执行情况的变化而变化。

2. 学习宣传

首先要组织执行人员进行学习,然后通过一定的形式在社会上广泛宣传该政策法规。这是因为,执行者只有在对政策的目标、精神和内容充分理解的基础上,才能更好地和正确地执行政策。被执行者也只有充分了解政策的内容和价值,才能自觉自愿地接受和服从社会政策。

3. 组织实施

社会政策执行是通过组织进行的,组织是政策实施的依据,没有组织的配合,方案和计划就无法得到贯彻执行,政策的目标就无法实现。组织实施,首先是建立专门的政策执行机构,配备相应的人员,明确各执行部门和人员的职责权限。其次要做好编制预算、落实活动经费、执行所需财物等准备工作。物质准备是保证政策执行顺利进行的经济基础。再次,将任务分解和落实到具体的执行部分和人员身上。最后,建立健全各种规章制度,如目标责任制、奖惩激励制度、检查监督制度等。

4. 典型试验

社会政策在大规模实施之前一般都要进行典型试验。试验的步骤大致包括选择试验对象、设计试验方案、总结试验结果等几个环节。试验不仅对社会政策制定是必要的,而且对社会政策执行也是必要的。试验既可以检验政策,如发现偏差,修改、完善政策,又可以从中总结带有普遍指导意义的经验,解决面上的推广问题。

5. 协调监督反馈

一项社会政策的执行涉及许多要素的组合,构成了一项复杂的系统工程。政策协调的目的在于提高这一系统的整体效能。协调就是引导执行组织之间、执行人员之间建立良好的互相协同、互相配合的关系。监督则是监督主体对监督客体的行为进行检查和纠正,把各种执行活动规范在政策允许的范围内。政策执行的所有信息都需要及时回馈到政策制定系统和执行系统的上级机关,以便其根据此进行追踪决策或修正和改进政策方案。

三、社会政策评估

(一) 社会政策评估的含义

社会政策评估,是依据一定的标准和程序,对社会政策实施后所取得的效益、效率、效果及价值进行判断的一种管理行为,目的在于取得有关方面的信息,作为决定社会政策变化、改进和制定新的社会政策的根据。

根据不同的评估标准,可分为不同的种类:按评估组织活动形式,可分为正式评估和非正式评估;按评估机构的地位,可分为内部评估与外部评估;按评估发生在政策法规所处的阶段,可分为事前评估、执行评估和事后评估等。

(二) 社会政策评估的意义

1. 社会政策评估是检验社会政策效果、效益和效率的基本途径

一项社会政策投入运行后有无实际效果,有无达到预期目标,或产生了哪些非预期的连带效果,只有通过评估才能知晓。因此,需要评估者密切关

注政策法规执行的动向,搜集相关的资料和信息,从而对政策取得的效果进行客观的评价。

2. 社会政策评估是决定政策调整、继续或终止的重要依据

一项社会政策在执行后总会面临着未来去向的问题。政策的走向一般有三种情况:政策继续,政策调整,政策终结。① 无论是社会政策的继续、调整还是终结,都必须建立在政策评估的基础上。

3. 社会政策评估是有效配置资源的基础

任何政策的执行都需要耗费政策资源,而政府的政策资源总是有限的。究竟哪项政策投入多少资源? 也就是说政府的政策资源如何分配才是合理的? 只有通过评估,才能确定每项政策的价值以及资源配置的比例,以期有限的资源获得最大的效果。

4. 社会政策评估是决策科学化、民主化的必由之路

在现代社会中,运用政策来调整和组织社会生活,已成为国家管理活动的一种重要方式。实践证明,传统的经验决策必须向科学决策转变,而政策评估正是使决策科学化的必由之路。通过评估得出的结论具有科学性,可以为下一步的民主决策奠定基础。

(三) 社会政策评估的过程

社会政策评估是有计划、有步骤的活动,是一个动态过程,具有相应的程序。正规的、科学的政策法规评估,一般需经过组织准备、实施评估、撰写评估报告三个阶段。

在组织准备阶段,要确立评估对象,制订评估方案,挑选和培训评估人员等。实施评估阶段是整个政策法规评估活动中最重要的阶段,其主要任务是利用各种调查手段全面收集政策法规制定、执行、影响、效益等方面信息。在经过系统整理、统计和分析的基础上,运用相应的评估方法,对政策进行评估。在此过程中,要坚持材料的完整性与分析的科学性两个原则。撰写评估报告阶段是将评估结论用书面报告的形式提交有关领导或决策部门,以便应用于实际的政策过程,为政府的科学决策服务。

四、社会政策的调整和终结

(一) 社会政策的调整

任何社会政策都是针对一定时空条件下的特定问题而定的。随着时空条件的变化,特定问题也会发生变化,政策就会失去效力,因而必须对政策

---

① 陈振明:《公共政策学——政策分析的理论、方法与技术》,中国人民大学出版社,2004年版,第286页。

做出调整,使其适应新形势的需求。

政策调整是政策法规运行过程中不可缺少的环节。它是指政策的制定者根据新形势的需要,对政策的内容和形式进行不断的修正、补充与发展,对政策进行局部修正、调整和完善,以便达成预期政策效果的一种政策行为。政策调整实质上是政策方案的重新制定和执行的过程,是政策制定过程的延续。

从调整内容上看,主要包括对政策问题的重新界定、目标的重新确立和方案的重新拟定等。从调整的形式上看,主要有增扩型和缩减型调整、合并型和分解型调整、激进型和渐进型调整、废止型和延续型调整。从程序上看,主要包括提出调整方案、选择调整方案和做出调整决定三个阶段。

政策调整具有重要的意义:通过对政策进行相应的调整,可以及时纠正政策过程中的偏差,使政策更好地符合客观实际的需要,更好地实现政策目标,从而有效地解决政策问题。

(二) 社会政策的终结

政策终结是决策者通过对政策进行慎重的评估后,采取必要的措施,以终止那些过时的、多余的、不必要的或无效的政策的一种行为。导致政策终结的原因有二:一是政策使命的结束,即决策者发现政策目标已经实现,其所针对的社会问题已经解决,政策没有继续存在下去的必要;二是失误政策的废止,对政策进行评估时,发现该政策是无效的或失效的,无法解决所面临的问题,若再执行下去会对社会造成危害,就要终止该政策,执行新政策来代替它。

政策终结的内容可分为四个方面:第一,功能的终结,即终止由政策执行所带来的某种或某些服务,这是政策终结过程中最困难的内容。第二,组织的终结,有些组织机构是随着政策而设立的,随这一政策的终止也要撤销。第三,政策本身的终结,它的终结较前两种容易,因为某项具体政策的目标比较单纯,更改的成本远比功能转变、组织调整要少得多,更容易得到实际部门的认可。第四,计划的终结,即执行政策的措施和手段的终结。

及时合理地终结一项不再需要的或是已经完成历史使命的政策,有利于节省政策资源,有利于提高政策绩效,可以避免政策僵化,使政策适应变化的环境,与时俱进,促进政策的优化。社会政策终结不仅代表着旧政策的结束,还预示着新政策的诞生。

第四节 中国社会政策相关内容简介

一、我国社会政策的形成和发展

我国最早的社会政策研究可追溯到20世纪20—30年代的社会调查、乡村建设研究,但是这个进程被日本帝国主义的侵华战争打断了。抗日战争时期,我国的解放区也曾实行过简单的社会优抚政策法规,但没有形成完整意义上的包含社会救助制度、社会保险制度、社会福利制度及如现代社会的保护生态、人口计生等政策法规。

从新中国建立到1966年,是我国社会政策的创建阶段。1951年颁布的《中华人民共和国劳动保险条例(草案)》,其内容包括疾病、负伤、生育、医疗、退休、死亡待遇和待业救济等方面,此后又颁布了一系列政策法规。这个时期的社会福利开创了国家福利、地方福利、集体福利、城镇职工福利等集中形式。社会救助主要涉及城镇失业人员、灾民、贫困农村地区人员、"五保户"等,并初步建立了城镇职工救助制度。社会优抚是在解放区已有传统基础上创建起来的。这时期的社会保障制度对恢复和发展国民经济、保证人民基本生活和巩固人民民主专政起到了重要作用。

从1966年到1976年,我国发生了十年动乱,社会保障制度受到破坏。社会管理机构被撤销,工会组织被迫停止活动,全国统一的社会保险制度解体,社会福利制度被批判为"修正主义货色"。

从1978年党的十一届三中全会到十四大,随着改革开放的深入发展,我国逐渐把社会政策法规,尤其是社会保障制度的建立和改革,作为经济体制改革的重要内容进行推进。在此期间,我国加快社会保障制度改革,建立健全各类社会保险制度,逐步形成具有中国特色的社会保障制度。

1992年,党的十四大召开以来,我国的社会保障制度建设进一步发展完善,开始建立新型的社会保障制度,社会保障制度改革步伐明显加快。同时,社区建设和管理、青少年保护、犯罪矫治等方面的政策法规也相继出台,形成了社会政策的完整体系。在高校,关于社会政策基本理论的研究开始出现,社会政策学科开始起步。部分高校在开设社会工作专业的同时,设立了社会政策研究所。一些有条件的院校适时地将社会工作系或专业改为社会政策与社会工作系或专业。同时,一些重点院校开始招收社会政策学方向的硕士和博士研究生,逐步形成了社会政策领域的人才群,社会政策的研究和教学终于迈出了可喜的一步。

二、我国社会政策的主要内容①

(一)我国社会救助政策与法规

社会救助是公民因为自然、社会或个人原因生活发生严重困难时,由政府和社会对其提供基本物质保障的救助制度。我国社会救助政策法规大体分为三类:一是困难群众基本生活救助政策法规;二是专项救助政策法规;三是临时救助政策法规。

1. 困难群众基本生活救助政策法规

我国现在适用的城乡困难群众基本生活救助政策与法规分别是国务院于1999年颁布实施的《城市居民最低生活保障条例》和1994年制定、2006年修订的《农村五保供养工作条例》。

城市居民最低生活保障制度(城市低保)是我国城市困难群众基本生活救助体系的核心部分。《城市居民最低生活保障条例》规定,对共同生活的家庭成员人均收入低于当地城市低保标准的持非农户口的城市居民实行最低生活保障。城市低保实行地方人民政府负责制,低保资金按各地情况由地方和国家承担。城市低保金的申请、审批和发放程序明确,并有严格的管理和监督机制。

农村五保供养制度是我国农村困难群众基本生活救助体系的另一个组成部分。《农村五保供养工作条例》规定,老年、残疾或者未满16周岁的村民,无劳动能力、无生活来源又无法定赡养、抚养、扶养义务人,或者其法定赡养、抚养、扶养义务人无赡养、抚养、扶养能力的,享受农村五保供养待遇。在供养内容上,条例规定,农村五保供养对象的吃、穿、住、行、葬等五方面给予生活照顾和物质帮助。该条例同时规定了农村五保供养的申请与审批程序,五保供养的管理和监督机制。

2. 专项救助政策法规

我国专项救助政策与法规涉及城乡医疗救助、住房救助政策法规、法律援助政策法规、流浪乞讨人员救助政策法规几方面。

所谓医疗救助,是指政府和社会对贫困人口患病而无经济能力进行治疗的人实施专项帮助和支持的行为。我国相关部门分别于2003年和2005年制定了《农村医疗救助意见》和《关于建立城市医疗救助制度试点工作的意见》,分别对城乡医疗救助工作的对象、形式、申请与审批程序、基金筹集和管理等做出了规定。

为了保障城镇最低收入家庭的住房水平,建设部、民政部等有关部门于2003年制定了《城镇最低收入家庭廉租房管理方法》,2005年颁布实施了《城市最低收入家庭廉租住房申请、审核及退出管理办法》,规定了以满足基本住房需要为原则,城镇最低收入家庭人均廉租房保障面积原则上不超过当地人均住房面积的60%,实行以租赁住房补贴为主,实物配租、租金核减为辅的保障方式。

法律援助是指为了保障经济困难公民获得必要的法律服务,政府提供给他们的法律咨询、代理、刑事辩护等无偿法律服务。我国于2003年颁布实施了《法律援助条例》,对法律援助的相关事项做出了规定。

对在城市生活无着落的流浪、乞讨人员实施救助,为保障其基本生活权益、完善社会救助制度,我国在2003年颁布实施了《城市生活无着落的流浪乞讨人员救助管理办法》。

3. 临时救助政策法规

自然灾害救助是一种临时救助。为了建立健全应对突发重大自然灾害紧急救助体系和运行机制,规范紧急救助行为,提高紧急救助能力,迅速、有序、高效地实施紧急救助,最大限度地减少人民群众的生命和财产损失,维护灾区社会稳定,国务院于2006年颁布了《国家自然灾害救助应急预案》。

(二) 我国特定人群的社会政策法规

为了保护老年人、妇女、未成年人、残疾人等特殊人群的合法权益,我国在立法层次上形成了以《中华人民共和国宪法》为统领,《老年人权益保障法》《妇女权益保障法》《未成年人保护法》《残疾人保障法》为主体的完善的政策法规系统,以保障特定人群的合法权益。

1. 老年社会政策法规

为了实现老有所养、老有所依、老有所学、老有所为、老有所乐的目标,国家从家庭赡养与抚养、社会保障、参与社会发展等方面制定了《老年人权益保障法》,对老年人的合法权益做出规定,并提出了保障老年人权益的方式方法,如加强法治建设,健全法律援助制度,大力弘扬中华民族传统美德等。

2. 妇女社会政策法规

我国政府十分重视对妇女权益的保障,实行男女平等的基本政策,先后颁布了一系列政策法规,形成了以《宪法》为基础,以《妇女权益保护法》为主体的比较完善的保护妇女权益和促进男女平等的政策法规体系。《妇女权益保护法》明确规定了国家保障妇女享有与男子平等的政治权利、文化教育权利、劳动权利、财产权利、人身权利和婚姻家庭权利,并具体指出保障妇女合法权益的方式方法,包括主管部门保护,司法保护,妇女组织、工会组织、共青团组织保护等。

3. 未成年人社会政策法规

为保护儿童和青少年,为他们的健康成长创造一个良好的外部环境,我国先后颁布了一系列政策法规。《未成年人保护法》规定,未成年人享有生存权、发展权、受保护权和参与权,规定了保障未成年人合法权益的方式:家庭保护、学校保护、社会保护、司法保护等。

此外,为了保障未成年人身心健康、培养未成年人良好品行,有效地预防未成年人犯罪,我国于1999年颁布实施了《预防未成年人犯罪法》。为了保护孤儿成长,民政部等相关部门于2006年发布《关于加强孤儿救助工作的意见》等。

4. 残疾人社会政策法规

1990年颁布、1991年实施的《残疾人保障法》明确规定了残疾人在政治、经济、文化社会和家庭生活等方面享有同其他公民平等的权利。残疾人的公民权利和人格尊严受法律保护,禁止歧视、侮辱和侵害残疾人。

(三) 我国婚姻家庭政策法规

1. 婚姻家庭关系政策法规

婚姻关系是最基本的社会关系,稳定和谐的家庭关系是家庭幸福最重要的前提条件。1980年我国颁布实施了《婚姻法》,2001年根据新的变化进行了修订。《婚姻法》是我国在婚姻家庭方面最重要的法律,是调整婚姻家庭关系最基本的法律依据。《婚姻法》规定了结婚的条件、家庭关系、离婚的条件及权利救济,违反婚姻法的救助措施和法律责任。

2. 私有财产继承政策法规

为了保护公民私有财产的继承权,我国于1985年颁布实施了《继承法》。《继承法》规定了法定继承、遗嘱继承、遗赠等的基本要求,并对遗产的处理做了说明。

3. 收养关系政策法规

收养是指公民依法领养他人子女为自己子女,从而使收养人与被收养人建立拟定亲子关系的法律行为。收养作为家庭关系产生的一种方式,在现实生活中发挥着积极作用。为规范收养行为,我国现行的是于1991年颁布、1998年修订的《中华人民共和国收养法》。它规定了收养关系成立要件、解除的条件、程序、效力等。

(四) 我国优抚安置政策法规

优抚安置是国家依据法定的形式,对现役军人、退役军人及其家属提供优待、抚恤和安置,以确保其生活水平不低于所在地的平均生活水平的一项褒扬性和优待性社会保障制度。目前,优抚安置工作的主要政策法规有:《军人抚恤优待条例》(2004)、《退伍义务兵安置条例》(1987)和《中国人民解放军士官退出现役安置暂行办法》(1999)等。

《军人抚恤优待条例》对抚恤对象进行认定,对死亡抚恤、残疾抚恤、优待等及其具体方面作了规定。《退伍义务兵安置条例》和《中国人民解放军士官退出现役安置暂行办法》则对退役军人的安置工作作了相关规定。

(五)我国劳动就业及失业保险政策法规

为调整劳动关系,保护劳动者合法权益,我国在《宪法》的基础上,形成了以《劳动法》为主体,以《劳动合同法》《工伤保险条例》《企业劳动争议处理条例》和《失业保险条例》等为辅助的劳动就业及失业保险政策法规。

《劳动法》对劳动者的权利和义务做出了原则性规定,保护劳动者的合法权益。此外,为保护未成年人、妇女等特殊群体的合法权益,还规定了最低就业年龄与禁忌劳动范围。以《劳动法》为依据,《劳动合同法》规定了劳动合同依法订立,劳动合同的内容,合同期满可解除合同等。1993年通过的《企业劳动争议处理条例》对劳动者与雇主之间因劳动权利与义务而发生的争执与纠纷的处理范围、机构和程序做出了具体规定。《失业保险条例》对失业保险做出了具体规定,国家通过立法建立失业保险基金,对失业而暂时中断生活来源的劳动者在法定期间内给予失业保险金,以维持其基本生活需要。

(六)我国医疗卫生与计划生育法规

我国医疗卫生与计划生育政策法规主要包括医疗保障政策法规、社区卫生服务政策法规、公共卫生政策法规和计划生育政策法规等。

医疗保障是社会保障制度的重要组成部分,对保障国民的健康、疾病治疗,以及解决由疾病引发的社会问题起着举足轻重的作用。目前,我国在城市实行城镇职工基本医疗保险制度,在农村实行新型农村合作医疗制度。社区卫生服务是城市卫生工作的重要组成部分,是实现人人享有初级卫生保健目标的基础环节。国务院于2006年印发了《关于发展城市社区卫生服务的指导意见》,明确了城市社区卫生服务的指导思想、基本原则和工作目标,并提出了一系列有效的措施。公共卫生是公共医疗卫生服务体系的重要组成部分,对提高人们健康水平具有重要作用。我国主要的公共卫生政策法规有《艾滋病防治条例》《突发公共卫生事件应急条例》等。此外,为了实现人口与经济、社会、资源、环境的协调发展,推行计划生育,维护公民合法权益,促进家庭幸福、民族繁荣与社会进步,我国于2001年颁布了《中华人们共和国人口与计划生育法》。2015年10月召开的中共十八届五中全会决定全面实施一对夫妇可生育两个孩子的政策。

(七)我国社区建设与管理政策法规

我国从20世纪80年代中期由民政部开始推行社区服务工作,至20世纪90年代发展为全面的社区建设实践,进入21世纪,社区建设更是成为党和政府的一项重要工作。伴随于此,我国也形成了一系列相关的政策法规。

大体说来,我国现行的社区建设和管理政策法规主要有三个方面:

(1) 城市居民自治的政策法规,是主要围绕在城市实行居民自治的相关政策法规,包括居民自治的组织形式、运作方式与方法等的政策和法律规定。主要的政策法规是1989年颁布实施的《城市居民委员会组织法》。

(2) 农村村民自治的政策法规,主要是1998年颁布实施的《村民委员会组织法》,它规定了村委会是农村基础群众自治性组织,基本任务是实行农村村民自治,同时协助国家对农村进行社会管理。村委会由村民选举产生,按有关具体规定进行选举,确保民主。村民会议是村委会的重要工作制度,是村民自治的最高决策机构,负有各项重大职能。

(3) 城市社区建设的有关政策,包括社区建设的原则和方法、社区建设的内容和领域等规定。有关政策的具体内容主要体现在《民政部关于在全国推进城市社区建设的意见》(2000)中。它明确了城市社区建设要遵循以人为本、服务居民等基本原则,明确了城市社区建设的具体内容,包括拓展社区服务、发展社区卫生、繁荣社区文化、美化社区环境、加强社区治安等方面。

第十章

社会工作督导

社会工作督导是社会工作的一种间接的工作方法,它是由社会工作机构资深专业人员督促、传授、引导新进工作人员正确有效地实施社会服务的过程。同时,社会工作督导也是社会工作专业教育的一种方法,它由机构内专业人员对新进人员、一线初级工作人员、实习生及志愿者,实施的一种定期的、持续的专业督导过程。随着社会工作的不断发展,社会工作机构中督导的重要作用正在日益凸显。

第一节 社会工作督导的内涵与特征

一、社会工作督导的定义

社会工作督导广泛地应用于各种专业机构之中,对于专业机构的良性发展有着非常重要的作用。督导一词源于拉丁语的 super(遍及)和 vider(查看)①,目前多数学者是从行政和教育的功能方面来予以定义的。

罗宾森(Robinson)将督导定义为:在某一领域掌握较多知识和技能的人负责培训在这一领域掌握较少知识和技能的人的一个教育过程。② 由罗宾森的这个定义可以看出,督导是具有某些专业知识的人对缺乏此类专业知识的人的一个辅导过程。

台湾地区学者廖荣利认为,督导是指由机构内知识渊博、经验丰富的专业工作者,对机构内的新的工作者,通过一种定期的持续的督导程序,传授专业服务的方法和技术,以增进工作人员的专业技巧,并确保对案主提供专

---

① 〔美〕阿尔弗雷多·卡杜山、丹尼尔·哈克萨斯著:《社会工作督导》,郭明俫等译,中国人民大学出版社,2008年版,第15页。
② 〔美〕阿尔弗雷多·卡杜山、丹尼尔·哈克萨斯著:《社会工作督导》,郭明俫等译,中国人民大学出版社,2008年版,第16页。

业服务的素质。①

张乐天等认为,社会工作督导是社会工作专业的一种辅助方法,通过督导者对新的社会工作者或实习生的监督指导,以提高其专业熟练程度,增强社会工作者的服务能力,提高社会工作及其专业教育的质量,切实保障服务对象的权益。② 本书认为,社会工作督导是一种由社会工作机构内经验丰富的社会工作者,对进入机构时间较短、尚未熟练掌握社会工作方法与技巧的社会工作人员或者在社会工作机构实习的社会工作专业学生以及志愿者等进行专业训练的一种方法,通过一种定期的、持续的监督和指导,传授社会工作专业服务的知识与技术,以增进其专业技能,进而促进他们成长,并确保社会工作服务质量的活动。

二、社会工作督导的特征

社会工作督导具备以下几个方面的特征:

首先,社会工作督导是一种专业训练的方法。在督导的过程中,通过督导员定期的、持续的监督和指导,将社会工作专业服务的知识和技术传授给社会工作者,以增进其专业服务的技能。

其次,进行社会工作督导的工作者必须是机构内经验丰富、资格较深的社会工作者。他们能够灵活运用社会工作的专业知识和方法,帮助社会工作者缓解工作过程中产生的压力,解决工作过程中遇到的难题。

再次,社会工作督导的目标是协助受督导者提升社会工作服务的能力和质量。社会工作督导的目标是多元化的,不同的督导时期有不同的目标,但其最终的目标都是为了促进社会工作专业的发展,提升社会工作服务的品质。

最后,社会工作督导是一个双向互动的过程。互动的重点在于试图改变受督导者的行为,甚至包括被督导行为背后的价值观、认知、心态等,帮助受督导者为服务对象提供更适当、有效的专业服务。

三、社会工作督导的对象

社会工作督导的对象就是受督导者。具体来讲,主要包括以下几种情况:

(1)新进社工机构的工作人员和未熟练掌握社会工作方法与技巧的工作人员。这些工作人员接受过社会工作专业教育,对社会工作知识有了一

---

① 周沛、葛忠明、马良主编:《社会工作概论》,华中科技大学出版社,2008年版,第137页。
② 张乐天主编:《社会工作概论》,华东理工大学出版社,2007年版,第185页。

定的认识,但是缺少专业服务实践能力,缺乏应对社会工作中实际问题的能力。

(2) 社会工作专业实习学生。实习学生是实际参与的社会工作者,也是一个学习者。包括已经接受过和正在接受社会工作教育的社会工作实习学生。

(3) 社会工作机构的非专业人员,主要是志愿工作人员。这些人员虽然有助人的热情,但在专业教育、服务时间、工作能力、专业认同、参与动机、工作过程中的需求都不尽相同。为了让他们具有持续为机构服务的动机并确保工作品质,他们也成为社会工作督导的主要对象之一。[1]

社会工作督导对于上述几种督导对象的督导是有区别的,对专业的社会工作机构工作人员和社会工作专业实习学生的督导是督导工作的重点,而对非专业人员的督导相对次要一些。

第二节 社会工作督导的功能与意义

一、社会工作督导的功能

社会工作督导是社会工作的一个重要组成部分,它具有三个主要功能:行政功能、教育功能和支持功能。

(1) 行政功能是指通过督导者对受督导者的督导过程(如受督导者的招募与甄选,引导与安置,工作计划与分配,工作授权与协调以及回顾与评估等),提高社会工作机构和工作人员的服务品质,确保最终服务质量。行政功能关注的是组织管理方面存在的问题,通过提供一定的渠道和资源,协助受督导者完成工作。行政功能的权力来源主要是督导员在机构中的地位、奖赏及惩罚能力,强调工作效率。对于受督导者来说,认识和了解社会工作机构的行政管理程序是有效进行社会工作的主要内容之一,有助于今后社会工作的开展。

(2) 教育功能是指督导者对受督导者完成任务时所需的知识和技能给予指导,以提高社会工作专业人员的专业水平和从事实际社会工作的能力,培养高质量的社会工作专业人才。教育功能面临的基本问题是社会工作者在专业知识、专业技巧方面存在的一些问题,教育的目标就是解决受督导者在专业知识和技能等方面的不足,传授社会实践方面的经验,使受督导者在实践中亲身体会社会工作的价值和各项社会工作政策,更好地融合社会工

---

[1] 李晓凤主编:《社会工作——原理·方法·实务》,武汉大学出版社,2008年版,第248页。

作知识、方法和技巧，提升受督导者在工作中的适应能力。

（3）支持功能是指督导员为受督导者排解在工作过程中产生的心理压力、不良情绪及思想困惑等问题，通过自己的经验与认识体会，对受督导者进行心理辅导，提供精神或情绪上的支持。缺乏经验的"新手"刚开始参加工作时容易产生挫折感，督导员的支持与帮助有助于其克服心理上的困扰和失落，提高自身的认识能力，以便以更好的精神面貌投入到工作中去，为社会工作对象提供优质的服务。

在督导的上述功能中，行政功能的侧重点是机构层面的督导，其直接的目的是妥善地执行工作，维系机构的操控和行政问题，最终目标是为接受社会工作机构帮助的人提供高效能和高效率的服务。教育功能注重的是专业层面的督导，要想有效地完成专业督导，督导员不仅要有丰富的实践经验和渊博的专业知识，还要了解教育原理，好的督导员也必然是好的教育工作者。支持性督导注重的则是个人层面的督导，其短期目标是提高员工的"士气"和获得工作的满足感，长期目标是培养员工对机构的归属感、工作上的安全感和专业的自豪感。[①] 社会工作督导的上述三种功能是紧密相连，不可分割的。在行政性功能中，可能会有教育和支持功能的痕迹；同样，教育性功能中也可能存在着一定的行政和支持的功能；而在支持性督导中也会有一定的行政和教育功能。三种督导关系极为密切，只有三者的良好整合，才有利于保证新进社会工作者的工作整体效率和效果，达到服务质和量的平衡。总之，社会工作督导的三大功能对社会工作的顺利推进具有重要的作用，要充分认识督导的功能与作用。

二、社会工作督导的意义

在社会工作实务过程中，督导始终是重要的一个环节。虽然督导不是社会工作独有的，但是对社会工作来说，督导却有着特别重要的意义。作为社会工作的一种间接服务方法，社会工作督导通过专业训练的方法，使社会工作者能够有效地执行机构的行政职责，正确地运用社会工作理论与方法，更好地为社会工作机构服务。

（一）保障社会工作服务机构的有效运作

一般而言，社会工作都是通过机构向当事人提供服务的，社会工作机构为了使复杂的组织网络有效运作，必须让处于机构中的工作人员进行协调和整合。通过引入一种科学的管理体系，建立正规的督导机制，这样有助于社会服务机构的正常运行，有助于社会工作的有效完成。

[①] 周沛、葛忠明、马良主编：《社会工作概论》，华中科技大学出版社，2008年版，第138页。

（二）推动社会资源的合理分配和高效运用

社会服务机构活动的一项重要内容，是涉及机构自身拥有的服务和物品的分配。机构资源中相当大的部分来自相应的社团，要通过社会工作者的决定进行分配。① 因而需要社会工作督导对社会工作者进行必要的监督与指导，以便使服务和资金能够最大限度地发挥作用，帮助社会机构援助对象摆脱困境。

（三）促进社会工作专业的发展

社会工作督导可以使受督导者更好地将专业知识和技能运用到实践中去，促进社会工作服务对象更好地成长，提高社会工作的服务质量，切实保障受助者的权益。同时，借助严格的督导制度，社会工作者可以获得相关知识和技能的训练，更好地胜任本职工作，从而也能促进社会工作专业的发展。②

（四）提高社会工作实践的水平和服务质量

社会工作的主要功能是帮助服务对象解决困难、缓解危机。因此就服务对象来说，他们希望机构和社会工作者提供的服务是专业的和有效的，只有通过建立机构的督导制度，才能保障机构和社会工作者提供的服务是高质量的，有效保障服务对象的自身权益。

第三节　社会工作督导的方法、类型与原则

一、社会工作督导的方法

社会工作督导是社会工作行政的重要内容，传统上的督导主要以个别督导为主。随着社会工作的不断发展，逐渐发展出小组督导、同事督导等方法。

（一）个别督导

1. 个别督导的内涵

个别督导是社会工作督导中最传统也是最常用的方法，是社会工作训练的方法之一。个别督导是由一位督导员对一位受督导者以面对面谈话的形式，定期进行的会谈。个别督导在本质上是一种一对一的谈话，是为了践行督导所具有的行政功能、教育功能以及支持功能。

---

① 〔美〕阿尔弗雷多·卡杜山、丹尼尔·哈克萨斯著：《社会工作督导》，郭明俊等译，中国人民大学出版社，2008年版，第28页。

② 全国社会工作者职业水平考试教材编写组编写：《社会工作综合能力》（中级），中国社会出版社，2007年版，第306页。

2. 个别督导的注意事项

个别督导的地点应该选在不受干扰的舒适的环境,这样比较便于督导员与受督导者进行良好的沟通。另外,会谈的时间也要选择双方都合适的时候进行,因为时间上的保证是个别督导顺利进行的前提条件。为保证个别督导的顺利进行,对督导员和受督导者都要有所约束,督导应在特定的时间、特定的地点进行,督导的过程也要有一定的时间限制。例如,可以每周或者每月进行一次或两次会谈,每次一到两个小时,连续进行几个月,一年或者两年。

3. 个别督导的优点

个别督导的优点在于:首先,督导员与受督导者在不受任何干扰的情况下进行会谈,可以使督导员与受督导者能够"畅所欲言"地讨论工作中存在的问题,督导的过程也有较高的隐秘性。其次,督导员通过对受督导者上交的工作记录等材料的查看,可以对受督导者的工作情况有一个大致的了解,从而确定受督导者能够胜任的服务数量。最后,督导员可以通过简单直接的示范,给受督导者传授自己在工作中遇到类似情况的经验与教训等。

4. 个别督导的不足

个别督导同样存在着不足之处:首先,由于个别督导是一对一的督导,也就是一位受督导者接受一位督导员的督导,听取一位督导员的意见与建议,因而有可能这位督导员的指导信息对受督导者来说针对性不强、帮助性不大,解决不了受督导者目前存在的问题。其次,受督导者只接受现在的督导者的建议和意见,无法接触到其他的督导者,所以无法比较不同督导者对于同一阶段不同的处理方法和技巧,也就难以判断督导者的建议是否真正有效。最后,由于督导者与受督导者之间长时间的接触和交流,容易在不知不觉中发展成共同谋划关系,影响督导工作的客观性。

(二) 小组督导

虽然个别督导是社会工作督导中最为常见的方式,却不是唯一的方式。在大部分机构中,常把小组督导作为个别督导的辅助方式。

1. 小组督导的内涵及目标

小组督导是运用小组的形式,履行社会工作督导中的行政、教育以及支持功能的督导。小组督导是一个督导员对数位受督导者的督导,小组成员一般由两三人至七八人组成,原则上人数不宜过多,否则不利于小组的讨论。与个别督导一样,小组督导也要定期举行,通常每周、每两周或每月举行一次,每次一到两个小时。

小组督导的最终目标与所有督导的最终目标是一致的,即向社会工作机构的当事人提供更有效、更高效的服务。

2. 小组督导的主要内容

小组督导的内容主要包括,讨论解决受督导者在专业服务过程中遇到的问题或困难。每次小组讨论时由一到两人提供书面或口头的工作记录或讨论要项,督导员和小组其他成员参与讨论,共同寻找解决问题的途径。

3. 小组督导的优势

小组督导方法的一个明显的优势,就是节省了行政方面的时间和精力,适用于督导员较少而受督导者较多的社会工作机构,是一种比较经济实用的督导方法。在遇到问题与挫折等障碍时,小组成员可以充当重要的情感支持来源,使受督导者能够尽快克服困难,勇敢地面对问题。小组督导可以为受督导者提供角色扮演的机会,以便于其更好地了解存在的问题和解决的策略等。

4. 小组督导的不足

同样,小组督导也存在着许多不足之处。小组督导中督导员面对的受督导者比较多,无法像个别督导一样对受督导者进行因材施教,为受督导者一一解决问题,只能满足受督导者一般性的、共同的需求。由于受督导者面对的不只是督导员,因而也容易使受督导者或多或少地隐藏自己的问题,还可能产生与其他受督导者攀比竞争的心理。由于小组督导人数较多,每个人可能都有自己的思路和想法,因而容易产生沟通失灵的状况。相对于个别督导来说,小组督导的隐秘性也较低。

(三) 同辈督导

1. 同辈督导的内涵

同辈督导是指具有相同需求、观点或技术层次的个人和一群社会工作者,通过个别互惠方式或团体讨论方式进行的互动过程。[1] 同辈督导没有固定的督导员与受督导者,参与的成员都是平等的,与个别督导和小组督导一样定期举行督导会议。

2. 同辈督导的优点

同辈督导讨论的是实际社会工作的进程,以及进程中存在的困难和问题,交流工作中的感受,借助小组的讨论总结解决问题的方法。通过同事之间的交流,互相学习对方的优点,找出自己的缺点或需要改正的地方,以便于今后工作的开展。

同辈督导在督导过程中没有督导员的权威,同事之间是平等的关系,比较易于交流与沟通。对于有经验的社会工作者,选择同辈督导更容易有所

---

[1] 全国社会工作者职业水平考试教材编写组编写:《社会工作综合能力》(中级),中国社会出版社,2007年版,第321页。

收获。这是同辈督导的优点。

3. 同辈督导的不足

同辈督导也有着无法避免的缺点：由于同辈督导参与的人员可能是自己的同事，为避免发生冲突可能会隐藏自己的想法；由于参与人员过多，有时难免彼此形成同谋；而且参与的人员也有可能因缺乏经验和技术，而无法与别人分享。

二、社会工作督导的类型

社会工作督导的类型一般分为四种：

（一）师徒式督导(tutorial supervision)

督导员扮演师傅的角色，为受督导者提供专业教育与训练。这种督导强调学习过程，焦点集中于一般议题。而从专业的角度看，受督导者自己承担更多的责任。

（二）训练式督导(training supervision)

受督导者被认为是学生或受教育者，在具体实务服务中，督导员负责部分工作。例如，对受督导者进行教育培训，传授社会工作的专业知识和基本技能。训练式督导同师徒式督导较为一致的是也强调学习的过程，焦点集中在一般议题上，但在专业方面，督导员承担更多的责任。

（三）管理式督导(managerial supervision)

督导员是受督导者的上级或主管，具有"上司与下属"的关系。管理式督导强调的是实务工作的完成及其服务质量，焦点集中于特殊议题，从专业的角度看，督导员承担更多的责任。

（四）咨询式督导(consulting supervision)

督导员与受督导者及其工作没有直接关系和责任，是纯粹的咨询角色。咨询式督导与管理式督导较为一致的是强调实务工作的完成及其服务质量，焦点集中在特殊议题上。但从专业的角度看，受督导者自己承担更多的责任，也就是说受督导者根据实务工作的要求，主动寻求帮助和支持更为重要。[①]

三、社会工作督导的原则

社会工作督导是一个提升社会工作效率的过程，是要协助社会工作者开拓视野，提高工作士气，更好地完成专业使命，并使服务对象获益的过程。

---

① 全国社会工作者职业水平考试教材编写组编写：《社会工作综合能力》(中级)，中国社会出版社，2007年版，第307-308页。

社会工作督导的原则如下：

（一）有利于机构目标的实现

社会服务机构的目标指明了服务的发展方向和对服务成效的期待，也是机构使命和愿景的具体表现。无论督导员还是受督导者都是社会服务机构的雇员，认同和实现服务机构的目标是督导过程的主要任务。社会工作督导的工作目标是为服务对象提供有效和高质量的服务，因此督导员要协助受督导者开展工作，在工作过程中教育受督导者，使他们的工作更具效力。

（二）支持与持续反思

社会工作督导是两位或多位专业助人者的深入互动。尽管督导员与受督导者都经过社会工作专业训练，并在工作中都以增进服务对象的福利为最终目的，但双方的性格、工作经验仍然影响督导的进行和成效。督导员一方面要帮助受督导者提升知识、技巧，协助其持续反思个人价值观和专业价值观；另一方面要为受督导者提供情绪支持，提高与性格因素高度相关的工作动机和士气。这是社会工作督导的独特之处，也是有别于其他行业的督导之处。

（三）促进自我完善

社会工作督导员与受督导者是在机构特定的环境下就工作内容所进行的相互沟通，是一个高度投入、层面不同的交往过程。社会工作督导过程中包含着复杂的人际互动过程。从社会工作专业价值观和个人价值观的角度看，社会工作督导员最基本的原则就是要做一个真实的人，而不是高高在上的权威人士、督察者和指导者。尽管督导员与受督导者之间存在着上下级的关系，但督导员也要扮演好积极学习、自我增值的专业人员角色，能够妥善运用权力，用理解、学习的心态提出不同意见，做出选择。督导员与受督导者之间不应仅仅停留在专业关系上，情感投入也十分重要，多数督导员和受督导者在经过一段时间的合作后也会成为生活中的好朋友。

第四节 社会工作督导的内容

社会工作督导是一种间接的社会工作方法，具体来说，包括三个方面内容：行政性督导、教育性督导和支持性督导。

一、行政性督导

行政性督导的内容包括以下几个方面：

(一) 员工的招募与甄选

人员的招募与甄选涉及为某一个特定的职位物色合适的人选,作为机构与工作者之间纽带的督导员是完成这项工作的最佳人选,他们了解工作的具体情况,也了解完成这项工作所需要的态度、技能和知识。

(二) 引导和安置工作者

引导一名新来的社会工作者加入机构,要使其在身心上和组织上都融入机构之中。因为最初的经历往往能决定一个人对工作的看法,所以引导工作非常重要。在与新来的社会工作者见面的时候,督导员要向其讲解他所分配的部门是干什么的,它在整个机构中的位置和作用是怎样的,督导员与受督导者之间的关系以及他们各自的角色和职责又是怎样的,新来的社会工作者与部门中其他员工的关系以及督导工作的综合目标。

(三) 拟订工作计划

机构中的任何一个部门在向当事人群体提供直接服务的时候,都需要拟订计划并有工作授权。提供直接服务的新来社会工作者一经聘用并被安排到工作岗位上,督导员要为其在机构中的工作进行规划。为了完成机构的使命,督导员必须了解部门权限范围,了解社会工作者的具体情况,做出合理的计划以安排人力、指派任务、分配员工和服务资源,从而做好部门的分内工作。

(四) 分派工作

分派工作时,督导员必须对社会工作者的强项和弱点有所了解,还要了解其所承担的工作压力,确保分派给同一名社会工作者的工作种类不断花样翻新,以免有损社会工作者的自信心和满足感。此外,还要在性别、年龄、种族、民族等方面将社会工作者与当事人进行搭配。

(五) 工作授权

工作分派指出了需要完成什么工作,而工作授权则指出了如何完成工作。在工作授权中,督导员除了设定总的目标和时限以外,不作具体的限制,以提出建议和忠告的方式来进行授权任务的指导。督导员要在一定程度上与受督导者分享权力。在完成分派任务的过程中,受督导者被赋权做出决定并采取行动,但督导员并不是完全放任自流。影响授权决策的决定因素有任务的复杂程度、社会工作者的技能与感兴趣的程度、社会工作者的工作量大小、当事人的脆弱程度以及当事人可能承受的风险、问题的敏感性、失误曝光的可能性、督导员与受督导者承担风险的意愿以及督导失败的行政处罚。

(六) 监控、检查和评估工作

监控工作包括听取社会工作者的口头汇报、阅读工作记录以及审查统计报告,对工作表现进行监控和检查的最低目标是确保工作不造成任何危害,对工作表现进行监控和检查还包括分享有益的反馈和口头嘉许。工作检查还负有总体上的责任,了解受督导者能否胜任所有的工作。在工作结束之时,对社会工作者的工作表现有一个总体的评估,指出其优点和长处,对其工作中存在的问题也要加以指正。

(七) 协调工作

社会工作者与所分派的任务出现冲突时,督导员要负责协调,进行合理的调整。社会工作者与当事人之间产生矛盾,无法进行正常工作时,督导员要进行必要的调整,例如调换工作者。

(八) 沟通功能

社会机构中良好而有效的沟通是社会工作者获得满意感的重要决定因素,督导工作的方方面面都离不开沟通。

(九) 督导员扮演的角色

1. 督导员充当受督导者利益的代言人

由于缺少与管理层的直接接触,受督导者只有通过督导员代表他们的利益对机构施加影响,促成必要的改变。

2. 督导员充当行政管理的缓冲器

督导员充当着调停人以协调组织中纷繁复杂的关系,防止组织中可能出现的违规事件和矛盾冲突,缓冲器的职能有助于维系社会机构的生存。

3. 督导员充当改变媒介和社区联络员

督导员有责任促成机构内部的改变,对于机构网络体系中改变的需求也要善于敏锐地发现,这些机构的运作影响着受督导者的工作。通过督导员开展的有需求的服务,使当事人和受督导者的资源网络都得到丰富。①

二、教育性督导

教育性督导是督导的第二个重要职责。教育性督导旨在向社会工作者传授其开展工作所应具备的知识,并帮助其掌握这些知识。教育性督导与行政性督导的目标是一致的。教育性督导通过进一步内化行政控制,发展专业取向以及在同事之间培养忠诚度,从而弥补行政性督导的不足。

教育性督导的内容包括:

(一) 教导有关"服务对象群"的特殊知识

让受督导者了解青少年、老年人、残疾人、妇女等服务对象群的特点,对

---

① 〔美〕阿尔弗雷多·卡杜山、丹尼尔·哈克萨斯著:《社会工作督导》,郭明琼等译,中国人民大学出版社,2008年版,第39—61页。

不同的对象群要有不同的认识态度,运用不同的社会工作手法进行服务,以体现不同对象群的价值。

(二) 教导"社会服务机构"的知识

社会服务机构具有多样化,督导员要教导受督导者一些关于机构的基本知识。例如,机构如何组织运作、本机构与其他机构的关系、机构政策、机构与所属社区的关系等方面的知识。

(三) 教导有关"社会问题"的知识

督导员要告诉受督导者机构关注的社会问题是什么,这些问题产生的原因,国家、社会和社区对特殊社会问题的干预政策,这些社会问题对人们生活的影响,机构应该如何面对这些社会问题等。

(四) 教导有关"工作过程"的知识

社会工作的本质是助人自助,督导员必须让受督导者掌握助人的基本技术,以协助个人、团体、社区有效地处理社会问题。督导员也必须教导和解释机构采取的介入方法的原因。

(五) 教导有关"工作者本身"的知识

督导员要通过教育使受督导者有一定的自我意识,面对问题时能够自主考虑,在不过分依赖督导员的同时,也要确保对专业问题的反思不会影响到受助者与社会工作者之间的关系。

(六) 提供专业性"建议和咨询"[①]

教育性督导可以通过专业技巧的教授,有效缓解受督导者的工作压力。首先,督导员可以教导受督导者时间管理的技巧。由于社会工作者要承担着多重的角色,容易引起角色混乱,因此教导合理安排时间十分必要,排列角色的优先次序,减少工作和家庭之间的冲突。其次,督导员传授受督导者沟通技巧。沟通是人与人之间建立桥梁的前提,良好的沟通更是专业关系建立的保障和前提。督导员应该给受督导者提供同理心、自我肯定、处理矛盾冲突等技巧的培训。最后,培养受督导者的专业价值观。督导员需要帮助受督导者弄清自己的价值观以及与专业价值观之间可能存在的冲突,以便做出最合适的选择。

三、支持性督导

支持性督导旨在帮助受督导者处理与工作相关的压力,并培养能将工作做得最好的态度和情感。行政性督导和教育性督导满足的是工具性需求,而支持性督导满足的是情感性需求。

---

① 蒋艳:《社会工作督导:有效且必需》,《社会工作——社工方法》,2008 年第 8 期。

受督导者在工作中会碰到许多压力,如果不能得到及时的排解和宣泄,会对受督导者自身产生诸多不利的影响。受督导者的工作压力主要来自几个方面:行政性督导对工作表现和遵章守法的要求、教育性督导对学习的要求、当事人、社会工作任务的性质和组织情境以及与督导员的关系,社会对社会工作的认识压力等。

支持性督导的内容主要包括:协助受督导者适应和处理服务工作中所带来的挫折、不满、失望、焦虑等各种情绪;给予关怀和支持,让受督导者在工作过程中有安全感,并愿意尝试新工作;协助受督导者发现工作成效,并能自我欣赏,激发受督导者的工作情绪和士气,并对机构逐渐产生认同感和归属感;给予受督导者从事专业的满足感和价值感,促进其对专业的认同,进而愿意持续投身于社会服务工作。

第五节　社会工作督导的过程与技巧

一、社会工作督导的过程

从社会工作督导的时间顺序来看,督导可以分成四个不同的阶段,即督导前期、开展期、工作期和终结期。①

（一）督导前期

督导前期的主要任务是为督导员与受督导者关系的形成打下一定的基础。督导员一般会通过面谈的方式了解受督导者的基本情况,如家庭、所受过的专业教育、过去的工作经验、以往的经历等,从而确定督导工作的起点。同时,督导员也要对自己的工作方法和目的有一个简单明了的说明,让受督导者有一个心理适应,从而能够较好地配合督导员的各项工作。

（二）督导的开展期

在督导的开展期,建立督导员与受督导者双方的相互信任和双方都同意的督导方式是社会工作督导的主要任务,最好是以口头或者书面的形式确定下来。督导员与受督导者需要一起确定与分享督导的目的,督导员要明确提出对受督导者的期望与要求,同时也要征得受督导者的同意;受督导者同样可以提出自己对督导员的要求与愿望,希望从督导员那里学到什么样的知识和技能。

（三）督导的工作期

督导的工作期是整个督导过程的核心,是督导历程中最重要的阶段。

---

① 周沛、葛忠明、马良主编:《社会工作概论》,华中科技大学出版社,2008年版,第142页。

在这一时期,督导员要与受督导者分享督导过程中的实践经验,分享双方的感受,督导员负责为受督导者解释工作中的疑难问题,指导受督导者的工作,促进受督导者能力的提升,从而有利于受督导者独立解决问题,更好地为受助者提供帮助。

(四) 督导的终结期

这是督导过程的最后阶段。在督导过程结束的时候,督导员应总结在督导的各个阶段所讨论的主题,做过的事情,概括受督导者的学习过程以及未来的发展机遇,指出受督导者的优点和长处,鼓励受督导者继续发扬这些长处。同时也要指出受督导者的不足,帮助受督导者清楚地把握自己,加强自我改进,扬长避短。

从督导员的发展角度来说,有人提出了三阶段的观点,即督导开发期,指刚晋升为督导员,还处于对督导员角色的适应期;督导探索期,开始认识到督导是一项有意义的工作,对督导工作投入大量的时间和精力;督导身份确定期,督导员进一步把注意力集中到受督导者的"需要"上,督导关系成为双方的互动关系。[1]

从受督导者的发展角度看,可分成五个阶段:入职导向阶段、自主自立阶段、互助合作阶段、成为专家阶段以及制定未来发展阶段。[2]

二、社会工作督导过程的技巧

(一) 相互契合技巧

在督导前期要做到的是融入"对方的情境",即督导员与受督导者双方要相互契合,这是督导前期最重要的技巧。督导员要清楚地知道受督导者的背景(如学历背景、工作经验等),这是督导工作开始的起点。在对受督导者有了一定的了解的情况下,督导员才能决定督导工作该如何开展。督导员在每次督导工作开始之前还要对受督导者当前的处境有所了解和关心,这样便于督导员与受督导者共同寻找工作中存在的问题或者面对等待解决的问题。受督导者同样应该对督导员有一定的了解,这样才能决定自己该怎样与督导员相处,采取什么形式将自己的问题反映给督导员,寻求督导员的解答。由于受督导者一般是新的社会工作者、在社会服务机构实习的学生或者志愿者等,刚开始工作可能会面对许多问题或困难,无论是社会工作机构本身政策所导致的问题,还是受督导者由于经验不足等原因产生的压力感,这些都是需要督导员与受督导者共同面对的问题。通过会谈讨论,寻

---

[1] 周沛、葛忠明、马良主编:《社会工作概论》,华中科技大学出版社,2008年版,第141页。
[2] 周沛、葛忠明、马良主编:《社会工作概论》,华中科技大学出版社,2008年版,第141页。

求解决问题的办法。只有双方公开理性地讨论存在的问题,才能使督导富有成效,也才能使督导员与受督导者形成彼此信赖的关系。

(二)订立协议技巧

在督导开展期,需要根据督导的目标、历程和相互的角色等问题订立协议。由于工作环境、对象等可能会随时发生变化,因而每次督导时,督导双方都可以根据现实条件的变化,对协议进行适当的修正。督导员应对每次督导前受督导者提交的工作记录等进行仔细的阅读,聆听受督导者心中的议题,了解受督导者每次督导时的基本情况,从而及时修正督导协议。在督导过程中,在督导员应该尽量避免为受督导者过早地提供答案,否则不利于受督导者自我解决问题,容易使受督导者产生依赖心理,对存在问题的思考也会比较懈怠。

(三)开展话题技巧

工作期技巧的使用对整个督导过程具有重要的意义。工作期首先就是督导员要与受督导者开展话题,督导员可以采取五种技巧鼓励受督导者提出并探讨问题。最常见的是督导员先提出某个事件,由浅入深地引导受督导者进入话题。当听取受督导者的谈话时,不要急于对受督导者提出的问题进行回答,而要采用包容的心态,平静地了解受督导者存在的问题。督导员听取受督导者关注的事件时必须保持专注,梳理受督导者的感受,从而掌握受督导者关注的事件以及对事件的反应。前面的几个方法是收集资料的过程,能够对受督导者的基本情况有一个大体的了解。要想更深入地了解受督导者,还可以在已经掌握的资料的基础上对受督导者进行提问,以对受督导者的想法有更深入的认识,同时使受督导者也可以更清楚自己的处境。当督导员对受督导者的答复感到不满时,可以保持适度的沉默,以此来观察受督导者的反应,掌握更多有关受督导者的资料。

(四)同理心技巧

同理心是社会工作的基本技巧,也是最重要的技巧之一。在与受督导者进行接触交流的过程中,督导员应该关注受督导者的感受,对受督导者面临的困境表示理解,拉近自己与受督导者之间的距离,这样才能使受督导者在谈论一些较为敏感的问题时,也不会产生太大的顾虑。督导员的人性化对于受督导者来说帮助是很大的。

(五)分享技巧

督导员与受督导者在讨论问题时要以诚相待,开诚布公地谈论自己的想法,但也要避免谈论一些有关受督导者隐私或者受督导者不愿提及的问题。督导员要善于总结受督导者所面对的困境,使受督导者能够知道督导员理解自己的处境和感受。

（六）达成目标技巧

督导的最终目标是保证社会工作服务的效率和质量,为了达到这一目标,督导员必须对受督导者的工作表现负责,要通过相关问题来确保督导工作的顺利完成。当督导工作出现障碍时,督导员要明确提出自己对督导工作的期望,为受督导者提供相关的资源,以达到督导目的。为了使受督导者能够顺利地完成工作任务,督导员还要为受督导者提供一些相关资料,与受督导者一起对资料中存在的问题进行探讨,从而总结新问题,提出新想法。

（七）会谈结束技巧

督导结束时,督导员应总结本次会谈过程中讨论的相关主题,指出讨论的收获以及存在的不足,还要留意受督导者最后提出的问题,确定是否需要在下次会谈中进行讨论解决。如果受督导者最后提出的问题是督导过程中频繁出现的,那么督导员就要考虑重新安排督导程序等方面的事项。

第六节　社会工作督导面临的挑战

社会工作督导是社会工作的重要组成部分,是社会工作专业的一种辅助性方法,通过督导员对受督导者的监督指导过程,保证社会服务的水准和提高专业发展水平。我国社会工作是在借鉴国外经验的基础上发展起来的,在经历"政府主导的、非专业化的社会工作"之后,正在逐步迈向专业化发展的轨道。尽管社会工作督导在一步步地发展、完善,但依然存在许多问题,面临巨大的挑战。

一、社会工作督导的角色问题

（一）督导员的多重角色

在社会工作督导中,督导员承担着多重角色。督导员首先充当受督导者利益的代言人,通过垂直和水平沟通,督导员奔走于管理层、机构的其他部门以及其他外部机构之间,积极争取员工的利益。其次,督导员充当行政管理的缓冲器,他不但可以缓解机构与社会工作者之间的矛盾,同时也可以缓解当事人与社会工作者之间的冲突。再次,督导员还充当着改变媒介者和社区联络员,对于机构内部存在的不足,督导员有责任促成改变,通过对社会工作进行检查、协调和规划,督导员会发现在社区服务体系中欠缺但有需求的服务,从而提倡开展这些服务。

（二）督导员的动机

社会工作督导员大多数是从社会工作者转变而来,促使社会工作者成为督导员的动机可能有所不同,一些人有非常强烈的愿望进入管理层。例如,更高的薪水、更好的办公室以及更高的地位与声望,这样的转变符合他们的真实意图。另一些人进入督导层是因为他们缺少更好的选择,成为督导员可能并不是他们对这份工作的喜爱,他们缺少对这份工作的热情。一些社会工作者成为督导员时所做的准备工作并不充分,上岗的时候也没有得到多少教育培训,这样他们可能对社会工作督导的角色与责任缺乏全面准确的认识。

(三)督导员的角色转换困难

由于社会工作督导员的角色具有多重性,在开展工作的时候,督导员在角色转换和角色适应方面面临一定的挑战。一些在一线工作的社会工作者成为督导员之后,一时无法适应自己的角色转换,在遇到问题时,还是习惯于直接服务和接触当事人而获得满足感,忘记他们应该通过他人提供帮助,忘记了自己是"行政管理的缓冲器"的角色。

(四)督导员的关系再建

成为督导员要求改变与机构内其他工作者的关系,因为督导员不再是直接服务工作者群体中的一员了。这样,新督导员不仅被剥夺了直接接触当事人,为当事人解决问题的快乐,而且还可能因前同事的敌对态度和嫉妒之情处于更加不利的地位。从社会工作者到督导员的那些人与他们以前的同事之间的距离增大了,工作中多了一份拘谨,少了一份自发性,交流中也可能会更加提防和迟疑。与同事关系的变化也可能使得新督导员对自己现在的角色难以适应,无法进行有效的工作。

(五)督导员专业素养要求高

在一般人眼中,督导员是榜样,他们的知识和实践能力很丰富,人们认可社会工作者在一定程度上依赖督导员。因而督导员在一线知识上没有专长便会被认为是重大的瑕疵。社会工作者比督导员更能忍受不确定性和怀疑,因为他们觉得自己不知道所需的答案,督导员会帮助他们找到。督导员则几乎没有机会向机构中能回答自己问题的人请教。社会工作者所处的位置犯了错误有机会得到赦免,而处在督导员位置上得到宽大的机会则会减少。

当然,督导员在工作中由于没有明确界定任务、责任以及权力,因而他们在机构中在处理问题时所应扮演的角色也没有明确的界定。

二、社会工作督导中的权威与权力问题

(一)社会工作督导的权威

权威是合法行使权力的一种权利,其所拥有的权力不仅是被接受的,而且是被认可的。督导员拥有一定的权威并借此来行使对受督导者的监督和

指导责任,权威的来源主要是社会机构的管理层、专业特性和当事人。而权力是执行权威的能力,权力的来源有很多种,最常用的是奖励权、惩罚权、职权、表率权以及专家权五种基本社会权力。形式上的权力可以由督导员的职位来决定,但执行权力却取决于督导员本人。对于在同一个机构里工作的督导员来说,他们职位上的权力。例如,奖励、惩罚的权力是没有什么差别的,但是他们执行权力的能力却有很大的不同,因为他们的经验和处理关系的能力是不同的。

权威也是相对的,它会随着受督导者知识和经验的增加而发生变化。当受督导者的知识和经验与督导员接近时,督导员的权威就会受到影响。如果受督导者认为督导员不够专家的资格,督导员就没有专家的权威;如果受督导者看不起督导员,不在乎督导员的看法,那么督导员也就没有说服的权威。

(二) 社会工作督导的权力

改变受督导者行为,接受督导员行动的权力来自不同的方面,有不同的适用性和使用成本。奖励权和惩罚权是针对受督导者的某种行为的权力,这些行为或者是值得鼓励的,或者是不值得鼓励的。只有在督导员知道受督导者正在做什么的情况下,这些权力才能被使用。奖励权和惩罚权的使用只能用来达到服从的目的。相反,专家权和表率权却可以达到不同的效果。一旦具备了这些权力,不论督导者说什么或者要求什么,受督导者都会认真地对待。这种权力的效果是督导员的权威内化的体现,不论督导员是否看到行为的实施,它都会产生服从的压力。奖励权和惩罚权的目的是使人们服从和产生行为的改变,而专家权和表率权使用的是个人的影响力,能够达到情感和态度改变的目的。

正是因为督导员拥有这些权力,因而使受督导者感到职权的压力。督导员权力的使用容易产生受督导者与权威关系的冲突问题。对于那些在成长期间曾经有过与父母或监护人产生对立和抵抗经历的受督导者来说,容易产生对职权的抵制。

"从情感上来说,我们不愿意承认(权威或权力),即使是同行或同事,一旦从事督导工作,就会承担不同的工作任务和责任,相互之间的关系也会变为督导员和受督导者的关系。但是,这种善意的曲解会使我们忽视督导工作中所固有的权威和权力。"[1]如果督导员与受督导者的意见不一致时,经常性地回避使用其应该使用的权力,会使他最终失去协调和领导能力,无

---

[1] 〔美〕阿尔弗雷多·卡杜山、丹尼尔·哈克萨斯著:《社会工作督导》,郭明倞等译,中国人民大学出版社,2008年版,第74页。

法完成工作任务。督导员的权威以及相关的权力是其职位所赋予的,因此必须毫无保留地接受,权力有时是必须使用的。如果督导员能够以自身的行为建立自己的威信,是可以增强权力的使用效果的。如果督导员能够显示出坚定的自信心,能够让人感到自己的威信是必须受到尊重的,那么他的指令是会比较容易被人接受的。

三、社会工作督导的伦理困境

社会工作督导面临着与社会工作中的个案、小组与社区工作中普遍存在的一些伦理困境问题。督导员有义务用符合伦理要求的、人道的方式对待受督导者,不利用其在权力方面的优势谋取好处,自觉地、负责任地开展督导工作。如果督导员并不具备服务所需要的技术和知识而仍然让他去承担督导工作,那么这种做法就是不符合伦理的。

督导员在出现紧急情况或者需要做出紧急决定时必须在场,自始至终,督导员的责任首先是满足当事人的需求,然后才是受督导者的需求。这些内容是督导者必须遵守的、被普遍接受的、标准的、无争议的、对受督导者应尽的伦理义务。除此之外,还有一些有争议的伦理问题,人们对这些伦理问题的意见是不一致的,这些问题涉及受督导者可能遇到的一些伦理困境,需要督导员给予帮助。受督导者的困境也会成为督导员的困境,因为这些困境是无论做出什么选择都会带来一些不利的后果,或者践踏另外一种价值观念。

受督导者在工作中遇到越来越多的伦理问题,除了有机会跟督导员讨论、宣泄之外,只能依靠督导员自己的经验尽可能给受督导者提出指导性意见。

一种普遍的、经常会遇到的伦理问题是,从伦理上说,为了当事人我们有义务去做,但是现实情况限制了我们所能做的事。① 这是一个表现为两种形式的难题,第一种是社会工作者认为遵守管理式照顾的指导原则会让当事人得到的照顾质量打折扣,另一种情形是社会工作者有可能会违背某些社会工作的伦理标准,并引起一些被指控为渎职或者其他玩忽职守方面的法律诉讼。

四、我国社会工作督导中存在的问题及应对策略

(一)我国社会工作督导中存在的问题

我国的社会工作发展程度远远落后于西方发达国家,由于缺乏专业化

---

① 〔美〕阿尔弗雷多·卡杜山、丹尼尔·哈克萨斯著:《社会工作督导》,郭明偍等译,中国人民大学出版社,2008年版,第371页。

的社会工作服务机构、服务对象的专业服务要求不明确、社会工作者的专业身份认证欠缺以及专业社会工作服务的稳定性不足等,这些方面导致目前中国的社会工作者与服务对象难以建立一种专业服务关系。具体联系到社会工作督导中存在的问题,主要有以下几点:

1. 专业的社会工作督导队伍缺乏

我国社会工作督导面临的第一个难题是缺乏专业的社会工作督导队伍。目前,担任督导的主要是社会工作专业的教师,从事过几年社会工作实践的资历较深的社会工作者等,但是由于在中国大陆许多社会工作专业的教师都是从其他行业如社会学、政治学等方面转过来的,并没有接受过正规的社会工作专业教育,相比之下受过正式督导训练的更是少之又少。因此,应该有目的有计划地对目前的督导员队伍进行培训,以提高社会工作督导水平,建立一支高水平的督导队伍。

2. 社会工作专业服务机构缺乏

我国社会工作督导面临的第二个难题是缺乏社会工作专业服务机构。由于社会工作专业在中国大陆还没有被社会上的大多数人认可,社会工作专业服务机构的数量非常少,而且大多数是行政性机构或慈善机构,只能算一种准社会工作的服务机构。社会工作专业服务的缺乏也就意味着督导员的作用无处发挥。

我国目前的社会工作专业实践缺乏稳定、持续的专业社会工作服务,这是由于缺乏专业化的社会工作服务机构引起的,经由社会工作专业实践带动的专业社会工作服务就面临如何持续发展的问题。特别是社会工作专业实践的督导员大多是高校的教师,无法长时间留在机构工作,社会工作者在专业实践结束之后也需要撤出机构。这样,有两个方面的要求比较突出:一方面,社会工作专业实践结束之后的跟进服务;另一方面,经由社会工作专业实践带动的专业社会工作服务的维持。因此,督导员不仅需要负责每次社会工作专业实践的进展,而且也需要考虑把社会工作专业实践日常化,为下一步社会工作专业实践的开展打下基础,通过社会工作专业实践带动中国大陆专业社会工作的发展。

3. 社会工作督导专业方法技巧缺乏

社会工作专业服务方法和技巧的指导与传授是督导员面临的第三个重要挑战。由于我国的社会工作起步较晚,各方面发展还不成熟,缺乏专业化的社会工作服务机构和服务意识,缺乏对社会工作者专业身份的认可。虽然在上海等地社会工作职业化取得了一定的发展,全国也开始进行社会工作职业资格考试认证,以促进社会工作的专业化,但就目前所面对的情况来说,在中国,社会大众依然不了解社会工作专业,不认可社会工作者的专业身份。这样，社会工作者无法以专业的身份对需要帮助的人进行社会服务。目前，中国社会工作者所学的专业服务方法和技巧都是西方专业社会工作经验的总结，都是以社会认可的专业化的身份为前提的。显然，这样的专业社会工作方法和技巧无法适应目前中国大陆社会工作专业实践的要求。因而，督导员需要进行一定的调整，使其与中国的现状相吻合，以自己的实际经验指导传授社会工作者在日常生活处境中开展专业的社会工作服务。这样便能让社会工作者在中国大陆处境中学习专业化的社会工作服务的方法和技巧，同时也可以让他们在社会工作专业实践中体会社会工作专业的价值观，认同社会工作。

（二）改善社会工作督导的应对策略

社会工作专业服务机构的不足、社会大众专业服务需要意识的缺乏和社会工作者专业身份认可的欠缺这三个方面是相互联系在一起的，对社会工作督导的发展产生了一定的阻碍，从而影响着目前中国社会工作专业实践活动的开展，无法像西方国家一样让社会工作成为能够帮助人们解决困难的服务机构，得到社会大众的广泛认可。督导员所面临的任务是根据我国社会工作者的一些基本情况和社会大众对社会工作的认可情况来设计、安排和组织一些社会工作专业实践，让社会大众对社会工作有更深入的认识，从而能够提高他们对社会工作的认可度。实践结束之后，督导员还需要特别关注社会工作专业实践的服务效果、服务对象一般需要的转化等，以便在日常生活中能够更加自然地开展社会工作专业服务，并将已开展的社会工作专业服务日常化。

就服务机构而言，中国大陆社会工作专业实践中的督导员，除了需要协调机构的关系为社会工作者提供理论学习与专业实践相结合的机会以外，还需要根据具体的工作情况独立设计社会工作专业服务计划，包括服务对象、方法、时间安排、进程、社会工作者的组织安排、督导的方式和评估方法等，注重社会工作的专业性和有效性。因此，中国大陆社会工作专业实践中的督导员需要承担指导者和专业服务设计者的角色。

对于服务对象而言，中国本土社会工作专业实践的督导员要帮助社会工作者评估服务对象的一般需要，即服务对象最需要解决的日常生活的要求，督导员承担评估者的基本角色。这些一般需要以发达国家和地区的社会工作标准来看，其专业性不强。因此，督导员需要进一步帮助社会工作者将服务对象的一般要求转化成专业的服务需要，从专业的视角理解、分析服务对象的要求。这样，专业服务需要的转化就成了督导员的基本任务之一。

在指导社会工作者学习专业服务方法和技能时，中国大陆社会工作专业的督导员也与发达国家和地区的督导员不同，需要更为关注怎样在日常生活场景中开展专业社会工作服务,服务介入的焦点、内容、方法和层次等都需要切合实际生活处境。并在此过程中,给予社会工作者情感上的支持,帮助社会工作者确认社会工作的价值观和专业自我。为了维持社会工作专业实践的效果,中国大陆社会工作专业的督导员除了与机构协调做好跟进服务之外,还需要从长远着手,培训机构的志愿者和管理者,提高机构自身的社会工作专业服务水平。

总之,中国大陆社会工作专业实践的基本处境与发达国家和地区不同,督导员面临的主要任务除了服务机构的协调、理论学习和专业实践活动的结合、专业服务需要的评估、专业身份和专业自我的确认以及专业服务的跟进以外,还包括专业服务的设计、专业服务需要的转化、日常专业服务的指导和专业服务的培育等。因此,中国大陆社会工作专业实践中的督导者承担的基本角色也与发达国家和地区的督导者不同,包括专业服务的设计者、专业服务需要的转化者、日常专业服务的指导者以及专业服务的培训者等。①

---

① 童敏:《中国本土社会工作专业实践的基本处境及其督导者的基本角色》,《社会》,2006年第3期。

第十一章 社会工作研究

社会工作是一门操作性较强的应用性学科,它注重实务工作的方法和技能,实践性很强。但是,不能因为其是面向实践的应用性学科,就否认其具有一定的理论性,或者忽略对其进行理论层面的探讨。人类的大部分社会实践具有相当高的重复性,至少在一段时期内循环往复、周而复始,因而具有一定的规律性,社会工作也不例外。因此对人们在社会工作领域的实践活动进行研究,总结其中的经验和教训,发现其中的规律,将会对以后的工作提供较大的帮助。而社会工作研究就是这样一种在社会工作领域开展的研究工作。

第一节 社会工作研究的含义与功能

一、社会工作研究的含义与类型

(一)社会工作研究的基本概念

社会工作研究是在社会工作领域开展的研究工作,是指通过科学的方法和程序,探寻社会工作的一般规律与法则,或系统地总结社会工作的知识并形成科学的知识体系的研究工作。社会工作研究的目的是为了指导社会工作实践。因此,社会工作研究在社会工作专业体系中处于指导地位。社会工作研究强调理论与实践相结合,着重实用性研究,注重把研究结果付诸实施。它建立在社会工作实践基础上,又具有促进和提高社会工作的作用。

(二)社会工作研究的类型

从内容而言,社会工作研究可以分为基础理论研究和本体知识研究。基础理论回答为什么,如群体动力学属于心理学,可以作为小组社会工作的基础;冲突理论来自社会学,可以作为社区社会工作中社会行动模式的基石。本体知识是社会工作自身的知识,回答怎么做,主要与社会工作过程有关。因此,基础理论研究可以探讨某个外借理论的发展,本体知识研究可以探索某个本体知识的本土修正。更进一步,社会工作的本体知识又包括理论知识和实务知识两部分。如需求理论、社会权利理论、资产建设理论等就属于社会工作本体知识的理论层面。与此同时,社会工作本体知识中也需探索实务。如需求评估中通过访谈了解求助者的困境,方案开发中通过集体研讨来制定针对受灾家庭的应对思路,计划执行中动态搜集资料并恰当调整,结果评估中评价社区创投计划对激励社会创业的效果。

从结构而言,社会工作研究可以分为整体研究和部分研究。所谓整体研究,是对某个完整的理论或模式进行探索。如研究者探讨 ABC 模式的应用,发现中国文化特征使得该模式的结构、理论应该予以本土化。所谓部分研究,是探索某个理论或模式的一部分,如社会网络有支持功能。研究者发现,社会支持未达到服务对象期望的支持临界点时,其改变效果就不明显;而超出保持服务对象动力的第二临界点后,又弱化服务对象的自助动力。

综上所述,根据不同的标准,社会工作研究可细化为四类,即基础理论的整体研究、基础理论的部分研究、本体知识的整体研究和本体知识的部分研究。

二、社会工作研究的目的和必要性

(一) 社会工作研究的目的

1. 治疗社会问题的后果

在实践中,社会问题的负面表现众多。如失业者往往面临生活压力大、人际关系紧张等消极后果。社会工作者针对这些后果进行应对,就是治疗性社会工作。社会工作研究作为社会工作的组成部分,自然可以将社会问题的后果治疗作为基本目的。

2. 预防社会问题的原因

任何社会问题都有其缘由。如前述失业的消极后果源于失业,而失业或源于个人(如劳动技能不足、求职表现不佳),或源于场景(如就业岗位不足),或源于两者叠加。针对这些原因进行干预,可以通过协助个人提高劳动技能或改变求职技巧、开发新就业岗位、协助失业者更好地认清形势并积极行动等方式,预防问题的形成。积极开展研究以分析产生社会问题的原因,自然也是社会工作研究的目标之一。

3. 探索、描述和解释社会问题

在实务过程中,社会工作研究对社会工作实践的改善始于需求评估。了解服务对象的问题,发现其产生原因,把握其可控因素,是社会工作研究在本阶段的重要动机。如针对青少年逃学之成因,研究者可以利用统计方法,发现不同因素的相互关系,从而把握其最重要的原因。

4. 评估项目的效果

社会工作实践的优劣以其结果为参照。社会工作研究应该积极发现社会工作者、社会工作项目乃至社会工作机构的实务效果,为完善服务提供建议。如研究者可以针对公益创投项目的效果进行评价,从而提出相应的优化建议。因此,社会工作研究应该以优化社会工作过程为重要任务,将研究融于实务各个阶段,促进其规范运作。

5. 推进民众福利

社会工作以维护服务对象的权益为首要目标,不但协助其疏解问题和满足需求,而且在其中协助其综合提升。社会工作伦理也注重民众整体的最大福利。因此,社会工作研究的进行、成果的公开和应用,也应该以保障民众幸福进而推动整体福利最大化为宗旨。

6. 促进社会的公平正义

社会工作注重"人在环境中"。社会工作经验也证明,民众的困境极大部分源于外在物质环境,有些来自外在软环境,有些甚至是被社会建构的。社会工作研究与社会工作一样,也要以促进公平正义为己任,营造有利于民众福利最大化的外在环境。

(二)社会工作研究的必要性

科学研究的目的就是探寻客观知识或发现事物的规律,提高人们对现象的认识,从而满足人们的好奇心,或更好地开展实践工作。长期以来,社会工作大多依靠社工们的个人经验展开,但个人经验毕竟有限,而社会现象却是复杂多样的,因此如果能够发现社会现象的一般规律,无疑会对社会工作者认识社会现象、顺利开展实务有很大的帮助。社会工作研究就是这样一种在社会工作领域内开展的科学研究工作。它能够总结社会工作领域的一般性规律,为社会工作实务提供理论上的指导。社会工作研究还可以在研究过程中验证已有的理论,也可以对新的方法和技术做出新的理论解释以发展理论,并最终促进社会工作实务的开展。

三、社会工作研究的功能

社会工作研究的功能是指社会工作研究对社会工作实务或者整个社会工作所能发挥的作用。社会工作研究的功能主要体现在以下几个方面:

(一)提高社会工作服务的质量,提升受助者的福利

社会工作研究中所发现的规律和成果可以直接运用于社会工作实务中,直接服务于工作对象,从而提高社会工作服务的质量,提升工作对象的福利。

（二）维护社会工作对象的合法权益，促进社会的和谐稳定

社会工作研究可以对社会福利政策、计划的实施过程和效果进行评估，发现其中的问题和不足，提出改善的意见，促进社会政策的完善，从而有利于维护社会工作对象的合法权益，促进社会的和谐稳定。

（三）提高研究者的专业素养和工作能力

在开展社会工作研究的过程中，研究者的能力、素质和专业水平都能够得到锻炼，其理论知识和工作技能也能够得到提高，对其长远的工作都有良好的助益，最终也会促进工作对象的福利。

（四）推动社会工作学科的发展

社会工作研究对推动社会工作这一学科的发展，推动专业理论和知识的更新与完善也有很大的帮助和贡献。

在实际开展社会工作研究的时候，可以选择的课题很多，主要包括工作对象行为、工作对象需要的研究，实务工作方法和效果的研究，社会工作专业训练技巧的研究，社会政策实施效果的评估等。研究者可以根据需要选择自己感兴趣的研究课题。

第二节 社会工作研究的伦理准则

如同社会工作实务一样，在开展社会工作研究的时候，研究者也要遵循必要的伦理准则。除了一般的科学研究都要遵循的普遍伦理以外，由于研究对象大多数也是社会工作要帮助的对象，因此也要遵循社会工作的伦理准则。总的来说，社会工作研究的伦理准则主要包括以下几方面：

一、自愿参与、知情并同意的原则

在开展社会工作研究的时候，首先要保证参与研究的人员是自愿参与的。也就是说，参与研究的人员是自己选择，而不是因为受到强制、胁迫或利诱而加入到研究工作中来的。自愿参与尤其是对研究对象或者社会工作服务的案主来说特别重要。而事实上，自愿参与这条伦理准则主要也是针对研究对象或社会工作对象的。在长期以来的实践中，确实经常发生研究者为了研究的目的，利用自身的相对优势地位，强制、胁迫或利诱通常处于弱势地位的社会工作对象加入到研究中来的情况。这是错误的做法，必须避免。

其次，要保证参与研究的人员对研究有基本的了解，这就是知情的原则。也就是说，参与研究的人员必须能够了解他们需要了解的基本情况，比如研究的基本过程，参与研究会带来的后果等。

社会工作概论

最后,要保证参与研究的人员同意加入到研究中来。最好能够获得参与者的书面同意,以防止不必要的法律纠纷,至少也要有口头同意。

二、防止非必要的伤痛

有些研究可能会给参与者带来一些身体或精神上的伤痛,尤其是在利用医学手段治疗参与对象身体上的病痛的时候,选择的治疗手段有可能会对参与者造成一定的伤痛。必要的伤痛也许无法避免,但有些带有试验性质的研究可能会造成不必要的伤痛,对这些造成不必要伤痛的研究要慎之又慎,最好能够尽力避免。

三、匿名或保密的原则

社会工作研究是为了社会工作能够得到更好的发展而开展的科学研究工作,其最终目的是为社会工作对象提供更好的服务。但即便如此,社会工作研究也不能以科学的名义损害研究对象的合法权益,给研究对象带来困扰和伤害。有些社会工作研究,尽管从长远和更宏观的范围来看,会让多数人群受益,但这不能成为牺牲少部分人合法权益的理由。很多时候,参与社会工作研究的是社会工作对象,他们在日常生活中经常处于弱势地位,在个人信息被泄露后面临的骚扰往往更多,而其应对和承受能力往往也更弱,有时甚至会受到严重的伤害。因此在进行社会工作研究的时候,坚守匿名和保密的原则,对保护研究参与者免受伤害就非常重要。

在保护研究参与者免受伤害方面,最理想的做法是匿名,即参与者提供的资料是匿名的。在这种情况下,即使研究者也不知道参与者的姓名,而且无法把参与者提供的资料与其本人联系起来。比如,通过使用居住门牌号进行抽样,邮寄问卷进行匿名调查等。匿名研究能够最大限度地保护参与者的合法权益,但其缺点是无法就某一特定调查结果进行回访,从而使进一步的研究不能够深入进行下去。

与匿名原则不同的是,在保密的情况下,研究者往往是了解参与者的真实情况的。特别是当资料是通过面对面的访谈得来的时候,研究者往往能够了解或记起参与者的情况。但为了不对参与者造成困扰或伤害,研究者有道德责任不透露参与者的身份,也不能在公开的研究成果中使用那些很容易与参与者联系起来的资料。这就要求在公布研究结果之前要一丝不苟地修改资料,以消除任何带有身份信息的资料。具有道德感的研究者往往愿意放弃一些有用的资料以保护参与者的合法权益。与匿名原则相比,保密原则有利于针对原参与者开展进一步的深入调查和研究,是一个更切合实际并被普遍认同的原则。

四、尽量保持中立和客观的原则

社会工作是一项助人的工作,其目的是为了在社会工作对象发生困难的时候给予必要的帮助,克服其暂时的困境,提升其福利水平。这就要求社会工作者要有爱心、乐于助人,要有奉献精神。但是作为一项科学研究,社会工作研究却要求研究者保持客观、中立,秉持科学精神,严谨认真,实事求是,理性和冷静地开展研究。社会学家韦伯将社会科学研究中应该遵循的这种客观性原则称为价值无涉或价值中立。这就在一定程度上产生了矛盾。而事实上,几乎所有的社会科学研究都面临价值中立和价值相关的困扰。研究者本人的主观性和价值偏好渗透于整个研究过程,从选题、调查到得出结论几乎无所不在,时时刻刻发挥着重要的影响。但作为一个科学的社会工作研究者,要对这种价值偏好抱有高度的警惕,要认识到由价值偏好所造成的认识的偏离会损害认识的全面性和准确性,进而可能造成研究结果的误差和偏颇。当然,要想达到完全的客观性和价值中立是不可能的,一定程度的主观性是不可避免的,这就要求研究者时刻保持科学的反省精神,尽自己的最大努力排除主观偏好对研究的影响。同时,为了保持客观性,研究者也可以采取一些科学的方法来评估主观性的作用及其后果,或者,也可以邀请独立的第三方对研究的主观性进行科学的评估。

除了研究者本人的主观性容易影响到研究结果,在现实生活中,还有外界的压力也会对研究的中立和客观造成负面影响,包括政治压力、社会舆论导向和为研究提供经费的机构的偏好和压力,等等。研究者应该秉持科学、独立和自由的精神,实事求是,坚持真理,绝不允许外界的压力歪曲自己的研究成果。

五、符合社会工作者职业道德的原则

在开展社会工作研究的时候,研究者还应该时刻牢记社会工作者的职业道德,以职业道德来约束自己的研究。研究者应该意识到自己首先是一个社会工作者,因而必须首先遵守社工的职业道德,然后才是研究者,在遵守职业道德的基础上开展研究。比如,尊重社会工作对象的合法权益,把社会工作对象的利益放在第一位,这是一个社工的职业道德和专业伦理。在开展社会工作研究的时候,要坚持这一职业道德。社会工作对象个人的福利不能成为理论研究的牺牲品,即使有时这种研究将来能为更多的社会工作对象提供更好的服务。社会工作研究应该为实务服务,即使研究质量受到一些影响,职业道德和专业伦理仍然必须坚持。目的不能证明手段的正确性,为了达到一个良好的目的,不可以不择手段。

当然，很多时候研究任务和职业道德的冲突是一种假象，实际上冲突并不存在，而是来自误解。在有经验的社会工作研究者看来，即使是真正的冲突，也可以通过一定的技巧、妥协和折中而得到解决。较好的方案通常还是有的，只不过很多时候没有被发现而已。只有极少的情形，我们会为了将来其他社会工作对象的更大利益而要求社会工作对象个人舍弃他们的权益。但是，当这种情况出现时，案主应该是自愿舍弃他们的权益。职业道德和专业伦理可能使社会工作实务环境中的研究变得有些困难，但真正好的研究却很少会受到阻碍。

六、心态开放、成果公开和分享的原则

开展社会工作研究的根本目的，是通过总结和整理社会工作实务中的零散知识，发现社会工作的规律和技巧，从而能够改善服务质量，为更多的社会工作对象服务，促进整个社会福利水平的提高。这就要求社会工作研究者要保持开放的心态，勇于接受批评，接纳不同意见，改正自己研究中的失误和错误。同时也要随着时代的发展，与时俱进，根据新情况、新问题、新知识来修正、发展自己过去的观点，而不能抱残守缺、墨守成规、裹足不前，甚至排斥异己，打压不同观点，从而故步自封，落后于时代。

成果公开和分享的原则，是由社会工作的职业性质决定的。社会工作是一项帮助人的职业，是一个提升社会福利水平的工作。这就要求我们在进行社会工作研究时，为了更广大人群的福利，主动将研究成果公开，和社会大众、和其他研究者共同分享，通过研究成果在更大范围内的应用，为更多的人谋福利。

当然，社会工作研究还有其他一些伦理准则必须遵守。这些伦理准则包括那些一般科学研究都要遵守的共同准则，如研究者必须具备一定的科学素养，开展研究必须坚持一定的标准和要求，如实报告和阐释研究结果，杜绝弄虚作假等。这些所有的科学研究都必须遵守的普遍伦理准则，社会工作研究同样也需要遵守。

第三节 社会工作研究的基本程序

科学的研究通常都有科学的研究程序和研究方法。这些程序和方法之所以是科学的，是因为其符合客观规律，能够真实、客观、有效地获得所要寻求的资料，而且通常是最方便、快捷，能够避免浪费，少做无用功，少走弯路的程序和方法。对于社会工作研究来说，科学的研究程序包括以下几个方面：

一、确定研究题目

（一）发现问题

科学研究通常都始于问题。人们在工作或生活中常常会产生很多疑问，比如对某些新的现象感到困惑不解想要寻求解释，对某些社会问题感到烦恼渴望解决，对某些社会政策感到不满要求完善，或者对他人的研究成果感到怀疑希望验证。这些需要解答的疑问就是人们心中的问题。问题可以指出寻求答案的努力目标和方向，可以指导资料的收集工作，从而推动科学研究的开展乃至人类社会的进步。在社会工作的实践中，社会工作者也会产生种种疑问，想要找到答案。而发现这些问题就是社会工作研究的最原始的一步。社会工作研究者通常根据社会工作的实践发现需要解决的问题。

（二）根据问题初步确定大致的研究题目

在发现问题之后，社会工作研究者还需要对问题进行进一步辨识。并非所有在实务过程中发现的问题都适合进行科学研究，有些问题是不适合进行科学研究的。比如，有些实际工作中的问题只需要在实践过程中解决而无须进行科学研究，有些问题只能由哲学思辨来解答，并没有一个统一的答案或至少在可见的将来不会有答案。对于这类问题不应该成为社会工作研究的对象。要确定一个研究题目，需要考虑很多因素，其中最主要的有这样几个：

（1）理论意义：通常是指研究题目应该具有一定的重要意义，是热点、疑难问题，或者能够填补以往研究的空白，或者是学科发展必不可少的基础研究。

（2）应用价值：是指研究题目应该能够满足社会工作的现实需要，解决社会工作实务中的实际问题，对社工实务有较大的影响和促进作用。

（3）迫切性：是指研究题目应该是当前迫切需要解决的理论问题或实际问题。

（4）可行性：指研究题目能够得到有关各方的配合和支持，在研究经费、人员配置、资料提供等方面有可靠的保证。研究题目的大小和范围应该是力所能及的。

（5）研究者的主客观条件：是指研究题目的选择应该和研究者本人的学术素养、研究积累、兴趣爱好、能力等相契合，也要有研究者的时间、精力和研究条件方面的保证。[1]

---

[1] 袁方主编：《社会研究方法教程》，北京大学出版社，1997年版，第118－119页。

(三）就初步确定的题目进行文献检索和评估

在初步确定研究题目以后,就要进行文献检索和评估。文献检索和评估能够防止出现重复研究和价值不大的研究,造成浪费。文献检索和评估也为研究者提供所要研究领域的全景式的概貌,为研究奠定基础。一般来说,进行文献检索和评估的主要目的有:深入了解研究问题的历史、渊源和范畴;了解相关研究题目已运用过的成功或不成功的研究方法;了解现存的一般研究题目的答案;辨识需测量的变量,了解现有的测量方法;确定何为获取所需资料的最佳途径,谁最有可能提供这些资料,以及何为分析这些资料的最佳方式;精简和进一步明确研究题目,并在这些题目明确之后,以假设的形式提出这些题目的答案;选择和使用合适的统计分析方法。①

(四）根据文献评估的结果,进行探索性调查

探索性调查是指就研究题目请教专家并进行初步的实地考察。这里的专家主要是指熟悉该研究题目的人,包括该领域的权威、研究人员、相关机构的工作人员和掌握资料的知情人等。请教专家的目的是了解他们的经验和看法,征求他们对所要研究题目的意见和建议,以更全面更深入地了解研究题目的背景、现状、最前沿的研究成果和需要进一步努力的方向。初步实地考察是到研究现场去对研究对象进行粗略的观察和简单的询问,主要采用"走马观花"的形式,它的目的并不是要做出最终的结论,而是要增加对研究题目和研究对象的感性认识,进一步明确调查内容和研究方法。

(五）确定最终的研究题目

根据文献评估和探索性调查,最终确定更精确的、适宜操作的研究题目。在文献检索、评估和探索性调查之后,就会对所要研究的题目有一个全景式的了解。这时我们已经知道了以下几个方面的内容:该研究题目有哪些已有研究,这些研究进展到何种程度?研究的前沿和热点问题有哪些,还有哪些需要进一步研究的,有哪些方向是研究空白?针对该研究题目,已经采用了哪些研究方法,这些研究方法的效果如何?随着时间的推移,是否有新的研究方法可以采用?等等。这样,我们就可以确定最终的、适宜操作的精确的研究题目。

二、提出研究假设

确定研究题目以后,在进一步的研究展开之前,一般要提出研究假设,科学研究一般都是先建立研究假设再去收集资料。研究假设是对研究对象

---

① 〔美〕Bonnie L. Yegidis, Robert W. Weinbach 著:《社会工作研究方法》,黄晨熹、唐咏译,华东理工大学出版社,2004年版,第78页。

的某些状况、内外部关系、相互作用的机制和规律等所做的未经验证的理论判断。假设一般能够说明若干个变量之间的关系。社会学家古德等人提出,假设必须满足以下几个条件:(1)以明确的概念为基础;(2)具有经验的统一性(即能被经验检验);(3)对假设的适用范围要有所界定;(4)与有效的观测技术相联系;(5)与一般理论相关联。①

当然,并非任何研究都能够在准备阶段提出明确的研究假设,比如对一些新情况、新问题,人们对它了解很少,相关的研究很少甚至没有,这时候要想提出假设无异于盲人摸象,不着边际。针对这些问题的研究只能是观察和描述性的,在准备阶段可以不提出研究假设。也不是所有研究都要提出研究假设,比如社会工作中有些纯粹实务性质的调查研究,因为不需要发展出一定的理论,只需要对调查对象有一个准确客观的认识,以利于工作顺利开展就可以了。一般来说,旨在发展理论或寻找社会工作规律的研究更需要提出理论假设作为研究的指引。

三、进行研究设计

研究设计就是开展研究的计划。研究设计要解决的问题包括:研究应于何时何地开展?要收集哪些资料?这些资料最好向哪些人收集或收集什么?这些资料该如何收集?需要测量哪些变量?这些变量该如何进行测量?如果有需要,要控制哪些其他变量?应该如何控制这些变量?所收集的资料该如何组织和分析?研究结果应该如何发表?②

研究设计阶段的任务是制订一个完整、详细的研究方案。它是对研究的具体程序和操作方法进行周密的计划,做出合理的安排,以后的工作就要遵照该研究方案逐步展开。研究方案的内容主要包括:阐明研究课题和研究目的、确定研究类型和研究方法、确定分析单位和研究内容、制订抽样方案、制订问卷与观察表格或访问提纲、确定调查的场所和时间计划、规划安排好研究经费和调查与分析工具、策划与联系研究所需要的人力和社会资源等。

一般来说,正确的研究方案具有以下几个特征:以文献评述为基础,对现有知识水平来说是适宜的,所有内容都相互一致、具有可行性。③

---

① 福武直等编:《社会调查方法》,湖南大学出版社,1986年版,第23页。
② 〔美〕Bonnie L. Yegidis,Robert W. Weinbach 著:《社会工作研究方法》,黄晨熹、唐咏译,华东理工大学出版社,2004年版,第124页。
③ 〔美〕Bonnie L. Yegidis,Robert W. Weinbach 著:《社会工作研究方法》,黄晨熹、唐咏译,华东理工大学出版社,2004年版,第154页。

四、收集与整理资料

在进行周密的研究设计,制订详细的研究计划和工作提纲以后,就可以进行资料的收集工作了。资料是社会工作研究的基础和关键,资料收集的好坏和多少直接关系到研究成果的质量,如果没有收集到好的资料,再好的研究题目也是空中楼阁,再好的研究设计也是镜中花水中月,前面的所有工作都有可能成为无用功。因此,资料的收集至关重要,一定要引起高度的重视。

收集资料的方法主要有观察法、问卷法、访谈法、实验法、文献法(与前面的文献检索与评估不同的是,这里的文献法是根据最终确定的精确题目和研究提纲与计划严格进行的,因而更有针对性)、个案研究法、行动研究法等。

在收集资料的过程中,需要注意协调好各方面的工作衔接,尤其要处理好和研究对象的关系,因为这直接关系到资料的收集工作能否顺利进行。

在收集完资料以后,还要对所获得的资料进行整理。包括对资料进行审查,剔除无用的资料;对资料进行分类、编码、汇总、编辑和登录,等等。这一过程应该严格按照事先确定的程序和方法进行。这些整理工作将使得后续的分析和解释工作能够顺利和方便地展开,可以说,整理工作的好坏对后续的分析工作的质量有着重要的影响,错误的资料整理方式可能会掩盖有价值的资料,甚至有可能产生误导。

五、对资料进行分析与解释

在完成资料的收集与整理工作之后,就进入了分析与解释资料的阶段。对资料的分析与解释也就是狭义的研究。在这一阶段,针对不同性质的资料,可以采用定量研究与定性研究两种方法进行分析与解释。

定量研究方法的共同特点是:它是从一组单位中收集各单位的可对比的信息。只有这种信息才有可能进行计算,并进而对资料作更广泛的定量分析。① 通过对数字进行统计分析等,揭示要研究的变量之间的内在关联,进而说明其背后的社会意义。在定量研究中,知识的获取过程强调的是下结论要具有客观性(不偏不倚)以及不受研究者之价值观(偏见)的影响。严谨规范的指标测量、精心控制的条件以及复杂多样的统计分析通常是定

---

① 袁方主编:《社会研究方法教程》,北京大学出版社,1997年版,第145页。

量研究设计的内容。①

定性研究方法则无法对不同单位的特征做数量上的比较和统计分析,它只是对观察资料进行归纳、分类、比较,进而对某个或某类现象的性质和特征做出概括。② 定性研究试图从那些当事人的视角来理解人类体验。它们使用诸如主观性、相对性或情景性之类的词语——这些词语暗示了定量研究容易出现的失误。定性研究还依赖归纳逻辑,而不是演绎逻辑。在定性研究中,研究者实际上是主要的资料收集和分析的执行者,资料边收集边处理。定性研究不伪称研究者能以客观、不带任何价值观色彩的方式收集资料。③

六、撰写研究报告

研究报告的结构或撰写过程包括以下几个方面:

(一)确定题目

一份研究报告,不管是研究者在撰写的过程中最先要落笔的,还是在完成以后呈现给读者并最先进入读者视线的,都是该研究的题目。因此,尽管我们在研究的开始已经确定了精确的研究题目,但是在这里,我们还是要对最终呈现在读者面前的题目进行字斟句酌,并进一步修改,力求完美。

(二)引言

阐明研究的历史背景,提出本研究要探讨的主要问题,指出研究者对该问题产生兴趣的缘由,并阐述本研究的理论和实际意义。

(三)文献评述

对以往同类研究成果进行回顾与评价,总结在该研究题目方面有哪些是已知的,本研究是如何利用这些已有知识的。在此基础上,将要探讨哪些理论或实际问题,或者将要如何拓展以往知识。文献评述没有必要罗列所有相关研究,只需要对与本研究关系比较密切的文献进行评述,重点是介绍对本研究有用的关键点。

(四)研究方法

在这一部分,需要详细阐明研究方式和研究设计;介绍研究对象;提出本研究收集资料的方法,包括选择这些方法的理论基础,描述重要变量的测量方法;说明资料的分析方法;对研究方法的优缺点和局限性做出简要的评

---

① 〔美〕Bonnie L. Yegidis, Robert W. Weinbach 著:《社会工作研究方法》,黄晨熹、唐咏译,华东理工大学出版社,2004 年版,第 20 页。

② 袁方主编:《社会研究方法教程》,北京大学出版社,1997 年版,第 145 页。

③ 〔美〕Bonnie L. Yegidis, Robert W. Weinbach 著:《社会工作研究方法》,黄晨熹、唐咏译,华东理工大学出版社,2004 年版,第 21－22 页。

论。这部分的内容能够显示出该研究的科学性和价值、研究结果的可信度。如果需要的话，又能帮助读者复制研究。

（五）研究的主要结果和结论

这是研究报告的主体部分。这部分内容将要阐述本项研究中的主要发现和主要成果。在这里要把研究中所获得的主要资料和数据呈现给读者，并从中推导出结论。也就是说，研究的主要发现和成果应该与研究资料紧密结合，研究资料能够恰当、准确地说明主要结论，具有说服力和可信度，逻辑推理和理论概括也要严密合理。这部分内容是研究报告最重要的部分，也是研究报告与众不同的地方，是研究的主要价值所在，因此要引起高度重视。

（六）本研究的缺陷

没有哪一项研究是十全十美的，所有研究都会受到所采用的研究方法、研究设计的适用范围和对象等诸多限制，因此，必然存在缺陷。研究者可以对此进行介绍，包括以下内容：本研究存在哪些缺陷；这些缺陷的性质和范围是什么；这些缺陷形成的原因有哪些；为什么在本研究中没有避免这些缺陷；研究者对这些缺陷可能对研究和结果所产生的负面影响的评估；有哪些措施可以使这些缺陷对研究所产生的负面效应最小化，等等。

（七）面向未来研究的讨论和建议

这部分内容是针对未来要进行的研究，目的在于为将来的研究提供一些建议，使其进展更顺利。在这部分，可以提出一些针对未来研究的讨论，包括以下内容：进一步研究是否必要；今后的研究如何利用本研究的成果和规避本研究的缺陷；本研究仍未能回答哪些问题；在研究中新出现了什么问题；有助于解决这些问题的建议有哪些；等等。讨论部分的内容不宜写得过长，以免冲淡主题，或给人以问题太多衬托出本研究的成果模糊不清或无足轻重的感觉。

（八）参考文献和附录

在研究报告的结尾，要列出报告中所引用或提及的书籍和文章的目录，这就是参考文献。如果研究中有些内容容量太大或者太长，因而不适合放在研究报告的正文部分，或者不是最重要的报告主体，就可以用附录把它们呈现出来；其他一些材料，如问卷、测量表、实验中的刺激材料、实验设备、研究背景的照片或草图等也可以放到附录中。附录的意义在于提供一些更详细的信息，让那些有兴趣的读者去深入地探讨该研究的数据的细节，或者回答在研究报告正文中由于省略而给读者带来的疑问。

撰写研究报告时还要努力做到主题突出、概念明确、资料与观点统一、理论判断准确、逻辑严密和语言流畅。

第四节 社会工作研究的方法论和研究范式

一、社会工作研究的方法论

方法论是关于研究方法的理论,主要从哲学角度探讨与学科体系和基本假设有关的一般原理、基本原则和逻辑基础等。把握社会工作研究的方法论,有利于探讨有关社会与人类行为知识、社会现象性质、研究性质和研究方法,理解和解释社会工作的各种现象,理解人类行为与社会环境的特征及规律,并在此过程中,验证和完善社会工作理论,甚至构造新的社会工作理论。下面具体介绍社会工作研究最主要的两种方法论。

(一)实证主义方法论

实证主义方法论产生于19世纪30—40年代,孔德和杜尔凯姆是其代表人物。实证主义方法论的基本观点是:第一,社会和自然受同样原则的支配,社会研究对象与自然科学研究对象都是纯客观的,它们不依赖于研究者而独立存在,事物本身存在着内在的、必然的、可重复的规律。第二,人的行为是由外部力量引起的,人类行为、社会变化的因果关系或相关关系是可以被感知、概括和客观计量的。只有能被直接观察并可进行客观测量的因素才能形成人们可接受的资料。第三,社会研究的任务在于说明社会现象或规律是什么,而不是说明社会现象应该或必须是什么。第四,自然科学方法适用于社会研究,社会研究的逻辑方法是假设演绎法,将社会现象作为研究起点,重视社会现象的概括归纳,努力寻求现象间的相关关系,由经验事实来检验其假设,从而发现其一般性、普遍性或规律性的东西。第五,强调价值中立,研究中不作价值判断,以保持严格的客观性和科学性。第六,强调理论研究的实践功能,注重对现实社会生活进行干预和改造。

(二)反实证主义方法论

19世纪末20世纪初,欧洲大陆兴起了与实证主义对立的思想。它反对从自然科学中寻找可以运用于人文科学和社会科学的方法,提出从个人的主观动机或体验中寻找认识社会的方法,试图以个人行动的主观根源说明人的活动、社会关系、社会结构和社会发展,从而形成了反实证主义思潮。

反实证主义方法论具有以下特征:第一,强调社会现象不同于自然现象。社会科学要说明社会中个别具体事物之间的联系,它具有不可重复性,也没有一般规律。第二,认为社会科学首先要研究个人行为动机与社会规范,反对把社会生活看作是一些无个性的社会事实或社会结构的相互作用。第三,认为社会研究方法应该着重分析社会整体的因素,找出其成分,说明整体与成分的关系,反对把社会研究归结为只对各种社会现象作整体说明。第四,认为社会科学研究的主要方法是以描述性的历史方法说明社会现象,反对在社会科学中运用自然科学研究的概括性规律方法。第五,认为考察主体的认识能力是主要的认识方法,认为社会科学知识是主观的和相对的,社会科学研究或解释性理解其本质上都包含价值倾向性。第六,注重社会现象的发生、变化过程和人的意识过程,重视研究者与被研究者以及与"生活世界"间的意识活动以及现实社会环境中意义的产生过程等。

二、社会工作研究的范式

定量研究和定性研究(质性研究)是社会工作研究的两大范式。定量研究大致与实证主义方法论对应,定性研究则与反实证主义方法论相呼应。

(一)相关概念分析

1. 定量研究

定量研究是指确定事物某方面量的规定性的科学研究,就是将问题与现象用数量来表示,进而去分析、实验、解释,从而获得意义的研究方法和过程。定量,就是以数字化符号为基础去测量。定量研究通过对研究对象的特征按某种标准作量的比较来测定对象特征数值,或求出某些因素间的量的变化规律。由于其目的是对事物及其运动的量的属性做出回答,故名定量研究。定量研究与科学实验研究是密切相关的,可以说科学上的定量化是伴随着实验法产生的。

2. 定性研究

定性研究就是搜集和分析非数字化的资料,描述和理解回答者所经历现实的含义、特征、隐喻、象征等,探索社会关系。如要对某社会工作者的自我增能情况进行研究,就可以根据其一定时期的工作日志,基于某些概念、主题对资料进行必要的梳理,并寻找这些概念、主题之间的逻辑关系,以发现客观、全面和深入的信息。

(二)定量研究和定性研究的比较

定量研究和定性研究的差异体现在研究和理论的关系、研究者与研究对象的关系、研究策略、资料特性、结果范围等方面。

1. 分析的方式

定量研究侧重于且较多依赖于对事物的测量和计算,而定性研究则侧重于对事物的含义、特征、隐喻、象征的描述和理解。

2. 研究的逻辑过程

定量研究主要进行演绎推理,将一般原理应用到特殊情境中去,通过搜集资料和分析数据来验证假设,因而是一种理论检验。定性研究不一定事先设定研究假设,其假设可以在研究过程中逐步形成和完善;它基于描述性分析,进行归纳推理,对研究过程中的发现进行抽象提炼,因而是一种理论建构。

3. 研究者与研究对象的关系

定量研究中,研究者被视为外人,其研究设计旨在排除研究者对研究对象的影响,并在过程中体现价值中立。定性研究中,研究者要使自身被研究对象视为自己人,在研究过程中对自己与研究对象的关系进行反思和调适,注重站在对方的立场审视、领悟和分析具体事实。

4. 研究的方式

定量研究通过文献回顾和实地探索,归纳提炼出研究问题和研究框架,然后进行研究设计,依托量表、问卷等标准化测量工具搜集资料,并对所得的资料进行统计分析,以发现变量之间的关系;它追求研究资料和研究结论的精确性。定性研究的研究设计则灵活多变,主要采用实地研究策略,通过参与观察、深度访谈、生活史等方法搜集资料,并根据当时当地的情况和研究者的过程感悟,修改、完善和深化研究细节。

5. 资料特性

定量研究主要搜集和分析量化的资料、可操作的变量和统计数据,如通过问卷调查发现社会工作培训项目的参与者对教师讲课的总体评价。定性研究则主要获取描述性的信息,如探究某人在失业初期的心路历程。

6. 结果范围

定量研究注重研究问题的普遍性、代表性及普遍指导意义,如社区多数居民对公共安全的需求就是一个具有普遍性的研究问题。定性研究则注重研究对象,有助于发现研究问题的个别性和特殊性,以此发现问题或提出发现问题的新视角,如探讨个案社会工作的潜在服务对象的偏差行为与其儿时经历的关系。

总的来说,定性研究与定量研究是在社会工作研究过程中可以采取的两种途径,两者不存在孰优孰劣,各自发挥着不同的作用。研究者可以根据研究的需要选择合适的研究方法。

第五节 社会工作研究的主要方法

社会工作研究的方法有很多,这些方法可以从多种角度分类:可以从是否进行数量化处理的角度分为定量研究方法与定性研究方法;也可以根据使用的目的区分为资料收集方法与资料分析方法;还可以从获取资料的手段或媒介角度区分为问卷法、访谈法、量表与测量法、观察法、实验法、文献法等方法。这里着重介绍社会工作研究中常用的一些方法。

一、问卷法

问卷法是利用事先设计好的问题调查表即问卷,请调查对象回答,然后根据回答的情况进行分析并得出结论的方法。

(一)问卷的基本结构

1. 封面信

这是给被调查者的一封说明性质的信,其作用在于向被调查者介绍和说明调查者的身份、调查内容和范围、调查目的等内容。封面信能够取得被调查者的信任和理解,得到被调查者的合作。

2. 指导语

这是用来告诉被调查者如何填答问卷和访问员如何正确完成问卷调查工作的指导性语言,通常以"填表说明"的方式出现。

3. 问题和答案

这是被调查者需要完成的部分,是问卷的主要部分,研究想要获取的最有价值的资料就由此而来。

4. 编码

编码就是给予问题及答案某个字母或数字作为代码。如用数字"1"代表"男性","2"代表"女性"。编码可以在设计阶段完成(前编码),也可以在分析阶段进行(后编码)。编码可以体现在答案中,也可以设在问卷最右边,研究者要根据变量取值范围确定编码位数。

5. 其他

问卷还可以包括问卷编号、被访人联系电话、访问员签名、访问时间、结束感谢语等。如"访问结束,谢谢您的合作"。

(二)评价

利用问卷法得到的资料便于定量处理和分析。问卷法节省人力、时间和经费,可以避免偏见,减少调查误差;并能够较好地实现匿名调查,从而更有利于保护被调查者,因此被广泛运用。

当然,问卷法也有一些缺点需要注意,比如使用问卷对被调查者的文化水平有一定的要求,回答率往往难以保证,而且有时不能保证填答问卷的质量等。因此要注意尽量避免或减少这些缺陷。问卷法也有其适用范围,有些情况是不能使用问卷法的。

二、访谈法

(一)概念

访谈法是通过与交谈对象有目的的谈话来收集研究资料的方法。在社会工作研究中,访谈法是一种使用非常广泛的方法。因为社会工作的案主都是一些需要帮助的人,大多是社会弱者,向他们提供帮助需要耐心细致的了解其详细情况才能进行。而只有进行访谈包括深度访谈、进行个案研究,才能收集最详尽的资料,因此,访谈法在社会工作中使用较多。与其他方法相比,访谈法的最大特点是通过面对面的互动,访谈者与被访者相互交流、相互作用和相互影响,在获取研究资料的同时,访谈过程也会对调查结果产生较大的影响。

(二)类型

访谈法包括结构式访谈和无结构式访谈两种类型。

结构式访谈又称标准化访谈,是指按照事先制定的较详细的调查提纲进行的受到高度控制的访谈。这种访谈的访谈对象一般按照统一的标准和方法选取;访谈的过程也是标准化的,即对所有被访者提出的问题、提问次序和方式、答案记录方式等都是一样的。结构式访谈的最大优点是访谈结果便于量化,容易进行统计分析。而且能够很好地控制调查过程,从而最大限度地降低调查误差,提高调查结果的可靠程度。但其缺点在于难以深入细致地了解调查对象,往往只能了解表面的情况。

无结构式访谈又称非标准化访谈,是指只有一个粗略的调查提纲、访谈者可以有相当大程度的提问和交谈自由的访谈。它没有事先制定严格的提问程序和提问方式,只有一个大的题目,访谈者和被访者可以就这个题目进行自由交谈,因而每一个无结构式访谈所获得的资料都不一样。其最大的特点是弹性大,能充分发挥访谈者与被访者的积极性;而且访谈者能够全面深入地了解所要调查的情况,因而通常被用于那些比较复杂、用表面调查难以说明的现象。但由于其非标准化操作的特点,无结构式访谈所获得的资料往往难以进行定量分析。

(三)评价

总的说来,访谈法的优点是能够获取更深入的资料,也可以充分发挥研究人员的主动性和创造性,并有利于研究者对环境的过程进行监测或控制。但由于受到访谈双方互动过程的影响,对访谈者的人际交往能力、访谈技巧的熟练程度和访谈者对环境的控制能力有一定要求,因此也决定了访谈法更难于掌握、费用较高、费时较长、需要的人力较多。

三、观察法

(一)概念

观察法是一种通过制订研究目的与计划,主要利用视觉来获取研究资料和信息的方法。在社会工作研究中,观察可以提供有关研究对象的第一手资料,并对社会情境有直接的感性认识,也是提出理论假设的基础。

(二) 类型

观察法可以按照不同的标准进行分类:

(1) 从是否对观察的过程进行一定控制的角度,可以将观察法分为实验室观察和实地观察,前者受到一定的控制,而后者多发生在自然环境中。

(2) 从观察者是否参与被观察对象的活动的角度,可以分为参与式观察和非参与式观察。

(3) 从观察是否有严格的程序的角度,可以分为结构式观察和非结构式观察,其分类与结构式访谈和非结构式访谈类似。

在社会工作研究中,为了深入了解案主的情况,尽可能地为案主提供优质服务,经常使用参与观察,这是一种使用程度相对较高的观察法。参与观察是人类学和民族志研究中最常用的研究方法,它们的研究对象多是原始社区或特殊的文化群体。近些年来,人类学和社会学也将这种方法运用到现代社会某些特定社区或群体的研究中。参与观察的最大优点是能够深入、全面地了解观察对象的详细情况,尤其是在需要到研究对象内部进行长期观察才能得出结论的情况下,使用其他方法很难获得资料,参与观察就有了特殊的优势。在社会工作领域,当社工们试图找到有效合理的途径对案主进行救助的时候,需要了解案主本人的需要,有时候更要设身处地了解案主的处境,站在案主的立场进行思考,甚至还需要跟案主长期相处才能得到有价值的资料,这时候参与观察就是一种最有效的研究方法。观察法的程序和访谈法有一定的相似之处,包括确定观察目的、内容、方法、步骤;挑选与训练观察员;正式观察;进行记录工作等。

(三) 评价

观察法的优点主要有:一般在自然条件下进行,因而对研究对象的干扰较小;特别适用于无法用语言文字沟通的调查对象,包括不愿接受访谈者、语言不通者、幼儿、聋哑人等群体。但其局限性和缺点有:难以控制研究对象、研究环境和时间,因而很难进行数量分析和统计;观察的资料大多很琐碎、繁杂,处理起来很难;工作量通常较大,费时、费力等。

四、实验法

(一) 概念

实验法是指在人为选择或人为控制的环境中,按照一定的程序,改变该环境中的某些因素或控制某些变量,以考察这些变化对研究对象的影响的方法。实验法通常用于考察若干个变量之间是否存在因果关系。一般把这些变量区分为自变量和因变量。自变量是能够引起变化的变量,而因变量则是受自变量影响而发生变化的变量。借助于实验,研究者的目的在于发现引入自变量后,因变量是否必然会发生变化,即自变量和因变量之间是否存在因果关系。

(二) 实验法的通常操作步骤

(1) 提出研究假设:主要是假设要研究的变量之间存在某种因果关系。

(2) 进行研究设计:选择实验场所、实验设备、测量工具、控制方式和观测方法等。

(3) 选取实验对象,并按一定的方法进行分组。

(4) 在实验开始时对因变量进行前测。

(5) 实施实验,引入自变量,让其发挥作用或影响。

(6) 在实验结束前再对因变量进行后测。

(7) 通过比较前测与后测的差异来检验研究假设是否成立。

(三) 评价

实验法的优点主要有:能够确立若干个变量之间的因果关系;易于重复操作或检验;便于控制研究环境、研究对象和研究条件,等等。

实验法的缺点主要有:受控制的实验情境往往与现实存在距离;研究成果往往难以推及总体;研究对象容易受到实验人员暗示等影响;对研究对象进行操纵在现实中有时会产生伦理及法律问题,等等。对社会工作这种实践性很强的行业来说,以上这些问题尤其应引起重视。

五、文献法

(一) 概念

并非所有的研究都需要由研究者及其团队收集资料,有时候研究者也可以借助于已有的任何信息形式包括已有的研究及其中由其他人收集的资料来开展研究。这种通过分析已有的信息或资料并从中得出研究结果的方法称为文献法。可以称为文献的资料多种多样,既有个人日记、个人信件等个人文献,也有政府的工作报告和统计资料等官方文献,还包括报刊、电影、电视等大众传播媒介信息。

(二) 评价

文献法的优点主要有:研究对象不会受研究者的影响而发生变化;可以研究那些无法接触的研究对象如历史人物等;适于作纵贯研究,即不同历史时代的跨时代研究;研究费用较低等。当然,其缺点也显而易见:有些文献特别是个人文献经常会因为保存不当而难以利用;很多资料如个人日记和私人信件因为涉及个人隐私而不易获得;多数文献由于缺乏标准化的形式而难以直接编录或分析,等等。

六、个案研究法

个案研究法也是社会工作研究中常用的方法。它与前面所述方法多少有些重叠之处,比如个案研究中也会采用访谈法或观察法。但由于个案研究法有着独立的特征和价值,在社会工作研究中经常使用,相当重要,所以需要特别加以介绍。

(一) 概念

个案研究是社会调查的一种类型,是与统计调查相对而言的。"个案"一词,出自医学、心理学和法律学研究,即个别病例或案例。① 个案研究通过对个别案例的深入了解,收集该案例的详尽资料进行分析和处理,从中得出研究结果。个案研究的研究者只从一个和少数几个案例中收集资料。个案不一定是个人,也可以是一个家庭、一个群体、一个社区等研究单位。个案研究通常适用于那些研究者对其知之不多的领域,或具有代表性的样本无法获取的时候,也经常涉及那些采用正统的研究方法无法研究的对象,如非法行为。

(二) 评价

个案研究的优点是能够对个案的社会背景进行深入全面的把握,这是其他研究方法无法做到的;个案研究也可以深入考察那些用定量方法无法考察的领域。因此对于社会工作这种需要对案主有深入了解才能提供更好服务的行业来说,个案研究的价值更大,也经常被采用。个案研究的最大缺陷是由于研究对象的数量很少,而有可能缺乏代表性,因而无法从典型案例推论全体的情况。

---

① 袁方主编:《社会研究方法教程》,北京大学出版社,1997年版,第277页。

第十二章 社会工作实务

社会工作是一门具有实践意义的专业,在其多年来的发展中形成了一套分工完备的实务体系。本章的主要内容是简要阐述社会工作实务的领域及其过程,以儿童社会工作、老年社会工作、残疾人社会工作以及矫正社会工作为例,对社会工作服务的对象、社会工作开展的理论基础、社会工作实务的方法以及社会工作实务过程中的技巧等做进一步介绍。

第一节 社会工作实务概述

一、社会工作实务的发展背景

19世纪末20世纪初,西方急剧发展的工业化使社会流动人口数量增加,原有的社会结构面临解体的危险,家庭及社区提供福利的功能亦逐渐减弱。在都市化的环境下,很多失业者、残疾人、新移民等不能得到适当的保护与照顾。社会工作者在使命感的驱动下,对社会不平等给予回应,为社会弱者提供服务,协助他们解决所面对的问题。在社会工作实务逐渐专业化的过程中,社会工作者使用社会科学的研究方法,探究并了解社会弱者所面对的困难,进而找出解决问题的最好方法或最佳模式,从而逐渐形成今日社会工作的专业知识及实务方法。社会工作实务的方法,由最初的个案辅导,逐步扩展为包括小组工作、社区工作、政策分析在内的多种方法。社会工作者的服务范畴亦由原来的新移民及儿童服务,扩展至包括不同服务需要、不同处境、不同年龄及有不同问题的人士[1]。

二、社会工作实务的通用过程

在具体开展社会工作时,无论是以个案工作方法帮助受助者,还是在宏

---

[1] 梅陈玉婵、齐铱、徐永德著:《老年社会工作》,格致出版社,2009年版,第21页。

观层面展开服务实践,社会工作者都遵循一个通用的工作流程,它是社会工作者助人活动之专业规范的体现。一般认为,社会工作的通用过程包括接案、预估、计划、介入、评估、结案六个阶段。

(一) 接案

接案是社会工作者与受助人通过接触与沟通就受助人问题之解决初步达成协议的阶段,它是社会工作助人活动的第一个环节。在接案阶段,社会工作者所要完成的工作内容主要包括:了解服务对象的求助原因和求助过程,初步评估服务对象的问题,决定是否接案,订立初步协议①。同时在接案阶段,受助人也需要在社会工作者的引导下积极地参与其问题的分析与界定、情绪与认知的梳理以及助人需求的确认。由于接案是整个助人过程的开端,因此社会工作者与受助人之间所建立的助人与受助的专业关系之好坏尤为重要。

社会工作者接案的一般步骤是:

1. 接案前的准备

接案前的准备包括了解受助对象的来源及类型。受助对象来源于主动求助者、他人或机构转介者以及接受社会工作开展服务者。受助对象一般分为主动求助者和非自愿型的受助者。区分不同来源和类型的受助对象,有助于社会工作者掌握与受助人进行沟通的基调并选择合适的沟通方式。

2. 了解受助对象的求助过程

受助对象的求助过程表明了受助对象可能蕴藏的自助的潜力和其所面临问题的严重程度,能帮助社会工作者更准确地把握其求助的动机与需要。

3. 为接案的初次面谈做准备

初次面谈,社会工作者要与受助人一道围绕以下四个方面来进行:界定服务对象的问题,澄清角色期望和义务,介绍机构的相关政策和社会工作者的职责、伦理,达成服务协议。初次面谈后,社会工作者与受助人之间并非一定能达成初步的服务协议,还存在着以下两种可能的结果:终结服务和转介。

4. 面谈

作为社会工作者与受助人交流的基础性工作技术,面谈并不只在接案阶段进行,在初次面谈并达成服务协议之后,随着正式助人活动的进行,面谈会持续、多次地进行下去。在后续的多次面谈中社会工作者还要完成至少两项重要的工作,激励并促进服务对象进入角色,促进和诱导服务对象发

---

① 史柏年主编:《社会工作实务》(全国社会工作者职业水平考试指导教材),中国社会出版社,2007年版,第2页。

生态度与行为的改变。

5. 面谈记录

接案面谈结束后,社会工作者需要对面谈的内容、过程及结果进行条理性记录。面谈记录一般有过程式记录和摘要式记录两种模式。过程式记录依据表达方式的不同还可以细分为记叙式和脚本式两种记录方式,其中记叙式记录是社会工作中常见的一种记录模式。记叙式记录会依照面谈的目的、面谈的过程、对面谈的评估和对面谈的建议步骤依次记录,记录用第一人称或第三人称并以陈述式语气来完成。

(二) 预估

预估可以理解为,社会工作者依据案主所处的情境以及与案主相关事实对其所面临的问题性质、案主的能力状况、心理状况以及社会支持状况做出综合性的分析判断,得出一个暂时性结论的过程。对案主的问题或状况进行预估是为了帮助社会工作者和案主共同形成一个概念化的认识,这个认识涉及如何界定案主所面临的问题,判断和描述案主的社会功能以及案主的处境状况,初步建立一个协助案主解决问题和发展能力的计划。

在预估阶段需要完成几项主要的任务:收集服务对象的资料,它包括案主的个人资料、案主的生活环境等;识别服务对象的问题与需要;分析服务对象问题形成的原因及对案主的影响;评估服务对象的能力与环境。

(三) 计划

计划阶段的主要任务就是社会工作者帮助案主为实现重要的改变制定行动的目标和行动方案。计划将社会工作者在预估阶段所形成的服务策略具体化为包含服务方式、服务时限、服务范围、服务效果预期、双方承担的责任在内的系统化行动指南,行动指南受服务总目标(服务目的)指引。因此一项服务计划一般包括三项主要内容:服务的目的和目标、服务所关注的问题和对象以及服务介入的方法和行动。

计划是为达到助人目标而制订的,因此计划的制订不是社会工作者单方设计的过程,案主的充分参与相当重要,体现了案主的现实需要和改变动力的计划才是一份好的计划。计划还必须详细而具体,以便于介入双方的操作。

(四) 介入

介入是助人行动的实施阶段,它承载着助人目标实现的重任。介入过程中,社会工作者可以为案主提供具体的服务或信息,也可以为案主指引改变的方向。

社会工作者的介入内容一般会涉及案主的认知、情感和身处的环境。一些案主的问题来自于他们对事务与状况的错误理解,社会工作者就需要帮助他们改变错误的观念与思维方式并进行认知重建;案主也可能备受情感问题的纠结而不能自拔,社会工作者需要帮助案主澄清情感困惑的根源,引导其宣泄并协助案主理性地处理情感的问题;案主所处的环境状况往往直接造成案主的问题,社会工作者就要介入案主所处的环境,帮助他认识环境中潜在的支持因素,增强案主的社会支持系统;或者是帮助案主整合社会资源以满足其需求,甚至为案主争取有利于其福利满足的政策改变。

社会工作者以三种方式介入案主问题的解决:直接介入、间接介入与综合介入。直接介入方式着力于改变个人的认知、情感、行为,改善家庭关系与小群体之间的人际关系。间接介入方式着力于改变案主所处的环境,通过案主处境的改善与资源整合达到助人的目的。综合介入则同时涵盖了介入个体与介入环境两种方式,着力于个体与其系统互动关系的改善,通过介入一方面增强个人的生活适应能力,另一方面增加社会和物理环境对个人需要的回应。

介入行动要遵循一定的原则,这些原则包括:以人为本、服务对象自决、个别化、考虑服务对象发展阶段的特点、与服务对象相互依赖、瞄准服务目标和考虑经济效益。

(五)评估

评估是对服务过程和服务效果的总结。评估对于社会工作者梳理服务过程的得失、积累服务经验、帮助案主肯定积极的改变和寻找下一阶段改变的方向有着重要的意义。

评估一般分为过程评估和结果评估两种类型。过程评估是针对整个介入过程的全面考察,它专注于介入活动的实施过程,社会工作者介入的方法、原则运用的得当性和效用发挥的合理性是考察的重点。结果评估则是针对介入结果的评价与分析,对照计划中的目标来评价案主经过介入环节后所发生改变的程度,以了解服务的实际效果。

评估不仅仅是指社会工作者对案主在被介入后所发生改变的评价,更包括社会工作者依据上述评价结果对自身工作过程中技巧运用、原则遵守、角色扮演等服务提供各方面的自查与反思。参与评估者除了社会工作者,还应当包括案主本人,以及机构督导及相关人士。在进行评估时要注意符合社会工作专业的价值要求,同时注意保密。评估方法的运用也力求非复杂化,从工作的实际需要出发,力求如实反应服务效果的对比,以有效地达到评估的目标。

(六)结案

结案即服务活动的结束阶段,是案主的问题已得以解决并能独立应对新生活与新环境时所进入的环节。

结案阶段,社会工作者主要完成的任务包括:与案主一起评估目标完成的程度、选择结案时机与方式、处理结案案主可能产生的情绪反应、巩固案主取得的改变成果、(需要的情况下)进行适当的转介、撰写结案记录。

结案期,社会工作者面临的最大挑战来自于案主对结案事实所产生的负面情绪。这些负面情绪,如否认结案期的到来、发生行为倒退试图延缓结案、对社会工作者过分依靠、抱怨社会工作者服务态度与水准、产生愤怒与对抗的情绪、郁闷、与社会工作者"讨价还价"等。如何处理结案期案主的负面反应直接关系到服务效果的好坏。社会工作者可以通过分享与回顾案主改变的过程、精心安排结案期活动与节目、逐渐减少与案主的接触等方式帮助案主平静地进入结案期,鼓励和协助案主以建设性思维与行为应对美好的未来。

第二节 老年社会工作

人口老龄化是现代社会的一大成就,同时也是现代社会的一大挑战。老龄化问题作为当今的全球性问题,引起了各国的广泛关注和重视。我国已于2001年迈入老龄化社会,政府和社会面临着"未富先老"所带来的挑战,因此肩负着促进老年人福利、关怀弱势老年人的使命。老龄化社会为家庭、医疗、经济、住房以及社会福利等社会体系带来了机遇与挑战,也催生了一支服务于老年人士的专业队伍,他们由医疗、护理和社会工作等专业人才组成。老年社会工作者,作为一支重要的服务力量,对于缓解及解决目前正趋向严重的老龄化问题,是非常必要的。

一、老年社会工作的基本概念及服务内容

( ) 老年期的界定

国际上对老年人的界定,通常以生理年龄为依据。生理年龄指的是按人的生理状态、生理功能以及反映这些状态及功能的生理指标确定的个体年龄。生理年龄是一个人日常功能发挥的最重要因素,在很大程度上决定着老年人的生活状况。通常,衡量一个国家或地区进入老龄社会的标准是该国家或者地区60岁及以上的人口占总人口的10%,或者65岁及以上的人口占总人口的7%。西方发达国家普遍采用65岁作为老年人口的年龄起点,而发展中国家多采用60岁作为老年人口的起点。[①] 我国政府多将老年人定义为60周岁以上的公民。但是,同样是60周岁的个体,在生理、心理

---

① 李迎生著:《社会工作概论》,中国人民大学出版社,2010年版,第371-372页。

及社会化方面的差异却很大。

（二）老年人的问题与需要

1. 老年人的问题

老年人处于人生最后一个年龄阶段，一般认为，老年人通常面临着生理老化、心理老化及社会角色变化等问题与转变。随着生理年龄的增长，人体各功能器官的新陈代谢功能在逐渐下降；同时，老年人在知觉、智力、解决问题以及情绪等方面的能力也在渐渐降低。再加之老年人因为退休而失去职业角色，进而逐步丧失中年期建立的社会角色与社会关系，因此需要接纳象征晚年的新的社会角色和关系，如祖父母。以上这一系列因老化而不断显现的老年特征，意味着老年人在社会服务过程中有其独特的需要。

2. 老年人的需要

老年人的需要通常分为两大类。一是解决各种困难的需要，二是获取发展的需要。前者主要包括对健康维护的需要，对经济保障的需要，对生活照料的需要，对医疗帮助的需要，以及对妥善处理夫妻及代际关系的需要等。后者主要包括对接受老年教育的需要，对参与社会生活的需要，对发展兴趣爱好的需要等。因此，老年社会工作者可以利用专业的社会工作方法，对一部分老年人提供补救性的服务，对更多的老年人提供发展性服务，以满足不同需要的老年群体，为老年人提供精准、适切的服务。

（三）老年社会工作的含义

老年社会工作是指社会工作者在社会工作的价值理念指导下，经过专业训练，充分运用社会工作的理论与方法，为在生活中遭受各种困难而暂时丧失社会功能的老年人解决问题、摆脱困境，并同时推动更多的老年人在晚年获得进一步发展的专业服务活动。①

此定义也强调了老年社会工作的以下几个重要内涵：

（1）老年社会工作服务同其他领域的社会工作专业服务一样，是一种在价值理念支配下的活动。在开展老年社会工作的过程中，社会工作者需要秉持社会工作对服务对象的信念以及专业的伦理守则与基本原则。

（2）为老年人提供社会工作服务需要在与老年人相关的理论指导下进行，运用多种社会工作通用的方法，以提高有效性和针对性。

（3）老年社会工作服务的最终目标是挖掘老年人的潜能，提高老年人的生存能力，促进老年人的发展。

（四）老年社会工作的对象

根据我国香港、台湾地区以及日本、美国、英国和加拿大等老年社会工

---

① 范明林著：《社会工作理论与实务》，上海大学出版社，2007年版，第166页。

作实践,按照"被服务的人"为划分标准,可将老年社会工作的对象分为以下几类①:

1. 遭遇困难的老年人

老年人在生命的最后一个阶段,通常会遇到许多困难,如经济问题、医疗问题、身体疾病、心理健康、人际关系等。如果老年当事人主动要求帮助或者有接受服务的意愿,那么他们就是老年社会工作的服务对象。

2. 老年人的家庭成员

老年人通常在退休后逐渐减少社会活动的参与,随着社会角色的渐渐淡化,最后会将活动范围基本限制在家庭之中。这时,许多与老年人家庭成员相关的问题会显现出来,如老年人和家庭成员的关系问题,老年人的照料问题,老年人的虐待和遗弃问题等。因此,处于此种情形中的老年人及其家人便应该是老年社会工作的对象。

3. 亲友或其他家庭以外的个人

随着核心家庭所占比重的增高,很多老年人在进入年迈阶段后并不与子女就近居住,所以对老年人的生活起居与照顾工作往往由家庭以外的亲友或者没有血缘关系的专业照料者承担。这些照顾者长期服侍老人,身体与心理饱受压力,也会深感体力不支、情绪不稳,因此会产生对老年人的负面行为,如冷漠对待老人、责骂老人等虐老行为。所以,此类照顾者也需要老年社会工作者的帮助和辅导。

(五) 老年社会工作的服务内容

根据民政部 2016 年颁布的《老年社会工作服务指南》,我国老年社会工作服务的内容主要包括救助服务、照顾安排、适老化环境改造、家庭辅导、精神慰藉、危机干预、社会支持网络建设、社区参与、老年教育、咨询服务、权益保障、政策倡导、老年临终关怀等。②

二、老年社会工作理论

老年社会工作的基本理论为老年社会工作实务的重要基础。回顾老年社会工作的发展历史,既产生了很多具有指导意义的老年学专业理论,也有许多从社会学、心理学、生物学、医学等学科领域借鉴而来的相关理论。这些理论主要包括角色理论、脱离理论、活动理论、老年亚文化理论、标签理论、连续性理论和人生回顾理论等,共同构建了老年社会工作的理论支持体系。本节选择老年社会工作理论中具有代表性的几个理论加以阐述。

---

① 范明林著:《老年社会工作案例评析》,华东理工大学出版社,2010 年版,第 3 页。
② 民政部:《老年社会工作服务指南 MZ/T 064—2016》,2016 年 1 月发布。

（一）角色理论

角色理论（Role Theory）是阐释社会关系对人的行为具有重要影响的社会心理学理论。它强调人在社会中生存，既是社会的产物，也扮演着不同的社会角色，而社会角色的属性影响个体的心理及行为特征。从老年期社会角色变迁这一角度，角色理论阐释了为什么老年人难以适应衰老的过程。

首先，老年人面临着角色丧失的困境。随着年龄的增长，老年人因退休或淡出社会活动的原因，逐渐失去了原先扮演的角色而不能获得新的角色。通常，老年人在进入老年期之后便意味着基本丧失中年期的社会角色及社会关系。例如，老年人会因退休而丧失劳动者角色，或因丧偶而失去配偶角色。老年人在面对角色丧失时，往往会陷入一种"无角色"状态，他们不能一贯地用社会规则规范自己的行为，他们被认为排除在有意义的社会活动之外。因此，老年人在面对此类角色丧失时，会产生抗拒及无助感。其次，老年人的角色丧失多是不可逆转的。尽管有些老年人在退休后依然活跃在其他工作岗位，或继续参加社会活动，但与中年期相比，多数老人并没有新的角色来代替他们所失去的角色。此外，老年人所经历的角色过渡阶段通常是不连续的。对于退休老人来说，他们在青年期、中年期形成的努力工作的生活模式可能使他们很难适应突然放松下来的闲暇生活。所以，成功的老年生活在很大程度上取决于老年个体是否能适应进入老年期后的角色转变。因此，个体在老年期能否接纳角色的转变，能否合理地理解角色的意义，对其保持身心健康有着重要作用。

（二）活动理论与脱离理论

活动理论（Activity Theory）和脱离理论（Disengagement Theory）是20世纪美国老年学研究领域盛行的理论。两种理论从功能主义的角度分别探讨了老年人在老化过程中应该维持何种社会功能。活动理论的提出者罗伯特·哈维格斯特和脱离理论的提出者库明与亨利同属芝加哥研究小组的成员，且都擅长从社会调查的基础中总结观点。

活动理论认为，活动水平高的老年人比活动水平低的老年人更容易拥有较高的生活满意度与社会适应能力。罗伯特调查了美国堪萨斯市由300多人组成的老年人样本，该样本由50～90岁的中产阶级白人组成。经过六年的长期研究，罗伯特发现，老年人应该尽可能长久地保持中年人的生活方式以否定老年的存在，并尝试用新的角色代替因退休或丧偶而失去的角色，进而缩小自己与社会的距离。① 活动理论有四个重要的假设：第一，老年人在老化过程中丧失的角色越多，参与的社会活动就越少。第二，保持高水平

---

① 江娅.《老年社会工作的理论基础》，《中国青年政治学院学报》，1998年第2期。

的活动,会使老年人在角色支持方面获得更多的资源。第三,稳定的角色支持,可以维持稳定的自我认识。第四,自我认识越明确,生活满意度随之越高。[①] 这四个假设揭示了老年人参与社会的程度对老年人生活满意度的积极影响。

尽管活动理论从实证研究中强调了老年人社会参与的积极作用,但事实上如果我们仅以活动水平的高低来判断老年人的生活满意度,则会导致另一个误区。老年人是否拥有幸福的晚年不仅仅取决于社会活动水平这一个因素。老年人的社会经济地位、家庭关系、社会支持网络以及生活方式,都是影响老年人幸福晚年的重要因素。活动理论对于我国的老年社会工作有十分重要的指导意义。我国老年人普遍在退休后选择久居家中,即使仍有维持社会认同的心理需求,很多时候也因机会不足而暂时搁浅。老年社会工作在实施过程中应提倡"老有所为、老有所乐"的思想,积极为老年人提供设施和机会,帮助他们继续保持一定程度的社会参与,以提高老年人的生活满意度。

脱离理论又称撤退理论,与活动理论相反,它是从代际循环的角度,提倡老年人因为自身活动力的下降,从原有的社会角色和社会期望中退出以摆脱社会的束缚,从原有的社会中"脱离"出来。对很多老年人来说,脱离被看作是一种适应行为,可以使老年人逃离中年期社会对于个人的职业、家庭及社会期望,从而保持一种平静随性的心态,扮演比较次要的社会角色。从脱离理论来看,老年人减少他们的社会活动水平,减少一定的社会关系,更加关注内心的生命体验,这会使老年人的晚年生活趋向于更加宁静和幸福。同时,老年人主动从社会生活中撤退,会使社会运行实现正常交接,社会的运转也不会因老年人的突然离去而功能受损。因此,脱离理论的支持者认为,老年人在退休后从社会主流生活中退出,无论是老年人出于自愿还是社会影响所致,对个人和社会发展都有着积极的影响。

同活动理论一样,脱离理论也存着一定的局限性,他们都忽视了老年人的个性在晚年生活中的作用。尽管脱离理论在观点上不乏其合理之处,但是在实践过程中也遭到了诸多学者的质疑。现今老年人的预期寿命普遍延长,老年人在退休后多数仍具有健康的身体和活动能力,如果在今后的几十年内让老年人脱离社会,久居家中,难免会让部分有社会活动需要的老年人无所适从,并且也给社会带来沉重的负担。除此之外,脱离理论所倡导的退出社会生活、淡化社会角色,会助长社会中存在的老年歧视思想,加重社会对老年人的否定性认识,这对老年人的身心健康有着较大的伤害。

[①] 李迎生著:《社会工作概论》,中国人民大学出版社,2010年版,第378页。

(三) 人生回顾理论

人生回顾理论(Life Review)是由布特勒于 1963 年提出的。该理论认为,老年人在老年期的一个基本人格特征就是喜欢回顾往事。这种特征的出现,主要是由于老年人普遍认为自己已经暮年,所余时光不多,所以会格外怀念过去的一些人生经历,在心理上产生"人生回顾过程"。① 通常,老年人回顾往事的方式包括:与亲朋好友或晚辈谈论往事,怀念孩童时期家乡的生活场景,怀念自己年轻时的样貌以及书写怀旧的文章等。

人生回顾理论的焦点是老人生命历史中正负两面的事件,也是重新建立老人的成长阶段和生命历史。通过正视负面情绪和事件,可以察觉早期生命阶段中还没有处理好的问题。在老年社会工作实务中,人生回顾是为了帮助老人度过人生重大事故,例如丧偶之后重新建立新的生活。老人可能需要别人的帮助来思考和计划未来的独自的生活,去适应一个属于"我"而不是"我们"的生活。人生回顾可以帮助老人面对慢性疾患或残障等人生危机。此方法可以协助老人将目前的健康状况与整个人生过程做出比较,并让他们明白,健康的衰退不过是人生很小的一部分。除此之外,人生回顾理论提倡很多老人回顾自己在养育孩子或毕生在工作上的贡献,这样比较容易让他们找出人生的积极意义,缓解老年期的不良情绪。

三、老年社会工作的方法和技巧

(一) 老年社会工作的方法

老年社会工作在西方发达国家以及中国香港、台湾等地区已有几十年甚至上百年的发展,不仅形成了较为完整的社会工作理论体系,也形成了比较完善的老年社会工作方法和技巧。老年社会工作的实施过程,主要可分为以下几个步骤:

1. 开始阶段

老年社会工作是由老年人自主决定的,希望借助社会工作者的帮助来克服困难。所以,在接案的过程中,老年社会工作者必须事先征得老年人的同意,使老年人自身愿意改变所处的情况。社会工作者应协助老年人敢于表达自己的服务需求,陈述自己遇到的问题,使社会工作者明白老年人的求助动机。同时,社会工作者也要认识到老人是否可以在接受服务后实现某种程度的改变,要在合适的时机让老年人从事一些活动,以展示老年人的能力感,体现对其的尊重。在开始阶段,社会工作者应准确分析并界定老年人面临的问题,同老年人一起澄清服务目标和服务过程,与老年人建立良好的

---

① 范明林著:《老年社会工作案例评析》,华东理工大学出版社,2010 年版,第 9 页。

工作关系。

2. 建立服务契约

在社会工作正式开展之前,社会工作者有义务与老年人就主要的问题、目标、社会工作方法、参与者的角色和义务等内容达成形式上的规定。需要协助的老年人与社会工作者经过双方同意达成协议,以书面的方式对双方的合作关系、责任分配等进行详细的说明。建立服务契约的步骤,是社会工作开展过程中的重要部分,它可以让老年人清楚地了解他们可以从整个服务过程中获得什么,以及自己应该在协助过程中如何努力。

3. 评估或诊断

这个阶段也可以称为任务界定阶段,是指社会工作者通过调查访问,收集老年人的相关资料,进一步了解老年人的自身情况和所遇到的问题。在对老年人的评估过程中,社会工作者应主要了解老年人的健康状况、社会经济能力、社会支持网络以及个人的价值与目标等。在此阶段中,老年人资料的收集不应仅局限于老年人个人层面,还包括老年人的家庭、团体及社区等层面,有助于对老年人问题的进一步了解。

4. 采取行动

采取行动是社会工作的中心阶段,社会工作者通过专业的工作方法,并结合老年人自身的能力及社会支持网络,来协助老年人解决问题。在这一阶段,社会工作者可能通过扮演不同的角色,以帮助有不同需要的老年人,如激发老年人发展潜能的使能者,链接老年人与其他各方资源的资源链接者,为老年人利益发声请愿的倡导者,以及影响相关人士制定社会政策或促进有关决定方案实施的专家角色等。

5. 结束阶段

当老年社会工作服务的预期目标达成或发现机构所提供的服务并不能满足老年人对社会工作服务的要求时,社会工作者应准备与老年人结束工作关系。由于老年人在服务后期通常不愿意面对关系的终止或因服务效果不理想而被转介到其他机构,结束工作会使老年人形成被遗弃的感觉,导致老年人会以否定、愤怒、失望等负面情绪来回应。这时,社会工作者应主动把握老年人的心理状态,运用适当的方法和技巧消除老年人在结束阶段的焦虑。结束阶段虽然标志着社会工作服务的完结,但仍是十分重要的过程。成功地结束一段老年社会工作服务,可以为老年人带来积极的、整合的心理认同感,使老年人更有信心地迎接未来的生活。

(二)老年社会工作的技巧

1. 老年个案工作技巧

在开展老年个案工作时,社会工作者需要帮助老年人案主进行自我探索,让他们更深入地、更仔细地了解自己的心态和感受,以便为达到预期的服务目标而创造条件。老年个案工作的技巧大致包括以下几种:

(1) 专业关系的建立。在开始阶段与老年人建立彼此信任的工作关系。因为只有在信任的基础上,老年人才愿意将自身经历讲述出来。

(2) 避免完全依赖式问话。在初次和老年案主面谈时,利用一些询问的方式可以帮助获取案主的有关资料,但一下子提出太多的问题,有时会让案主感到不安。

(3) 仔细聆听案主诉说。在会谈过程中,社会工作者不仅需要仔细聆听案主话语中的含义,还要通过案主的语言用词和文法来了解案主对其他事情的看法。

(4) 同理心。这是指社会工作者对老年案主的一种"感同身受"和投入理解。低层次的同理心仅仅表明社会工作者进入了案主的浅层内心世界,并把对案主的感受与理解作了一定的表达。更高层次的同理心则是在良好的专业关系的基础上,引导案主从更客观的角度来看待自己的问题,同时能够察觉出潜在的、隐含的或透露不足的部分并对此进行有效的沟通。

2. 老年小组工作

在老年小组工作中需要注意的是,老年人并不像青少年或教育水平程度较高的群体一样有很强的主动性。在过于被动或缺乏详细安排的工作程序中,老年人往往会将责任全部推给社会工作者。这就要在老年小组工作中采取进取的工作手法,多与老年人进行个别沟通来了解老人心里的想法。在开展老年小组工作中,社会工作者应注意开展小组工作的技巧,比如:

(1) 准备工作的技巧。包括建立小组、招募成员、筛选成员、确立目标等。由于老年群体自身特征的特殊和限制,老年小组工作的开展更要加强前期的工作准备,选择合适的主题或是互动的游戏来开展工作,还有就是现场环境的布置也要给老年群体一个温馨的感觉。

(2) 开始阶段的技巧。包括小组聚会环境的安排与布置、成员相互认识、热身游戏的选择、处理小组成员间的抗拒等。在开始阶段,社会工作者要为老年群体营造轻松、安全的氛围。社会工作者要以热情、友善的语言和亲切的表情等,向老年群体传递温暖、真诚、关怀等信息,让老年群体可以在一个放松、自由、开放和安全的环境中开展小组工作。

(3) 小组转换阶段的技巧。包括处理防卫行为、处理问题成员和小组间的冲突与处理对领导者的挑战等。社会工作者要在组员发言的过程中非评判地帮助组员梳理发言,减少冲突。

(4) 工作阶段的技巧。包括处理小组成员产生的强烈情绪、处理投射和自我觉知到的其他问题等技巧。社会工作者在组员发言结束后,要站在同理心的角度,向发言者表达高度的重视,认真了解发言者的用意与感受,并积极回应,让发言者感到被理解和被重视。

(5) 小组结束阶段的技巧。包括结束聚会、小组成员道别、继续评价及追踪、小组评估等。在结束阶段,社会工作者要处理好组员的离别情绪,帮助组员保持他们在小组获得的经验。同时也要做好小组工作的评估,包括社会工作者的自评、组员自评和观察人员或督导的评估。

第三节 儿童社会工作

儿童是国家和民族的未来。作为个体生命的起点,儿童期的健康成长是成就一个快乐、积极向上的儿童群体的基本前提。古今中外,对于儿童的抚育、教育、培养和扶助等工作均受到了家庭与社会的高度重视。保障儿童的各项权益和促进儿童的茁壮成长,是一个文明和民主社会建设与发展的重要目标之一。近些年来,随着各国纷纷制定政策,推进儿童福利事业,儿童社会工作也在发展过程中逐渐形成一个专业的社会工作领域。本节将简要阐述儿童社会工作的基本概念、服务内容、专业方法以及当今中国的儿童社会事业发展状况。

一、儿童社会工作的基本概念及服务内容

(一) 儿童社会工作的概念

儿童概念的出现是社会进步和社会文明的产物。随着学界对儿童研究的不断深入,不同学科领域的研究者都尝试对儿童的概念进行澄清。由于学界对儿童的内涵和外延的定义始终没有一致的意见,对于儿童期的界定即儿童的年龄界限也是众说纷纭、难以统一。在1989年第44届联合国大会上,通过审议的《儿童权利公约》将儿童界定为所有未满18周岁的自然人。根据我国《未成年人保护法》,未成年人被界定为未满18周岁的公民。尽管现实生活中依然有将儿童界定为12岁以下的,或14岁以下的自然人,其界定方法主要是依据自己的工作及生活经验,方便自己的描述。在国家层面,儿童通常在法律文本中的界定都是"未成年人",且从实际运用的角度,"儿童"一词较为随意和口语化,"未成年人"一词较为正式和书面化。在我国的社会工作实务中,"儿童"与"未成年人"同义,可以互换使用。

对于儿童社会工作的定义,1950年联合国儿童权利会议把儿童社会工作视为儿童福利项目之一而对其界定为:凡以促进儿童身心健康健全发展与正常生活为目的的各种努力事业均称之为儿童福利。根据民政部在《儿童社会工作服务指南》中对儿童社会工作的定义,儿童社会工作是指社会工

作者根据儿童的生理、心理特点和成长、发展的需要，以专业的价值观和科学的理论为指导，运用社会工作的专业方法和技巧对儿童开展的服务。①

儿童社会工作是儿童成长和发展的基础与保证。儿童社会工作的概念包括以下几个要点：第一，儿童社会工作在理论上是一门专门学科，是研究如何满足儿童时期生理、心理和社会的需要而使其正常发展的综合性学科；第二，儿童社会工作在社会运行机制层面是一项社会基本建设，包括社会政策体系、实施运行体系、评估监察体系等多种体系在内的综合性社会建设；第三，儿童社会工作在实务领域是一门需要专业理论、专业技巧、专业准则及专业道德的不能为其他行业所替代的职业。因此，儿童社会工作的含义即包括一种面向特定儿童和家庭的、为满足其需要的服务，也是儿童社会福利的组成部分，包括国家和地方政府为保护儿童权益、促进儿童健康成长所制定的政策和采取的一切措施。

（二）儿童群体的特点和需要

儿童群体因其在生理发展、心理发展及社会化过程中的特殊性，他们的群体特点须得到社会工作者的全面认识。从儿童群体的基本特征来看，儿童具有以下特点②：

1. 生理上的快速发育期

儿童最为明显的特征是急速的身体成长与发育。儿童群体的生理发育过程既有量的增长，也有质的飞跃。从出生到年满18岁，儿童的身体，包括脑神经系统、循环系统、内脏器官、肌肉骨骼等都处于迅猛成长的过程中。个体只有在儿童期才会经历这样快速且全面的发展。

2. 心理上的高度敏感性、脆弱性

这一特点主要表现在两个方面：一方面，儿童有较强的心理依赖，对社会的认识正处于从感性至理性的转变过程中；另一方面，由于儿童群体的年龄多处于从少年期向青春期的过渡，面临着心理上的"断乳"。在此过渡期内，儿童的独立性日益增长，想从心理上摆脱对父母的依赖。但在直面社会时，内心又充满着迷惘、不安，以及即将与父母分离所产生的分离焦虑，对社会现象、社会信号有着极强的敏感性，这使得他们在社会中的心理压力高于一般社会群体，极易产生强烈的受挫情绪。他们对别人的看法较为敏感，容易产生人际交往无能、焦虑以及社会排斥感。儿童群体在面对社会化的疑问与不良的心理状态时，亟须家庭、学校以及社会的教育和导引，以免其偏离人生正常轨道，产生越轨行为。

---

① 民政部：《儿童社会工作服务指南 MZ/T 058—2014》，2014年12月发布。
② 李迎生著：《社会工作概论》，中国人民大学出版社，2010年版，第411页。

3. 儿童仍属于社会弱者

儿童群体的社会参与机会较少,对社会生活的影响力极低,他们的一举一动较难影响政策与制度的制定。这就意味着儿童很难依靠自身的力量解决问题、摆脱困境。因此,必须通过社会的力量,制定公平公正的社会政策,以建立完善的儿童保障体系,维护儿童利益。

以上三点,分别揭示了儿童群体在生理、心理和社会层面的特征。儿童社会工作者除了要了解儿童群体的客观特征之外,还要掌握不同个性的儿童在不同的发展期的需要。儿童的发展包含了身体从弱小到强大,智力水平从低到高,心理人格从无到有,以及行为从稚嫩到成熟的过程。在整个儿童发展期,儿童的需要只有在获得不同方面的照顾、引导和支持,方能完成。儿童的需要简要包括以下几类[①]:

1. 生存的需要

生存的需要包括生命存在的需要和社会存在的需要两个方面。生命存在的需要,即获得基本的生活照料,包括养育照料和可获得的健康医疗照料。社会存在的需要,即获得社会身份,包括姓名、户籍和国籍等。

2. 发展的需要

儿童的发展需要也称为成长需要,是指儿童为了身心发展,需要获得关爱、教育和引导。它主要包括:其一,获得幸福的家庭生活,得到父母的爱和教育,与父母维持良好的亲子关系;其二,拥有受教育的机会,有良好的教育和学习环境;其三,获得足够的休闲和娱乐,有安全的、适合儿童娱乐的场所,为儿童形成良好的娱乐休闲态度、方式和行为提供教导和培养。

3. 受保护的需要

儿童的受保护需要也被称为免遭伤害的需要。儿童在成长过程中,需要在身、心两方面得到安全保障,不受到人为的伤害。人为的伤害通常包括对儿童身体、情感和性方面的虐待,对儿童日常生活、医疗照顾和教育需要的忽视,以及以童工形式和强迫性商业活动对儿童进行的劳动剥削。

4. 社会化的需要

儿童的社会化是儿童了解社会、掌握生存技能的重要过程,是人的社会化过程的第一阶段。儿童在成长过程中通过个人与社会的作用,获得在语言、思维、情感等方面能力和行为方式。儿童社会化的需要主要包括:其一,儿童基本生活技能的发展,如掌握吃饭、穿衣、保持个人卫生、语言表达等人类发展的最初行为方式;其二,自我观念的发展,如使儿童能分清自我

---

① 全国社会工作者职业水平考试教材编写组主编:《社会工作实务初级》(全国社会工作者职业水平考试指导教材),中国社会出版社,2015年版,第37页。

与非我两者之间的关系;其三,良好生活习惯的培养,如使儿童学会约束自己的行为,调整好个人与个人,个人与家庭、学校、社会等方面的关系;其四,良好道德品质的培养,如使儿童逐渐适应社会规范,具备社会公德,树立社会角色,学会扮演适当的性别角色、游戏角色、学校角色以及社会角色等。

(三) 儿童社会工作的服务内容

关于儿童社会工作的服务内容,本节将从儿童养育和保健、儿童照顾和教育、儿童游戏与娱乐,以及儿童求助和保护四方面加以介绍。

1. 儿童养育和保健

儿童的养育主要是指在饮食喂养、合理营养、居住环境、托儿设施等各个方面对儿童施以更完善、更全面和更科学的养育。儿童期是人类身心发育的旺盛时期,是为身体打基础的黄金时期。儿童社会工作要通过多种渠道,促进对儿童的良好养育,同家长、学校一起,树立正确的营养观,改善儿童的膳食结构,以保证儿童在生长发育期的营养需要。儿童的保健主要包括两个方面:一是妇婴保健,即利用各种措施减少婴儿死亡率;二是儿童的卫生工作,即通过健康检查、锻炼身体以及缺陷矫正、疾病预防、健康教育等方式,宣传儿童保健知识,促进儿童健康发育成长,全面提高儿童素质。

2. 儿童照顾和教育

儿童照顾是指在家庭、幼儿园、托儿所、学校等环境中给予儿童在生活、学习和成长等各方面的呵护和关怀。儿童教育主要是指通过各种手段和途径使儿童学会认知,掌握必要的知识和思维方式。社会工作者应该在培养完整人的基础上,引导儿童在德、智、体、美等方面全面发展,从而达到儿童自然性和社会性的完整,以及身心及各个要素的协调统一性。儿童发展中的人,也有个体独立性、有自己权利的人。社会工作者在教育过程中应对身心未成熟的儿童予以理解、同情和引导,正确对待他们出现的问题,通过专业手法促进其身心的逐步成熟、完善和发展。

3. 儿童游戏与娱乐

游戏和娱乐是儿童生活的一部分。儿童游戏既可以有效地锻炼儿童的身体,促使其正常成长发育,也可以让儿童在游戏中提高智力水平,锻炼与人交往的能力,学会与他人和睦相处,提高想象力和创造力。儿童游戏因年龄不同而有所差异。婴儿期的游戏主要是四肢游戏,其次是模仿成人的游戏。幼儿期的游戏有了明显的改变,多是充满幻想的创造性游戏。学龄期的游戏主要是有系统、有组织、有制约性的。儿童社会工作者应在实践中为儿童开展游戏和娱乐活动积极创造条件,比如吸引资金修建更多的儿童场所,推广有益而且有趣的儿童娱乐形式,举行儿童间的竞赛活动,帮助孩子在娱乐中学习,以实现寓教于乐的目的。

4. 儿童救助和保护

儿童救助主要是指对孤儿、被遗弃儿童、生活贫困儿童等不幸儿童进行的救济和帮助。对孤儿和被遗弃儿童的救助形式主要有设立儿童福利院、家庭寄养和收养等;对生活困难等不幸儿童救助的主要方式是为贫困或单亲家庭提供经济和物质上的救助,以使儿童获得基本的生活保障。儿童保护主要包括三个层面的工作:其一,通过立法和政策制定从制度上规定和保护儿童的各种权利;其二,在现实生活中通过具体手段保护儿童的权益,如生命权、被抚养权、受教育权、健康权等;其三,与各种有关的社会力量(如家庭、学校、公安部门、法院、青少年保护的福利机构等)开展合作,对危害儿童身心健康和成长的行为进行打击。

二、儿童社会工作方法

儿童社会工作者为了应对儿童成长面临的问题,促进儿童健康成长,需要综合运用专业的方法和技巧。本节主要介绍儿童社会工作实践中以家庭为中心的工作方法和儿童友好社区倡导的方法。

(一)以家庭为中心的方法

以家庭为中心的方法是指以儿童获得最佳照顾和保护为目标,在儿童生活的家庭或社区开展活动,以提高照顾儿童和保护儿童的技能,改善社区儿童安全环境的实务形式。这里的家庭,既包括儿童的原生家庭,也包括如再婚、亲属、寄养和收养等不同形式的家庭。以家庭为中心的儿童社会工作实务方法的理念是:家庭是儿童成长的最初环境,也是最佳环境,因此,儿童社会工作想要达到保障儿童安全、健康的目标就是要联合家庭,促进家庭参与,发挥家庭潜能。

以家庭为中心的方法在实务过程中应遵守以下原则[①]:

(1)在服务过程中,儿童的安全和健康应是一切工作与计划的重点。

(2)儿童社会工作者应该通过相关服务,了解儿童及家庭的需要,以及家庭情况。

(3)儿童社会工作者在服务过程中,应对不同语言、宗教、种族、发育情况的儿童同等对待。

(4)家庭应尽可能获得服务以保持儿童在家庭中生活,避免发生亲子隔离创伤。

(5)家庭寄养照料属于临时安置方式,应尽量短暂。

---

① 全国社会工作者职业水平考试教材编写组主编:《社会工作实务初级》(全国社会工作者职业水平考试指导教材),中国社会出版社,2015年版,第55页。

社会工作概论

(6) 家庭外照料儿童应在社会工作者的支持下,在最短的时间内与父母团聚。

(7) 如果案主儿童已没有回归原生家庭的可能,儿童社会工作者应该为家庭外照料安置儿童提供永久性替代照顾服务,安排领养、寄养。

(8) 儿童社会工作服务必须为在家庭外安置照料的儿童提供以下保障:其一,帮助维持儿童与其关系密切人士的联系,如父母、兄弟姐妹和其他具有抚养能力的亲戚,使其感到有稳固的家庭支持和持续的家庭氛围;其二,确保安置环境对儿童无不利于成长的因素,满足儿童的个性化需要;其三,从临时安置到永久安置的决策应在符合法律规定的前提下制定。

根据上述以家庭为中心方法的定义和原则,儿童社会工作者在实务过程中可以根据儿童的需要及家庭的不同情况,提供以下几个类别的服务。

1. 以家庭为单位,在社区开展家庭监护评估,筛选风险家庭

以家庭为单位进行的服务需要评估,即从儿童成长安全的视角进行的家庭监护评估,内容包括儿童健康成长、家长监护能力和家庭及社区环境。

(1) 儿童成长需要的监测和评估,主要包括对儿童的健康状况、教育状况、情绪和行为培养状况、身份认同状况、获得建立关系的能力的状况、公共形象呈现的状况,以及自我照顾的技能等方面。社会工作者针对不同层面所囊括的监测和评估指标,根据儿童的实际情况做出评估。

(2) 家庭监护能力的监测和评估。有关家庭监护能力的六项分类及每个层面的监测和评估指标(见表12-1)。

(3) 综合环境的监测和评估,主要包括对家庭社会历史、扩展家庭、住房条件、就业情况、家庭收入、家庭的社会融入和利用社区资源七个层面进行监测和评估,以考察家庭和社区的整体环境对儿童身心成长的影响。

表12-1 家庭监护能力的监测和评估表

序号	监护能力	监测和评估指标
1	基本生活照顾的能力	父母基本照顾能力是儿童生存的基本保障。监测和评估父母的内容包括饮食、冷暖、保护、环境清洁卫生和个人卫生等日常生活方面的照顾,以及保持儿童身体健康的医疗照顾,如婴幼儿的免疫接种和定期身体检查等。
2	安全保障能力	父母给予安全保障的能力是儿童健康心理和人格发展的基本保障,是教育儿童认知危险、学会预防危险和避免的第一责任人。监测和评估父母的主要内容包括儿童生活环境的安全、父母保护儿童免遭人为伤害的行为、父母对自然灾害的预防以及识别家庭内外危险和灾难能力等。

续表

序 号	监护能力	监测和评估指标
3	情感传递能力	父母的情感传递能力是儿童体验和学习适当情感表达的第一课堂,是儿童了解自身所属群体文化的途径。监测和评估父母的内容包括保证孩子与重要成人保持安全、稳定和慈爱关系的能力;对孩子的情感需要保持敏感和给予恰当回应的能力;用适当的肢体接触,包括拥抱等,表达关心、赞赏和鼓励的能力。
4	提供认知刺激能力	父母为儿童提供认知刺激的能力对儿童的智力发展有着至关重要的作用。监测和评估的主要内容包括通过互动交流促进儿童认知潜能的发展的能力、通过鼓励和参与游戏实施教育的能力、促使儿童体验成功的能力、调动儿童到校学习积极性的能力以及培养儿童应对挑战的能力。
5	指导培养儿童社会生活的能力	父母主要是通过榜样示范的方法教会儿童约束和管理自己的行为。监测和评估父母的主要内容包括培养孩子解决社交问题的能力、培养孩子愤怒控制的能力、培养孩子体谅他人的能力以及有效管教孩子的能力。
6	保持稳定持久人际关系的能力	稳定持久的家庭环境能够保证孩子的健康成长,并有利于儿童与主要照顾者之间形成持久健康的依恋关系。监测和评估父母的主要内容包括保证与孩子的依恋关系稳定持久的能力,为孩子提供持续一贯的情感关注的能力,同样行为一贯回应、不同行为不同回应的能力,和孩子保持联系或允许孩子与家人及重要他人保持联系的能力。

2. 评估结果分析

采用以家庭为中心的方法的评估,是将儿童置于其生活的家庭和社区环境中考察其成长的安全、永久和持续状态。因此,评估结果可以采用表12-2 的框架进行分析,进而辨识出风险家庭。

表12-2 评估结果分析表

儿童成长状态	儿童和家庭服务需要
安全状况	儿童在家庭和社区里免遭虐待和忽视;儿童在家庭中处于安全的状态。
环境状况	儿童生活的环境稳定、永久;家庭人际关系与儿童相关,且具有连续性。
健康状况	家庭有能力满足儿童成长的需要;儿童能获得适当的服务满足其身心发展的需要;儿童能获得适当的服务满足其教育的需要。

3. 组建家庭工作团队

根据评估筛选出来的风险家庭组建家庭团队,成员既包括父母,也可能包括亲戚、邻居、朋友、医生和教师等,如果儿童的年龄合适,也可以将其纳入团队中。组建家庭工作团队的优点是可能从不同的视角获得对同一个服务对象家庭问题的看法,使信息更加丰富和准确;同时,不同类别的成员也可以为服务对象家庭提供多元化的服务,以满足家庭服务的需求。

4. 开展家庭团队工作

在家庭工作团队组建之后,儿童社会工作者应与上述家庭团队一起,探讨家庭面临的问题,并从与团队的会议过程中制订解决家庭问题的计划,包括计划的步骤、内容和时间框架。家庭团队在这个环节的主要工作内容如下:

(1) 界定儿童伤害的家庭风险类型和程度。

(2) 挖掘所有与家庭相关的社会支持网络,制订家庭支持服务计划。

(3) 家庭工作团队根据评估结果,找出家庭在应对儿童问题时所具备的优势、技能以及具体且急迫的需求;同时,团队还需要共同寻找儿童伤害发生的原因,或者儿童伤害风险存在的影响因素,以儿童安全为目标制订促进儿童家庭环境改变的计划与措施。

(4) 在制订服务计划时应注意:计划应包含改善家庭监护状况的长期目标和可以评估的短期亲职行为改变目标;计划中的期望、动力和效果应具有现实的可操作性;家庭监护服务计划须以实现儿童安全成长、创造稳定且永久的家庭环境为目标,提高儿童福祉;计划中应包含以社区为基础的社会支持网络,并有以提高家庭应对环境变化能力的目标,确保家庭在儿童监护方面有逐步和稳定的改善。

(5) 家庭工作团队须定期召开会议,讨论计划的落实情况、评估服务效果,以促进及时改善儿童的安全成长环境。

(6) 及时结案,当家庭工作团队评估显示儿童成长的环境安全、永久和持续时,团队就可以考虑将工作推进到结案阶段,以帮助家庭巩固其稳定的健康育儿状态。

(二) 儿童友好社区建设倡导的方法

儿童友好社区(Children-Friendly Community)是指整体环境有利于儿童身心健康发展的社区。社区倡导是社区工作方法的一种,主要用于在社区中传播新的理念和引导新的行为方式。根据联合国儿童基金会的定义,儿童友好社区是将儿童置于其关怀中心的社区,其具体标志包括:社区能够保障儿童的基本需要得到满足;社区有条件让儿童与同伴见面和玩耍;社区能够保护儿童免遭伤害;儿童在社区里有洁净的饮用水和卫生的环境;社区能够为儿童提供所需要的教育、医疗和紧急庇护服务;儿童能参与家庭、社区和社会生活;社区能够在其发展过程中发挥儿童的作用,尤其是在与儿童自身相关的社区事务中。

倡导建设儿童友好社区,社会工作者应与社区工作者紧密合作,通过行动以实现以下几个方面的目标①:

1. 完善社区基本建设

儿童社会工作者与社区工作者应通过倡导的方式,使全体社区居民了解洁净的饮用水和卫生的社区环境是儿童和其他所有居民健康生存的根本条件,此项需要必须得到满足和保障。

2. 建设安全、益智的儿童游戏场所和设施

倡导全体居民了解,安全、益智的游戏和娱乐在儿童成长过程中不可缺少;儿童能够在游戏和娱乐中体验到与课堂学习完全不同的快乐,在游戏中培养关爱、尊重、上进、毅力等品质;能够在与同辈群体的互动中学会协商和合作等社交技能。社会工作者应倡导社区建立低龄儿童室内游戏室、青少年运动场地、母子阅览室等设施。

3. 健全社区儿童和家庭服务体系

儿童社会工作者需要为儿童的父母提供育儿指导,为儿童提供排忧解难服务和保护服务。倡导社区培育和发展小型的专业社区服务机构,如儿童发展服务机构、儿童福利服务机构、儿童保护服务机构、儿童紧急庇护场所等。

4. 创新社区儿童参与工作机制

倡导社区居民了解,儿童是成年的基础,要鼓励儿童在童年时通过社区参与了解社区和社会,学会参与社会的知识和技能,帮助他们成为合格的公民。

三、中国儿童社会工作

(一)当前中国的儿童问题

自新中国成立以后,儿童的照顾、保护和教育等议题一直是被高度关注的社会事业。从中央政府到各级地方政府,从儿童教育机构、儿童服务机构到近些年来发展迅速的各类民间组织,从学校到家庭,普遍把儿童福利事业放在越来越重要的位置。随着社会经济发展进程的加速,处于社会变革中的中国儿童社会工作仍面临着诸多问题,亟须引起国家及社会各界的广泛

---

① 全国社会工作者职业水平考试教材编写组主编:《社会工作实务初级》(全国社会工作者职业水平考试指导教材),中国社会出版社,2015年版,第62页。

关注和特别重视,并加以解决。

首先,儿童发展的整体水平仍然需要提高,儿童发展的环境需要进一步优化。我国政府和社会尽管投入了众多资源于儿童事业的发展,但由于区域发展水平不均衡,地区之间以及城乡之间儿童生存、保护和发展的条件与水平仍存在明显的差异;贫困现象仍未消除,数百万儿童生活在贫困之中。随着流动人口数量的增加、城镇化水平的提高和农村人口的转移,这些人群中儿童的保健、教育和保护问题亟待解决。因此,改善儿童生存、保护和发展的条件,促进儿童健康成长,仍是今后的重要任务。

其次,社会发展和环境的变化引发了许多新的儿童问题。网瘾问题和留守儿童问题作为社会转型背景下的新的社会问题,在早些年已经存在,但未能引起社会、社区、学校和家长的充分重视。直到近年来因沉迷网络和儿童留守无人看管所引发的社会问题频频见诸报端,才在社会中引起广泛关注。据《中国留守儿童心灵状况白皮书(2015)》的相关数据显示,目前中国共有近 6 100 万留守儿童,其中有近 15.1% 的留守儿童在一年内难以见到父母;中国留守儿童中有很大一部分面临着生活习惯差、学习不良行为突出、人际交往障碍以及自闭、自卑等心理问题。[1] 2004 年在北京召开的第 28 届国际心理学大会上报告的一组数据表明,我国约有 20% 的儿童有抑郁症状,其中 4% 属于临床抑郁。除此之外,当前我国犯罪人员正朝低龄化趋势发展,犯罪的盲目性、冲动性、暴力性、模仿性和偶发性突出,急需相关政策的出台和专业社会工作者的介入。[2]

再次,儿童社会政策方面较为分散,儿童社会工作也较为零散,相关部门多,但缺乏整合。儿童社会工作的组织多存在于政府部门当中,由国家包办儿童社会工作的内容,往往力不从心。

(二)中国儿童社会工作的发展

中华民族素有"爱幼""携幼"的传统美德,我国政府和社会一向以认真和负责的态度,高度关心和重视儿童的生存与发展。目前来看,我国儿童社会工作主要围绕着以下几个方面展开:

1. 制定儿童福利政策,建立相应监督机制

中国政府制定和颁布了许多法律,如《宪法》《婚姻法》《九年义务教育法》和《未成年人保护法》等,规定了儿童应该享有的生存权、被抚养权和教育权等基本权利。20 世纪 90 年代初,国务院批准了《中国儿童发展规划纲

---

[1] 《中国留守儿童心灵状况白皮书(2015)》,http://www.360doc.com/content/16/0225/15/30949357_537298307.shtml。

[2] 李迎生著:《社会工作概论》,中国人民大学出版社,2010 年版,第 432 页。

要》，文件规定了儿童保健、教育和保护等多方面的发展目标，成为当代儿童福利服务的纲领性文件。此外，中国的立法、司法、政府各有关部门及社会团体都建立了相应的机制，监督和促进儿童保护事业的健康发展。全国人民代表大会的内务司法委员会负责妇女、儿童权益保障的立法和执法监督检查，委员会内设立了妇女、儿童专门小组，配备专职人员。中央和地方政府的各有关部门，如教育、卫生、文化、公安、体育、民政等部门，均设立了负责儿童工作的职能机构。

2. 建设儿童福利机构，推行儿童福利服务

儿童福利机构和其他相关的社会福利机构主要负责监护和养育因天灾和不可预测事故失去双亲的孤儿，同时也监护、养育因身患疾病、智残、肢残等或被父母遗弃的儿童。民政部在"十一五"期间实施"儿童福利机构建设蓝天计划"，资助地方政府在大中城市新建、扩建和改建一批功能完善、设施齐全、环境优美的儿童福利机构。另外，全国各地还兴办了孤儿学校、康复中心、智障儿童培训班，残疾儿童康复站、社区康复中心等为社区孤独、残疾儿童提供服务。在中国社区服务中心内的"儿童角"，专职老师和社会工作人员指导儿童的娱乐和学习，培养儿童在艺术、体育及科技方面的兴趣。随着近些年来儿童及家长对精神健康问题的关注，国内成立或设立了众多儿童精神辅导治疗中心、儿童救助热线、家庭教育热线和亲职教育学校等，直接面对儿童及其家长提供心理和成长辅导服务。

3. 关注特殊儿童，倡导儿童救助

对于各种特殊儿童，中国各级政府和儿童服务机构更积极地投入资金，在预防为主的方针下，采取一系列措施预防儿童的先天致残。同时，为帮助致残儿童恢复或补偿功能，增强其参与社会生活的能力，如开办特殊学校，或采取在普通学校办班或随班就读的方法，使绝大多数残疾儿童能够接受教育和必要的训练，为他们将来融入社会奠定基础。对于因贫困而失去依靠的儿童，各级政府积极创办儿童福利院予以收养，让这些儿童的成长有正常的环境保障。儿童救助工作也得到了长足的发展，比较著名的服务项目有：希望工程、春蕾计划等。这些服务项目帮助许多失学儿童重返校园。此外，一些民间组织和非政府机构设立了儿童专项基金，为儿童的顺利成长提供了有利的条件。

第四节 残疾人社会工作

在现代社会中，残疾人群体是社会中的庞大而不可忽视的社会弱者。残疾问题是全球普遍存在的问题，据世界卫生组织推算，全世界约有10%的

人患有不同形式的残疾或损伤。残疾人不仅承受着自身生理心理残障所造成的痛苦,而且在生活中也遭受着社会人文缺陷所带来的痛苦和艰辛。随着社会发展的进步,残疾人群体理应同其他社会成员一样享有同等的社会权利、社会福利以及人文关怀。作为残疾人社会福利事业的有机组成部分,残疾人社会工作体系的建立和发展对于造福广大残疾人群体、发扬人道主义精神,具有极其重要的作用。本节主要从残疾人社会工作概述、残疾人社会工作的内容以及残疾人社会工作的方法进行阐述。

一、残疾人社会工作概述

(一)残疾与残疾人群体

自古以来,残疾人这一群体便被人们所熟知,但是,在不同的文化领域和不同的历史阶段,社会公众对残疾的理解存在巨大的差异。

1. 残疾的定义

在传统的语境中,"残"一般代表着因伤致残,一般泛指因外伤性损害导致肢体或器官缺损或功能丧失;"疾"则指区别于健全人的"常态"而形成的生理和心理上的"病态"。[①] 世界卫生组织根据残疾对个体生理、心理和社会功能的不同影响,从三个方面对"残疾"进行界定:损伤(impairment),又称功能、形态残疾,是指因后天致残而导致的身体或心理方面的功能丧失或减少;残疾(disability),又称丧失功能残疾,是指因先天致残而导致的身体功能丧失或减少;残障(handicap),又称社会功能残疾,是指因社会歧视或环境限制而使致残者无法发展潜能或独立生活。世界卫生组织对残疾的定义反映出人们对残疾认识的变化,指明残疾并不是一个简单的生理现象,而是多种因素共同作用的结果。[②]

在我国,根据《中华人民共和国残疾人保障法》的规定,残疾人被定义为:在心理、生理、人体结构上,某种组织、功能丧失或者不正常,全部或者部分丧失以正常方式从事某种活动能力的人。当上述造成个人生活、活动能力的缺陷达到一定程度时即为残疾。残疾人包括视力残疾、听力残疾、言语残疾、肢体残疾、智力残疾、精神残疾、多重残疾和其他残疾的人群。这个定义在范围上更加完整,基本概括了残疾人的所有基本特征,对残疾人的理解也综合了身体功能障碍和社会功能障碍两方面的内容,排除了以往单纯的身体视角,在概念上实现了从"残废"向"残疾"的转型,在范围界定上把

[①] 全国社会工作者职业水平考试教材编写组主编:《社会工作实务初级》(全国社会工作者职业水平考试指导教材),中国社会出版社,2015年版,第135页。

[②] 李迎生著:《社会工作概论》,中国人民大学出版社,2010年版,第441页。

更多的残障人士纳入残疾人范围。

2. 残疾人群体的主要特征

残疾人群体作为社会上特殊的社会弱者,由于其自身的缺陷和社会环境的阻碍,常常无法获得平等的发展机会,导致其在社会生活中处于相对脆弱的地位。残疾人群体的主要特征如下:

(1) 生理上的缺陷或障碍。这一特征源于残疾人自身的特殊性,他们不像传统的社会弱者(如儿童、老人等)那样多是由于社会或者自然环境条件的限制而容易陷入困境之中,残疾人通常是由于生物器官或组织的缺陷、损伤而使他们难以像正常人那样生活,因而不能得到平等的发展机会。

(2) 经济收入低。残疾人群体中的低收入比例普遍偏高,其经济收入低于社会人均收入水平,更有部分甚至徘徊在贫困线边缘。残疾人群体中,一部分人不具有劳动能力,他们只能由国家或家庭供养;而具有劳动能力的部分人群通常在福利企业就业,收入普遍较低。因此,经济的低收入也给残疾人群体带来重重困难,使得他们应对疾病或灾害的成本增高,很难具有足够的承受能力。

(3) 生活贫困。残疾人因其家庭收入少、开支大,相对而言,残疾人及其家庭的生活水平较为贫困。残疾人需要长期治疗及康复,已占去家庭开支的一大部分;残疾人家庭的生活质量也较为低下,家庭绝大部分收入用于食品支出,入不敷出。日常生活的拮据,也导致了残疾人的教育、日常娱乐等发展性需求得不到满足。

(4) 政治参与率低。残疾人群体在社会分层体系中处于底层,缺乏政治参与的机会,政治参与率较低。强势群体通常在公共政策的制定中有更强的影响力,而残疾人群体作为社会弱者的一部分,远离社会权力中心,较少参与政治活动,使得残疾人的诉求得不到重视,难以影响公共政策的制定。残疾人群体的政治参与率低,也意味着社会弱者仅凭自身的力量很难摆脱困境,必须依靠社会力量。国家应制定保障残疾人群的社会政策,为残疾人群链接资源、构建社会支持网络,维护弱势群体的利益。

(5) 心理敏感度高。残疾人群体因自身的生理缺陷、痛苦的人生经历和社会生活中的贫困,使得他们在社会中的心理压力通常高于一般社会弱者。他们多数缺乏具有市场竞争力的职业技能,或是在年龄上丧失优势,因而无法从职业上获得足够的安全感,收入较低且不稳定。生活没有稳定的保障,易引起对前途的悲观,造成巨大的心理压力。同时,由于社会弱者在政治上的低影响力,也使他们很难依靠自身的力量改变处境。这些状况会造成残疾人群在心理上的高度敏感性,认为自己是市场竞争的失败者,是社会生活的遗弃者。他们较普通群体而言,有更强烈的社会剥夺感和受挫情绪,对他人的评估较为消极,而对自己本身则产生社交恐惧及社会排斥感,在心理上容易产生苦闷、焦虑、不满、急躁等情绪,难以自我调整。

(二) 残疾人的权利、需求与面临的问题

1. 残疾人的权利和基本需求

残疾人享有与全体公民同等的权利与机会,平等分享因社会和经济发展而改善的生活条件。残疾人的权益与基本需求主要包括:

第一,残疾人的康复权。残疾人的康复权是其获得良好生活质量的前提条件,也是他们生活的保障。

第二,残疾人的教育权。残疾人的教育权是实现其就业和社会参与的重要保障,不仅可以保障残疾人接受教育的平等机会,而且可以保障残疾人接受教育过程的平等性。

第三,残疾人的劳动权。残疾人的劳动权是社会参与的最重要的方面,能够充分体现残疾人的自我价值和意义。社会要为保障残疾人的劳动权而创造条件,发展适合残疾人群体的就业机会。

第四,残疾人的环境友好权。残疾人的环境友好权是指残疾人享有社会生活平等的无障碍的权利,消除社会环境中阻碍残疾人参与的各方面不利因素,加快无障碍设施的建设。

第五,残疾人文化生活权。残疾人文化生活权是指残疾人拥有平等参与各种文化、体育和娱乐的权利,可以丰富残疾人的精神文化生活。

第六,残疾人的社会福利权。残疾人的社会福利权是指社会为残疾人群体提供的各种社会保障权利,以促进残疾人更好地生活。

2. 残疾人面临的问题

残疾人由于生理上、心理上等缺陷使得他们在社会生活和交往中往往比正常人困难,主要体现在以下几个方面:

第一,物质上的困难。残疾人在物质方面的困难是多方面的,首先是经济困难。残疾人由于劳动能力不足,加上一般家庭条件也不好,使得残疾人经济面临困境。其次是医疗困难。由于缺乏收入使得残疾人在治病就医方面很难支付得起高额的医疗费用。最后,住房困难。残疾人的保障性住房缺少而且大多居住环境较差。

第二,精神上的困难。这主要是指残疾人在心理上的压力,社会对残疾人的"标签化"使得残疾人在心理上备受压力,产生很大的心理负担,常常会感到孤独和挫败感,影响其心情,甚至日常工作、学习。

第三,社会交往上的困难。残疾人由于自身的缺陷,使得其缺乏参与社会的机会,残疾人及其家庭成员在物质和精神层面的弱势,直接导致交往的困境,使得他们的交往圈小,生活方式封闭。

(三) 残疾人社会工作的定义和功能

尽管社会工作的发展历史已有一百多年了,但是残疾人社会工作走向专业化只是在20世纪60年代之后。国内学者对残疾人社会工作的定义为：社会工作者运用社会工作的方法帮助残疾人补偿自身缺陷,克服环境障碍,使他们能够平等地参与社会生活、分享社会发展成果的专业活动。①

残疾人社会工作的定义指出,这种专业化的实务性工作与其他社会工作一样,都使用个案工作、小组工作、社区工作等方法和手段,为有需求的残疾人提供服务。其目的和宗旨是帮助残疾人提高社会地位,改善生活质量,获得社会保障,平等地生活,与健全人一样共享人类社会创造的物质文明与精神文明成果。基于为残疾人服务的目标和专业理念,残疾人社会工作在社会福利领域具有不可忽视的社会功能。②

（1）残疾人社会工作体现了社会公正原则。社会公正是人类社会追求的永恒价值理念和基本的行为准则。现代意义上的公正,主要表现在公正的生存权、就业权、受教育权和政治权等。无论社会成员所处的社会地位如何,只有对所有社会成员的基本权利予以切实保证,才能从根本上体现社会公正。残疾人群体由于其自身缺陷,在社会竞争中处于不利地位,因而,残疾人社会工作的开展,有利于解决这一弱势群体的问题,实现残疾人群体个体的发展,进而带动整个社会的良性发展。

（2）残疾人社会工作具有社会安全的功能。残疾人群体是社会中较为脆弱的群体,其生活压力大、经济承受力低、风险抵抗力差。随着经济的发展与社会分化的加剧,残疾人群体在承受自身贫困的基础上,可能又要面对日益扩大的社会贫富差距,体验更为强烈的社会改革和社会发展的成本与代价。因此,开展残疾人社会工作无疑有助于发现问题、解决风险隐患,防患于未然。

（3）残疾人社会工作具有社会发展的功能。残疾人社会工作除了满足残疾人基本的物质需要外,还给予其安全感和尊重感,帮助他们实现自身价值。尊重是对一个人价值的承认,每一个社会成员都希望能够在社会中得到公平、平等的对待,发挥应有的作用,希望自己的知识与能力得到社会的认可,这一点对残疾人群体尤为重要。

二、残疾人社会工作的服务内容

残疾人社会工作是围绕残疾人个人、家庭、群体以及相关的社会组织和

---

① 王思斌著：《社会工作概论》,高等教育出版社,2004年版,第253页。
② 李迎生著：《社会工作概论》,中国人民大学出版社,2010年版,第444页。

社区开展的专业性助人活动。它具体为残疾人提供教育、康复信息,运用社会工作通用的个案工作、小组工作和社区工作方法,以满足他们的医疗、教育和职业康复等需求,以促进残疾人回归社会生活。残疾人社会工作的服务内容主要分为残疾预防和康复服务两个部分。

(一) 残疾预防

暴力、贫困、意外、不良生活方式等是造成缺陷和残疾的主要原因,因此,社会工作者可以通过适当的方式协助改善社会中处于最不利位置的群体的教育、经济和生活,普及预防残疾的相关知识。先天性及后发性的致残原因主要包括传染性疾病、营养不良、先天性发育缺陷、意外事故、慢性病和老年病药物中毒等引起的残疾。通常,残疾的预防可以分为三级:一级预防,即预防致残性伤害和残疾的发生;二级预防,防止伤害后出现残疾,协助提供早期复查,早发现、早诊断、早治疗;三级预防,即对残疾出现后采取进一步措施,预防障碍,通过运动治疗、语言治疗、心理治疗等康复功能训练方法改善功能,预防或减轻残疾。

(二) 康复服务

"康复",是残疾人社会工作的核心内容。残疾人康复是指综合运用医学、社会、教育等措施对残疾人进行训练或再训练,以减轻致残所造成的后果,提高生活处理能力,以便重返社会生活。康复能够最大限度地恢复残疾人的各种功能,通常可以分为医疗康复、教育康复、职业康复和社会康复。

1. 医疗康复

医疗康复是指通过治疗、改善恢复残疾者的各项身体功能,以减轻其日常生活的障碍,为重新参与社会生活提供生理必要条件,是全面康复最基础的一步。对于残疾人来说,在医院或康复机构中接受治疗是非常重要的。虽然就其专业性而言,医疗康复主要由医务工作者负责,但是社会工作者也可以为有效的治疗、康复做出贡献。在医疗康复活动中,社会工作者与医务工作者应密切配合。

残疾人社会工作者在提供医疗康复服务中的主要任务有:

(1) 协助医护人员,观察残疾人的障碍情况,确定诊治、康复的程序。

(2) 协助残疾人及其家属了解与当事人康复有关的社会经济和情绪的关系,以促使残疾人及其家属更好地利用康复设施。

(3) 鼓励残疾人及其家属振作精神,促进其发挥自我潜能,积极开展自救自助。

(4) 协助康复医疗部门有效使用各种设施。

(5) 参与康复医务人员的教育、培训、推广康复工作计划,开展有关人类行为、家庭动力以及社会资源方面的知识传授。

（6）参与康复医疗部门重要的行政决策，参加各项康复调查研究工作，以提高康复服务的范围和水平。

（7）开发和运用社会资源，开展社区康复工作训练计划，指导社区康复工作，以充分满足残疾人及其家属的需要。

2. 教育康复

教育康复是指在社区或机构中的婴幼儿、学龄前儿童和学龄期青少年以及部分成年人中，重点是从出生到学龄前的残疾婴幼儿和少年儿童中开展早期干预，以及义务教育阶段后与职业康复和就业安置等相关的教育工作。教育康复为残疾者重新参与社会生活提供文化素质方面的条件。从社会的角度看，教育康复对残疾人进行社会服务性训练，帮助他们提高基本的生活能力并获得一定的谋生能力，推动实现社会秩序的保护、社会和谐的目标。残疾人社会工作在教育康复中的主要内容如下：①

（1）对残疾人群体的教育康复。首先，开展人与环境互动的教育，协助残疾人认识自己的残疾现状、日常生活的环境以及自己的心理状态；通过开展社会工作个案、小组及社区服务等方法，促使残疾人的身心与环境保持和谐，积极应对残疾及其残疾的生活状态。其次，针对不同残疾人士提供差异化的"补偿性"功能训练，在学习基础文化知识、劳动技能和职业技能训练之外，还应结合其身心发展特别为其提供专门培训。社会工作者应与服务对象一起工作，共同参与，激发残疾人在服务过程中的主体性，达成教育、心理和功能"三位一体"的康复。

（2）针对残疾父母或监护人、家属等的工作。残疾人的家庭照顾者是残疾人教育康复过程中的关键人群。首先，社会工作者可以给予家庭照顾者及其家庭成员心理支持，缓解其精神压力。在对待残疾人的态度上，社会工作者应敏锐地观察家庭成员的心理状态和行为动态，如遇到歧视、忽视，或者是过度呵护与保护的情形，应及时对这些不良的心理及行为进行矫正。其次，社会工作者应普及残疾人教育康复的相关知识，帮助提升照顾者的康复技巧。最后，帮助构建社区型社会支持系统，提升社区志愿者服务质量。

（3）针对社会组织、残疾人服务组织和各类爱心人士的工作。残疾人社会工作服务是系统的、专业化的助人工作，在实践过程中，仅凭爱心是不够的，需要与专业化的知识和实践经验紧密相连。社会工作者应加大对从

---

① 全国社会工作者职业水平考试教材编写组主编：《社会工作实务初级》（全国社会工作者职业水平考试指导教材），中国社会出版社，2015年版，第142页。

事残疾人服务的组织、志愿者团队、爱心人士的宣传、教育和培训,以规范服务质量,提升其作为残疾人工作者的专业知识和技能。

3. 职业康复

残疾人走向社会、参与社会的重要标志之一是劳动就业。由于生理、心理的缺陷,残疾人不能像健全人一样胜任一般工作,职业选择面小。如果教育康复的重点是提升残疾人融入社会的能力和素质,那么,职业康复的重点就是实现残疾人的自助进而能够向社会贡献自己的价值。一般而言,职业康复是指通过一系列措施,稳定且合理地解决残疾人的就业问题,包括提供职业服务,如职业咨询、职业评估、职业指导、职业训练和有选择地安置工作等。1983年国际劳工组织通过了《残疾人职业康复和就业公约》,指出了职业康复的目标是:使残疾人获得、保持适当的职业并得到提升,从而促进他们参与或重新参与社会。职业康复是残疾人在专业社会工作者的指导和协助下,以"助人自助"的原则发挥自身潜能、实现自我的有效途径,是一种具有综合意义的残疾人康复模式,是治疗和发展的统一和整合。

在职业康复的过程中,社会工作者要做的工作包括:残疾人的治疗和训练、残疾人就业前的咨询和评估、就业后的随访和持续支持。

职业康复的流程包括以下四步:

(1)职业咨询。残疾和障碍对残疾人的职业活动产生影响和限制,容易使残疾人在职业选择时产生迷惘的心态。职业咨询对于解决残疾求职者的疑问与求职路上的孤独感有很大的作用。社会工作者需要针对每个残疾人自身的特征和就业情况进行综合分析,并提出相应的解决方案。

(2)职业评估。社会工作者需要对残疾人的工作能力和职业适应性进行评估,通过各种手段和方法对残疾人进行身体功能评估、心理测试、性格分析,涉及身体、心理和职业适应性三个方面,对残疾人的兴趣、个性、气质、价值观、态度、学习等做出科学评定,为残疾人的职业生涯规划提供依据。

(3)职业培训。社会工作者和职业指导师等专业人员应共同协作为残疾人提供就业前培训,让残疾人在就职之前接受特定职业的专业相关知识和技能培训,具备从事该职业活动所必需的能力和态度,帮助残疾人实现"有效"就业。就职前培训的开展,亦有利于残疾人提早适应实际的工作和工作环境。

(4)就业指导。社会工作者可以根据残疾人的实际情况,提供劳动市场、就业方向等信息,以及具体的就业意见和建议,根据残疾人进入职业工作领域中所出现的问题,提供跟踪指导服务。

4. 社会康复

社会康复是残疾人全面康复的组成部分,它是指从社会的角度推进医疗康复、教育康复、职业康复等工作,动员全社会的力量为残疾人的生活、学习、工作和社会活动创造良好的社会环境,以使他们回归社会生活,发挥自己的潜能,享有与健全人同样的尊严和权利,为履行社会职业做贡献。

社会康复的主要内容包括以下几类:

(1) 协助和推动政府机构制定法律、法规和政策,保护残疾人的合法权益,使其享有与健全人一样的社会、物质生活和文化成果。

(2) 保障残疾人最基本的生存权利,满足其生存需求,并使其在社会、经济、文化生活的各个方面得到平等、公正的待遇。

(3) 采取措施帮助残疾人实现经济自立,或提高其经济自立的能力,保障其在经济生活中不受歧视。对于不能实现经济自立的残疾人,应帮助其获得经济保障。

(4) 为残疾人争取更多的教育和培训的机会,以保障其发展的权利。

(5) 消除家庭、社区和社会上的物理性障碍,使残疾人在方便的环境内生活,享受社会的公共设施服务。

(6) 提供和实现人道主义精神,消除对残疾人的歧视和偏见,激励残疾人自强自立,建立和谐的社会生活环境,促进全社会形成理解、尊重残疾人的良好风尚。

(7) 组织残疾人与健全人一起参加社会文化、体育和娱乐活动,支持残疾人自己的社团活动。

(8) 鼓励和促进残疾人参与社会的政治生活,保障其政治权利。[①]

三、残疾人社会工作的主要方法

残疾人社会工作不同于一般的残疾人服务,而是社会工作者运用专用的社会工作理论与方法帮助残疾人补偿自身缺陷,克服各种环境障碍,重新回归社会生活的专业活动。尽管残疾人社会工作的康复内容有所不同,但社会工作者在实践活动时所采取的专业方法是大同小异的。在残疾人社会工作的过程中,围绕案主的任务目标,社会工作者应始终秉持"人在环境中"的框架来解决残疾人的问题、困境和需要等。根据残疾人的特点,社会工作实务方法主要涉及个案工作、小组工作和社区工作。

---

① 马洪路著:《残疾人社会工作》,中国社会出版社,2010年版,第168-170页。

(一) 残疾人个案社会工作

作为一对一、面对面形式的专业服务,残疾人个案社会工作在残疾人的复原过程中占据着十分重要的位置。残疾人个案社会工作的服务对象是残疾人个体或家庭,尤其是那些后天致残者及其家属。

通常,社会工作者在开展残疾人个案工作时主要从以下几个方面着手:[①]

(1) 向残疾人宣传法律、法规和相关政策,帮助残疾人保护自己的合法权益免受侵害,其中工伤的认定和处理、交通事故及意外伤害的赔偿是主要工作。

(2) 保障残疾人基本的生存权利,使其在居住、生活、就业和婚姻家庭等方面得到公平的待遇,免受歧视和虐待。

(3) 采取措施帮助消除社会、社区和家庭中的物理性障碍,为残疾人创造方便的生活环境,享受公共的社会服务。其中主要是家庭与公共环境中无障碍设施的设计与改造。

(4) 动员社会力量,消除社会层面对残疾人的歧视和偏见,鼓励残疾人自强自立,建立和谐的家庭生活和社会文化环境。

(5) 帮助解决残疾人的心理问题,采用个案辅导、心理咨询等方式帮助残疾人摆脱自卑、排斥等心理特征,以良好的心理状态投入社会生活。

(6) 为残疾人自身的发展提供信息和指导,使其有更多的机会接受教育和培训,以提高其在生活方面、就业方面和社会参与方面的能力。

(7) 鼓励残疾人参与社会政治生活,保障其政治权利。

(8) 保障残疾人在经济生活中不受歧视,在其经济不能自立的情况下,帮助其得到应有的保障。

(二) 残疾人小组社会工作

小组社会工作是残疾人社会工作实务中运用较为广泛的一种方法。在残疾人小组工作中,残疾人及其家属在医务人员、教师、社会工作者等相关人员的配合与支持下,通过社会工作者的引导、小组成员间的经验分享、情绪支持和相互讨论,以期产生行动改变和恢复正常功能,有效地调适与他人和周围的环境,最终促进残疾人的康复和发展。

基于不同的任务目标,残疾人小组工作可以划分为治疗小组、教育小组、自助小组和社会改变小组等四种类型。在实务过程中,社会工作者可以根据残疾人群的残疾特征、问题需求和心理状态等因素选择最佳的工作方法。适合残疾人群中开展的小组类型(见表12-3)。

---

① 李迎生著:《社会工作概论》,中国人民大学出版社,2010年版,第454页。

表 12-3 残疾人社会工作实务中的小组类型表

小组特性	残疾人小组类型			
	治疗小组	教育小组	自助小组	社会改变小组
目标	协助组员改变或改进其社会心理功能	引导组员学习康复知识并制订康复计划	协助组员相互帮助和支持	消除社会歧视、改善社会环境
社会工作者角色	专家、权威人物、改变者、使能者	促进者、引导者、信息提供者	促进者、引导者	宣传者、引导者、促进者
工作重点	组员的问题呈现、原因剖析、介入策略	组织的现实需要和学习愿望	组员的潜能和自助互助的能力	社会责任感、使命感和平等意识
维系动力	组员期待改变的愿望和组员之间的支持	组员的现实需要和学习愿望	组员的潜能和自助互助的能力	社会责任感、使命感和平等意识
沟通模式	社会工作者对组员的引导	社会工作者引导,成员间互动	社会工作者引导,成员间互动	社会工作者引导,成员间互动
组成成员	面临共同问题的残疾人或其家属	有共同需要的残疾人或其家属	有一定自助互助能力的残疾人或其家属	致力于残疾人事业的工作者、志愿者或具有一定社会影响力的残疾人士
自我披露程度	高度	低度	低度或中度	低度

(资料来源：卓彩琴著:《残疾人社会工作》,华南理工大学出版社,2008年版)

(三)残疾人社区社会工作

残疾人社区社会工作是指在社区中充分利用社区资源,积极调动和协调社区内有关部门和人员,在医疗、教育、职业和社会等方面满足日益增长的物质与精神需求,促进残疾人平等参与社会生活的一项工作。残疾人社区工作也是社区发展的一个重要方面,并被建构于各国的社区服务体系之中。

社会工作者在开展社区工作前,应树立以社区为本的服务理念,希望康复工作通过残疾人自身及其家庭成员、邻里、社区领袖,以致整个社区的参与,达至社区整合,为有需要的残疾人提供照顾及支持。残疾人社区工作介入的主要目标及工作重点体现在以下几个方面：

(1)残疾人在行为及社会功能上的改变。
(2)残疾人家庭的生活满意度。

(3)残疾人与邻里间的关系。

(4)社区对残疾人的接受程度。

为配合以上工作重点,社会工作者应主要从下述几个层面开展工作①:

(1)个人训练:为残疾人提供简单的自我照顾技巧及康复技巧的训练,协助其发展个人才能。

(2)志愿者的培训及发展工作:通过招募对残疾人康复工作有兴趣的志愿者,为他们提供基本的培训,使他们能够为残疾人定期作探访或提供服务。志愿者对象可来自不同年龄及不同阶层。

(3)建立及强化社区内非正式的网络:协助残疾人建立社交网络,也协助其家庭成员建立互助网络。

(4)链接社区资源:社区资源主要包括地区领袖、社区设施、事业人士、经济援助等,以期通过不同资源的互相配合,满足残疾人的需要,解决残疾人的困难。

(5)建立及强化社区权益倡议:协助残疾人提出他们的需要,协助他们向社区基层政府表达他们的愿望和呼声。

第五节 矫正社会工作

矫正社会工作是社会工作实务的特殊领域,因服务对象的特殊性使其具有不同于其他领域的服务内容和方法。在迄今为止的所有文明社会中,都存在着违法犯罪现象和对罪犯惩罚、改造的制度。随着人类刑罚制度的改革和发展,社会工作在司法领域具有越来越重要的地位,发挥着越来越大的作用,现已逐渐成为刑罚执行活动中不可或缺的内容。矫正社会工作的目的是运用社会工作专业方法,帮助违法犯罪者重建与社会相适应的思想观念或行为方式,使他们成为可被社会接纳的成员,从而维护社会的正常秩序和稳定。

本节主要介绍矫正社会工作的概念、功能、服务对象及起源与发展,矫正社会工作的内容,以及矫正社会工作的方法。

一、矫正社会工作概述

(一)矫正社会工作的概念

矫正,又称矫治,原是医学上的专门用语,意指通过手术或药物治疗,恢复人体畸变部分的形态和功能,从而使患者得到康复,如矫正口吃、矫正脊

---

① 范明林著:《社会工作理论与实务》,上海大学出版社,2007年版,第192页。

柱弯曲、矫正斜视等。"矫正"概念引入社会领域,成为司法方面的专门用语,是指国家司法机关和工作人员通过各种措施和手段,使犯罪中具有犯罪倾向的违法人员(如吸毒者)在审判、监禁、社区矫正、刑释或强制戒毒期间,提供思想教育、心理辅导、行为纠正、信息咨询、就业培训、生活照顾以及社会环境改善等方面服务,以使其消除违法犯罪的心理结构,修正行为模式,重新适应生活。[①]

矫正社会工作是实施于罪犯改造过程中的社会工作,它的主体是矫正社会工作者。他们因掌握专业的矫正知识和矫正方法而能够为需要服务的对象提供专业服务,他们或受雇于专业机构(如司法部门、监狱、感化院、劳教所等),或作为志愿者为受助对象提供服务。

(二)矫正社会工作的功能

矫正社会工作的功能主要可以分为个人层面和社会层面。

1. 针对罪犯的功能与作用

(1)监管功能。矫正制度即刑罚执行制度,矫正社会工作者是刑罚执行团队中的一员。在一些国家或地区的立法和司法实践中,矫正社会工作者(如美国的缓刑官、中国香港的感化主任等)被法律授予依法对非监禁罪犯实施监管的职责。对非监禁罪犯实施监管,一是通过限制一定程度自由的办法(如定期汇报、不可随意离开居住地等规定)对犯罪行为作一定补偿;二是通过监管预防其再犯罪。

(2)矫正功能。犯罪行为的实施与个人因素是紧密相关的。个人因素主要包括生理因素、心理因素、思想观念、行为特征以及生活方式等。矫正社会工作者通过运用专业的理论、知识、方法和技巧,使犯罪者或具有犯罪倾向的违法人员得到生理上、心理上、思想上和行为上的矫正治疗,从而重新回归社会。

(3)服务功能。矫正社会工作从本质上讲属于司法体系中的社会福利服务,其服务对象是特殊社会群体——罪犯或违法人员。通常,矫正社会工作的服务贯穿于整个刑事司法过程,其内容主要涵盖生活照料、经济支持、疾病治疗、心理辅导、就业就学指导、家庭关系调适等。服务手段包括直接的专业服务、转介性的间接服务等。

2. 针对社会的功能与作用

(1)营造有利于服务对象更新改造的家庭和社区环境。恶劣的家庭及社区环境,如父母离异、家人酗酒、家庭教育方式不当、毒品泛滥、赌博盛行

[①] 全国社会工作者职业水平考试教材编写组主编:《社会工作实务初级》(全国社会工作者职业水平考试指导教材),中国社会出版社,2015年版,第154页。

等,是导致犯罪的重要原因。矫正社会工作者的工作重心,除了针对罪犯个人的监管、教育和服务外,还着眼于营造有利于罪犯更新改造以及预防犯罪的健康和睦的家庭和社区环境。

(2) 促进刑罚制度向人性化、科学化方向发展。现代世界各国的刑法观念和刑罚制度大多朝着非刑罚化、非监禁化的方向发展。矫正社会工作制度是这一发展趋势的产物,也是推进此项变革的动力之一。矫正社会工作本着人道主义精神,运用科学的理论和方法,从事改造罪犯和改善社会环境的活动,用有力的事实宣扬人性化、科学化的刑罚制度比威慑至上的严峻刑罚更有利于罪犯的改造和社会的安全。

(三) 矫正社会工作服务对象的特点及需要

矫正社会工作是社会工作实务中一个较为特殊的领域,其特殊性表现在它的服务对象具有其他领域服务对象所不具有的特征和需要。

1. 服务对象的特点

矫正社会工作的服务对象是犯罪者或是有犯罪倾向的违法分子。这一人群有着较为鲜明的特征,主要表现在以下四个方面:[1]

(1) 具有冲动好斗的人格特征。专家学者普遍认为,罪犯一般具有一些共同的基本特征,即高外倾性、高神经质、高精神质、低掩饰性,表现为外向好动、好进攻,情绪不稳,喜怒无常,易激动等,常常缺乏理智、行为冲动、对人抱有敌意,适应环境不良。这种人格特征的外在表现形式虽然会因为罪犯被判处刑罚而有所收敛或掩饰,但其基本的特质却不会轻易改变。

(2) 具有自卑消沉的心理特征。服务对象因处在被监管、被处罚的境地,其积极的人生动机和动力往往潜藏在心灵深处,而消极悲观、自暴自弃、得过且过、患得患失等心理特征往往占据主导地位;在待人接物等方面,他们往往表现得自我评价低、自卑感强、依赖心强、缺乏主动进取精神。

(3) 具有与社会严重脱节的社会特征。许多罪犯犯罪的根源在于其社会化进程受阻,社会功能严重丧失。一旦被判定有罪并被处以刑罚,由于刑罚本身具有的隔绝功能,加之社会的歧视和排斥,以及罪犯的自我封闭,服务对象往往处于与社会严重脱节的境况。这种社会特征不利于服务对象社会功能的修复和重建。

(4) 具有困难重重的生活特征。罪犯一旦被判定有罪并施以刑罚,其自身和家庭遭受的冲击与改变是十分巨大的。罪犯在服刑时可能面临着诸如家庭解体、婚姻结束、亲友背弃、学业中断、工作丧失、健康恶化、财产丧失

---

[1] 全国社会工作者职业水平考试教材编写组主编:《社会工作实务初级》(全国社会工作者职业水平考试指导教材),中国社会出版社,2015年版,第155页。

和社会地位一落千丈等困难。无论是在监狱服刑,或是在社区矫正,服务对象都会面临困难重重的生活压力。

2. 服务对象的需要

(1) 基本生存条件的保障需要。服务对象面临着生活的重重压力,为其提供基本生存的条件,既是基本人权的体现,也是对其实施矫正计划措施的前提。基本生存条件包括:维持基本生活所需的经济收入或低保救助;维持基本生活所需的住房条件;维持身体健康的卫生医疗待遇等。

(2) 教育、就业权益的保障需要。矫正社会工作的目标是帮助服务对象通过自身能力来维持其基本生存条件,因此教育、就业权益的保障尤为重要。矫正社会工作通过帮助其接受良好的教育,实现有效就业,实现帮助其自新、自强、自立的目标。

(3) 正常家庭生活的需要。矫正社会工作的服务对象可能因原生家庭缺乏爱和关怀,导致人格缺陷从而犯罪;或是正常的家庭生活因为家庭成员的犯罪而陷入骨肉分离、支离破碎的境地。为了使服务对象满足和普通人一样的对圆满家庭生活的需求,矫正社会工作者鼓励和协助服务对象构建和恢复正常的家庭生活。同时,良好家庭环境的创造,也有利于促进服务对象更顺利的改变。

(4) 再社会化的服务需要。矫正社会工作通过矫正计划措施的实施,促进服务对象恢复和重建其严重缺失的社会功能,成为社会正常的成员。社会工作者要在专业价值观指导下,运用社会工作的理论、知识和方法、技术,为服务对象及其家人,在审判、监禁、社区矫正、刑释或强制戒毒期间,提供思想教育、心理辅导、行为纠正、信息咨询、就业培训、生活照顾以及社会环境改善等方面的服务,使罪犯消除犯罪心理、修正行为模式、适应社会生活。

(四) 矫正社会工作的起源与发展

现代矫正社会工作起源于美国,其创始人是一位美国波士顿的名为约翰·奥古斯特斯(John Augustus)的制鞋匠。奥古斯特斯是一位家住马萨诸塞州波士顿的制鞋匠,他是第一个表示自愿协助监督缓刑犯的人。从1841年开始,他在自己家中安置那些因酗酒而被判刑的犯人,安排他们劳动,并负责对他们进行监督和管束。在他的关怀和协助下,犯人都能痛改前非,重新做人。后来,奥古斯特斯接待的犯人越来越多,以致他放弃了制鞋匠本行,而专门从事感化罪犯的工作。因而,奥古斯特斯就成为世界上第一位观护人(probation officer)。在奥古斯特斯去世20年后的1878年,马萨诸塞州通过一项法案,授权波士顿市设置观护人一职,负责监督缓刑犯的行为。以后,密苏里州、佛蒙特州、伊利诺伊州和新泽西州也先后通过了类似的缓刑

(感化)法律。

在1887年,英国制定了《初犯法》,该法确立了对首次触犯刑罚的人(初犯者)实施缓刑处罚的感化精神。1907年制定的《缓刑犯人法》则进一步扩大了缓刑和感化的范围,1925年制定的《刑事裁判法》更是强制规定每一司法裁判区必须设立缓刑委员会,以推动感化工作。自此,矫正社会工作中的感化工作及其制度也逐渐建立和发展起来。

中国大陆矫正社会工作制度起步阶段的重要建设内容之一是社区矫正。社区矫正,是指与在监狱执行的"监狱矫正"相对的行刑方式,它将符合社区矫正条件的罪犯置于社区内,由专门国家机关在相关社会工作服务组织以及社会志愿者的协助下,在判决、裁定或决定确定的期限内,矫正其犯罪心理和行为恶习,促进其回归社会。相对于欧美国家而言,社区矫正在我国起步较晚。21世纪初,在世界范围的刑事司法制度改革潮流的影响下,在"以人为本"的科学发展观指导下,"社区矫正"作为一种理念和制度被提上了我国刑事司法观念和制度改革的议事日程。

2002年,上海市正式在普陀区启动社区矫正试点工作。2003年6月,北京决定在东城区、房山区和密云县47个街道、乡镇大范围开展罪犯社区矫正试点工作。2004年5月,试点工作范围又扩大到西城区等9个区县。2003年7月,最高人民法院、最高人民检察院、公安部、司法部联合发出《关于开展社区矫正试点工作的通知》,并确定在北京、天津、上海、江苏、浙江、山东六省市范围内开展社区矫正的试点工作。经过一年努力,第一批试点省市已有35个区(市)、310个街道开展了社区矫正工作。经过五年的发展,目前社区矫正尽管仍然处于试点中,但试点省市已经达20多个。

从我国社会工作介入矫正工作的情况来看,社区矫正社会工作应是目前我国矫正社会工作的主体。在监禁矫正中,社会工作基本上还没有介入。

二、矫正社会工作的主要内容

矫正社会工作贯穿于对服务对象进行司法矫正的各个方面以及整个过程,根据司法程序,可以从四个角度进行内容分类,即司法判决前的矫正社会工作、监禁场所中的矫正社会工作、社区矫正中的社会工作以及刑满释放后的矫正社会工作。

(一)司法判决前的矫正社会工作

1. 针对犯罪嫌疑人的社会工作介入

社会工作者介入司法过程,自司法判决前的案件审理阶段就已经开始。这时的主要服务对象是已被拘押或保释的、尚未被判定有罪的犯罪嫌疑人。矫正社会工作者在案件审理过程中的主要职责是通过与受助者(犯罪嫌疑人)及其家属和周围社区的接触了解,写出一份有关犯罪嫌疑人背景的调查报告,提交法庭做审判参考。

由于判决前的调查报告对于法庭的判决有着至关重要的作用,因而它受到相关矫正机构的高度重视。1955年,美国"犯罪与违法的全美会议"所颁布的《量刑指南》规定,制作此类报告的矫正社会工作者必须经过专门训练。判决前的调查报告内容包括三个部分:第一,犯罪事实记录。其中,犯罪嫌疑人自己对社会工作者关于犯罪的供述和辩解,以及警察或被害人的陈述等都要加以记载。第二,前科。要求对以前被逮捕及犯罪情况作详尽的说明及评价。第三,本人的生活史。记载家庭情况、受教育情况、工作经历、身体精神状况、宗教信仰、兴趣、社会活动、服役以及财产状况等。矫正社会工作者要客观准确地写出报告,除了与犯罪嫌疑人交谈以外,还要与相关的许多人,如家人、邻居、同学、朋友、警察、受害人等进行广泛交谈。

2. 针对犯罪嫌疑人亲友的社会工作介入

犯罪嫌疑人被拘押等待审判期间,其家人亲友会因此受到冲击和拖累,尤其是犯罪嫌疑人家中年迈的父母和年幼的子女,其生活会因事件的发生而陷入困境。矫正社会工作者此时的工作介入,应针对这些陷入困境的犯罪嫌疑人的家人提供帮助:第一,帮助因事件发生而陷入经济困难的犯罪嫌疑人的家人寻找社会资源以维持生计。如帮助申请社会救济、帮助寻找临时性工作等。第二,为因事件发生而失去依靠的儿童、少年安排生活照料。如寻找替代家庭或收养机构、与学校老师联系以关注学业等。第三,为因事件发生而产生心理困扰的家庭成员提供辅导服务。[①]

(二)监禁场所中的矫正社会工作

监狱是对罪犯判处自由刑或生命刑以后的执行或待执行场所,是司法矫正体系的重要组成部分。社会工作者为在监狱服刑人员提供的服务,主要是调动服务对象自身的潜能以及社会资源,引导服务对象向积极的方向转化,以达到改过自新、回归社会的目的。在监禁场所中,社会工作者具体的工作内容包括以下几个方面:

1. 帮助服刑对象适应监禁场所生活

(1)帮助对象熟悉监狱环境。刚刚进入监狱(尤其是初次进入监狱)服刑的服务对象,往往存在很大的抗拒情绪。社会工作者可以通过向服务对象介绍监狱的环境、监狱的作息制度、监狱的监管措施、监狱的奖惩办法等,协助他们适应监禁生活。

(2)协助服务对象戒除不健康的生活习惯。许多犯罪和违法人员有酗

---

① 张昱著:《矫正社会工作》,高等教育出版社,2008年版,第8—9页。

酒、吸毒等生活恶习，此类行为在监狱中被严格禁止。矫正社会工作者帮助入狱者戒除酒瘾、毒瘾，以更好地遵守监禁场所的规定。

(3) 协助服务对象解决生活困难。矫正社会工作者可以在法律允许的范围内，帮助服务对象得到经济和医疗方面的帮助，如换季衣被的添置、疾病医治等，条件许可的还可协助服务对象申请保外就医。

(4) 预防服务对象之间犯罪观念的交叉感染。监狱中的各类罪犯混杂居住，一些被长期监禁的重犯、惯犯对于新近入监的初犯、轻犯、青少年犯往往实施控制，施加不良的影响。矫正社会工作者一方面可以依据判决文书及心理、行为测评结果，配合监管人员对服刑人员进行严格的分类管理；另一方面，要提醒新进入监服刑人员善交狱友，保持行为端正。

2. 为服务对象提供专业咨询服务

(1) 公民教育。通过公民的权利、义务教育和公民的行为规范教育，帮助服刑人员逐步了解并习得合法公民的基本素养。

(2) 心理、情绪辅导。通过心理咨询、情绪辅导等方式，改变服务对象偏差扭曲的结构和敏感过激的情绪反应。

(3) 职业技能训练。通过专门知识技能的培训，使得服刑人员掌握一门或多门职业技能，使其出狱后可以用社会认可的方式和途径谋生。

(4) 人际交往意识与能力提升。通过自我认知能力训练、人际沟通能力训练、人与社会相互关系知识的学习等，提升服刑人员人际交往的意识和能力。

3. 帮助服务对象加强与社会的联系

矫正社会工作者可以通过个案辅导、小组工作等专业方法帮助服务对象了解社会的变化，加强与家庭的联系，构建支持性社会网络。

(三) 社区矫正中的社会工作

1. 缓刑、假释、监外执行人员的监督管理

矫正社会工作者和志愿者配合社区矫正机构对上述人员实施监督管理，要求缓刑、假释和监外执行人员做到如下几点：第一，保持良好品行，不得与品行不端者来往；第二，服从司法行政机关、社区矫正机构的命令；第三，接受矫正社会工作者辅导；第四，及时汇报工作、生活和居住情况，不经批准不得离开居住地等。

2. 院舍训练的组织管理

院舍服务是社会工作领域中一项重要的服务模式。矫正社会工作领域中的院舍训练，通常是为违法犯罪人员尤其是违法犯罪青少年而设置的，在不同国家和地区有不同的名称，一般包括中途家庭、寄养家庭、教养院和感化院等。

3. 社区服务计划的执行

社区服务也称社区服务或社区劳役,是近年来西方国家较为盛行的一种替代短期自由刑的非监禁化的社会处遇措施。通过判定罪犯在社区中从事规定时间的无偿劳动或服务,以此赎罪改过。在我国社区矫正试点工作中,组织矫正对象参加社区公益劳动,也具有社区服务或社区劳役的性质。

在社区服务计划的实施中,社会工作者及志愿人士应起到督促和引导矫正对象行为的作用,培养罪犯的劳动习惯和社会责任感,提高其生产、生活技能以增强就业能力,在社会交往中学会处理人际关系,使服刑人员的心理结构和行为方式发生正向变化。

4. 为社区服刑人员提供社会服务

(1) 促进就业。人力资源和社会保障部门负责对有需求的社区服刑人员进行职业技能培训,并将其纳入本地职业技能培训总体规划。符合条件的社区服刑人员可以申请享受相关就业扶持政策,接受公共就业服务机构提供的职业指导和职业介绍等服务。

(2) 帮助接受教育。对于未完成义务教育的未成年社区服刑人员,司法行政部门应当配合教育部门,协调并督促其法定监护人,帮助其接受义务教育。对于在非义务教育阶段有就学意愿的社区服刑人员,地方教育部门应当对其予以鼓励和支持。

(3) 做好基本生活救助。民政部门对基本生活暂时出现严重困难、确实需要求助的社区服刑人员依法给予临时救助。将生活困难、符合最低生活保障条件的社区服刑人员家庭依法纳入最低生活保障范围。

(4) 落实社会保险。社区服刑人员可按规定执行基本医疗保险等有关医疗保障政策,享受相应待遇。

(四) 刑满释放后的矫正社会工作

刑满释放人员虽已不是罪犯,但也不同于社会中的正常人群。刚从监狱释放的人员,往往缺乏社会适应能力、自控能力,又受到社会歧视、家庭拒绝、同伴疏远、就业困难、学业中断等多重压力和困扰。所以,这部分人能否顺利渡过释放后的最初阶段,对于今后的生活及社会安定具有重要的影响。

矫正社会工作者对刑释人员提供的服务也称为更生保护。这是一项起源于美国费城、面向刑满释放等人员的社会福利措施,其内容主要包括提供住宿场所,提供就业辅导,提供生活辅导和医疗保健转介服务以及提供物质生活基础。[1]

---

[1] 全国社会工作者职业水平考试教材编写组主编:《社会工作实务初级》(全国社会工作者职业水平考试指导教材),中国社会出版社,2015年版,第163页。

三、矫正社会工作的方法

社会工作的方法可以运用到矫正领域的整个系统中。在我国,矫正社会工作最主要的服务场域和最大量的工作范围在社区中。本节主要介绍的矫正社会工作的方法,是指在社区矫正中的社会工作专业方法。

对于矫正社会工作者而言,个案方法占据了工作内容中的绝大部分。由于服务对象的特殊性,社会工作者需要与服务对象进行一对一的交流。除此之外,在服务对象面对一些共同的问题和具有阶段性的心理特征与行为反应时,通过小组的方法去影响服务对象的态度和行为也是社区矫正社会工作中的常用方法。面对社区矫正的服务对象开展个案工作和小组工作时,一般应遵循以下步骤:[①]

(一)建立专业关系

在社区矫正的实施过程中,服务对象与其他社会工作实务领域的工作对象不同,一般不是通过主动求助的途径来到工作者面前的,因此他们中的许多人具有被动、不配合,甚至抗拒的心理和行为特点。矫正社会工作者要采取更为主动的姿态去与服务对象建立关系,或是在法律规定下被强制建立。在社区矫正中,社会工作者与服务对象的关系尤为重要,因此,社会工作者应重视和矫正对象之间形成互相信任、合作的有效互动的助人关系,从而改善和提升矫正对象的社会适应能力。

(二)收集、分析资料

在社区矫正的过程中,资料的收集是一个重要的程序。在这一阶段需要从个人和环境两个层面入手来收集矫正对象的资料。

(三)分析和诊断矫正对象的问题

矫正对象的问题,一般被认为是由于矫正对象自身各要素失衡及其与环境关系失衡所引发的各种现象。正是由于矫正对象的这些已经出现或即将出现的问题的存在,才使得其在恢复、改善社会功能,适应社会生活,回归社会等方面存在障碍。因此,在个案工作中,社会工作者需要对服务对象的此类问题进行聚焦,找出问题的根源,针对矫正对象所存在的具体问题开展具体的工作。

(四)建立社区矫正计划

社区矫正是一个长期的过程,矫正社会工作者需要协助服务对象解决许多复杂和艰难的问题,诸如服刑态度的端正问题、矫正计划安排的配合问题、心理和行为方式的改变问题、学习和工作的安排问题、基本生活的保障

---

① 李迎生著:《社会工作概论》,中国人民大学出版社,2010年版,第550-551页。

问题、身体疾病的治疗问题等。这些问题很难在一个短时期内全部解决,所以矫正社会工作者必须引导服务对象共同参与,有重点分步骤地制订矫正工作计划,逐步实现矫正工作的最终目标。

建立社区矫正计划一般包括三个方面的工作,即设立计划的目的和目标、确定计划所关注的对象、制订具体的实施方案。

(五)社区矫正的介入

介入环节是社区矫正中的重要过程。在这一过程中,社会工作者通过有目的、有计划的行动过程,挖掘矫正对象的潜能,解决矫正对象的问题,以使矫正对象恢复和改善其社会功能,进而能够顺利回归社会、适应社会。社区矫正的介入方法可以分为直接介入和间接介入两种形式:直接介入主要是指直接对矫正对象个人或矫正对象群体的介入;间接介入是指对矫正对象以外的其他系统采取行动,即对服务对象所处的环境系统进行介入。

(六)社区矫正的评估与跟进

在社区矫正的实务过程完成之后,需要对矫正项目进行评估,包括对矫正对象的需求进行评估、对进行社区矫正的社会环境进行评估及对矫正所带来的社会影响进行评估等。在对矫正项目完成评估后,社区矫正将进入结案阶段。在这个时期,虽然矫正社会工作者和矫正对象之间的专业关系结束了,但是社会工作者还需要对矫正对象加以跟进,对矫正对象在结案后的心理、认知、行为等方面的改变进行了解,以判断其是否达到矫正目标。通过对社区矫正的跟进,可以更好地维持和巩固社区矫正项目所取得的成果,有利于矫正对象更好地被社会所接纳。

我国的矫正社会工作制度实施较晚,社区矫正工作的开展也仅有十多年的时间。从目前我国关于社区矫正的实施情况来看,仍然面临着制度建设不足、缺乏专业化和职业化的矫正社会工作者以及社区建设不够成熟等问题。对于矫正社会工作实务方法与技巧的经验也仍处于积累的过程中。

第十三章 社会工作发展态势

从全球视角来看,在现代化起步阶段,工业化、城市化引发的社会问题不断加剧。一个负责任的政府会采取相应手段应对这些问题,社会福利制度的建立和社会工作的发展成为各国(地区)普遍的政策选择。进入21世纪以来,机遇和风险更加尖锐地摆在我们面前。在这种背景下,科学发展观作为重大战略思想得以树立和落实,和谐社会建设和社会管理体制创新被提上重要的议事日程,建设宏大的社会工作人才队伍被纳入构建和谐社会的整体行动框架中,我国社会工作发展正迎来一个重要的机遇期。

第一节 社会工作发展的背景

一、社会工作发展的时代趋势

(一)社会工作是构建社会主义和谐社会的迫切需要

所谓和谐社会,是指不同社会阶层、集团和群体之间、不同社会组织或团体之间、个人之间及个人与社会之间相互尊重、彼此信任、互助合作、和睦协调的社会状态。马克思设想了"自由人联合体"的未来和谐社会模式。马克思、恩格斯在《共产党宣言》中明确指出:"代替那存在着阶级和阶级对立的资产阶级旧社会的,将是这样一个联合体,在那里,每个人的自由发展是一切人的自由发展的条件。"社会和谐是中国特色社会主义的本质属性,构建社会主义和谐社会,是全面贯彻落实科学发展观,从中国特色社会主义事业总体布局和全面建设小康社会全局出发提出的重大战略任务。

"社工"被誉为和谐社会的重要基石。美国南加州大学社工学院院长玛丽莲·弗林认为,"发达社会离不开社工"。据了解,在西方发达国家,专业社会工作者占总人口的比例一般都能达到2‰以上。到2004年年底,美国有56万多名专业社会工作者,占总人口的2‰,加拿大、日本所占比例更高,分别为2.2‰和5‰。据2006年3月的数据,我国香港地区社会工作从业人数已达26 000多人,占总人口的3.9‰;注册社工达12 000多人,占总人口的1.8‰。与发达国家或地区相比,我国大陆社会工作人才数量缺口巨大,无法满足日益庞大的社会需求。

建设一支结构合理、素质优良的社会工作人才队伍,是构建社会主义和谐社会的迫切需要。有效解决影响社会和谐的各种矛盾和问题,仅靠传统的行政手段、法律手段或者思想政治工作已难以完全胜任,需要有新的思路和新的方法。实践证明,社会工作是预防和解决社会问题、维护社会稳定的重要力量。社会工作者分布在基层一线,贴近群众,能够深刻体察社情民意,及时提供经济资助、法律援助、心理疏导、人文关怀等专业服务,有助于把各种社会问题发现在萌芽阶段,化解在基层空间,有利于舒缓社会矛盾、增进社会团结,增强社会服务的亲和力和实效性。

(二) 社会工作是提升政府社会管理和公共服务水平的客观要求

建设服务型政府,强化社会管理和公共服务职能,健全党委领导、政府负责、社会协同、公众参与的社会管理格局是构建社会主义和谐社会的重要内容。随着中国社会经济的快速发展,我们在经济体制和政治体制领域中的改革正在逐步深入下去,但在社会体制改革方面至今还面临着许多重大的挑战。如何适应全面建设小康社会的要求,更新社会管理理念,创新社会管理方式,促进社会组织发育,拓宽社会服务领域,提升社会管理和公共服务水平,成为各级政府面临的一项重大考验。

社会工作与社会管理密切相关。一方面,社会管理为社会工作提供重要的制度环境,有什么样的社会管理体制,就有什么样的社会工作模式;另一方面,社会工作是加强社会管理的重要制度安排,加强社会工作人才队伍建设是创新社会管理体制的重要切入点。在社会管理和公共服务中,社会工作者有着独特的优势。他们依托政府的支持,通过宣传倡导、组织动员、资源协调等手段,充分调动社会各方面力量参与社会管理,可以降低社会管理成本,提高社会管理效率,形成政府调控机制与社会协调机制互联、政府管理力量与社会调节力量互动的社会管理网络。通过培育发展社区和社会组织,发挥社会工作者系统化、多样化、个性化解决群体问题和个体问题的专业能力,为社会成员提供政府不便和市场不愿或不能提供的公共服务。

(三) 社会工作是实现民政工作专业化、现代化的必然选择

民政事业的进一步发展离不开社会工作的专业支持。我国社会工作的先驱雷洁琼先生曾说:"民政工作是中国特色的社会工作。"社会工作服务领域很广,涉及的部门很多,但没有一个领域和部门像民政工作那样广泛需要社会工作,并把它作为核心的专业支撑。我国新时期民政事业的重要开拓者、原民政部部长崔乃夫曾对自己的民政生涯这样评价:"我担任民政部

长11年(1982—1993,编者注),有一个最大的遗憾,就是在'三化'方面做得不足,这'三化'就是法制化、专业化、现代化。""专业化"不足是指许多民政干部没有成为相关业务领域的专家,崔乃夫表示,民政干部不应是"万金油",不是谁都能做民政干部,从事具体民政工作的人,应该成为相应领域的国内权威的专家。"现代化"是指了解当代国际最新动态,能够看清社会发展的大趋势。并非凡事都要追赶潮流或与国际接轨,但必须明白现代化的大趋势,至少不会逆向而行、逆潮流而动,造成不必要的损失。正是出于实现民政工作专业化、现代化的考虑,20世纪80年代,民政部在充分借鉴了西方国家及港台地区的先进经验后,把专业社会工作引入中国大陆。在崔乃夫看来,发展社会工作,最简单的动机是解决"民政系统的专业人士从何而来"的问题。加强社会工作人才队伍建设,在民政服务领域广泛运用社会工作专业理论、知识和方法,对于提升民政整体服务水平,实现民政工作的专业化、现代化至关重要。

二、社会工作发展面临的挑战

(一)社会认知度和支持度不够

当下中国社会在客观上非常需要社会工作介入。然而,事实却是社会对社会工作高度不知晓、不了解,使得社会工作专业人才流失,社会工作的作用无法得到有效的发挥。如果社会可以给社会工作者提供施展专业的机会与平台,假以时日,一定可以显现出与其他方式应对危机、解决问题截然不同的独特成效来。然而,当下社会大众还未认识到专业社会工作的重要性与其独特功能,导致在社会快速转型过程中,无法发挥专业社会工作的润滑剂、缓冲器与安全阀的作用。

(二)社会工作教育的数量及规模与客观需求差距明显

根据发达国家和地区社会工作人才与普通大众的比例测算,我国需要的社会工作人才要达到300万人才能满足社会需求,这一政策计划将在2020年实现。单从规模而言,当下中国社会工作者的需求缺口巨大。不仅如此,在这当中能够有效发挥社会工作的专业功能、符合当下社会需要的社会工作者又少之又少。然而,专业社会工作人才的培养,必须符合教育规律,一蹴而就是不可能的。如何既保持专业教育的质量,又快速提升专业人才的数量,是一个摆在本土社会工作建设面前的难题。

(三)社会工作本土化与借鉴经验之间尚未有效结合

作为舶来品,专业社会工作起源于西方工业化时期,如何在中国生根发芽、茁壮成长,避免水土不服、生搬硬套,是构建中国本土社会工作绕不开的问题。当下我国的社会工作教育内容基本与世界上发达国家及我国港台地区相同,追溯社会工作专业起源,可以发现其专业性与职业化是逐步发展起来的。最早开始时就是一些爱心人士在社区做慈善工作,之后逐步发展出一套行之有效的助人技巧与方法,专业逐渐成型。无论是发达国家还是我国港台地区,社会工作的发展都是经过一个比较长的历史发展时期,经过长期在各方面的积累才真正成熟起来。因此,今日我们在推行社会工作的时候,要将社会工作实践与我国的实际情况相结合,发挥社会工作的最大效用。

(四)社会工作在地区和专业领域中的发展不平衡

随着国家对社会工作在政策层面的推动越来越大,社会工作行业领域发展呈现出个别地区发展迅猛和绝大多数地区发展迟缓的情况。社会工作整体发展形势好的地区主要分布在中国东部和经济发达地区,如广东、上海与北京等地区。这些地区不仅社会工作专业人才多,且有一定数量的社会工作专业机构,政府也相应成立了推动社会工作发展的机构。与"北上广"地区形成鲜明对比的是,其他地区的社会工作发展形势则不容乐观。这种社会工作地区发展不均衡的情况是未来一个时期必须加以重视和解决的问题。此外,社会工作在某些领域推进速度较快,如社区、医院等,但在诸多领域如司法、教育等却推进缓慢。如何在有需要的领域发展专业社会工作,也是必须应对的一个问题。

(五)民间组织发育不良

在西方社会工作发展的过程中,民间组织是为民众提供服务的主力军,政府只在政策和规划方面起主导性作用,而不能对民间组织有过多的干预。然而,由于我国计划经济下的社会工作"行政化"色彩太过浓厚,政府包揽社会服务的政策惯性还在起作用,因而,我国民间组织发展缓慢,影响了其正常的运行和健康发展,没有为社会工作的发展提供良好的服务平台

第二节 社会工作模式重构

一、转型期中国社会工作的二元模式

(一)专业社会工作的引入

社会工作模式是对社会工作制度特征的概括性描述,是指社会工作制度的结构、运作和文化背景以及它们之间的相互关系。社会工作模式在不同的国家或地区、不同的历史时期有着不同的表现形式。中国社会工作模式是指在中国特定文化背景中,社会工作制度结构、运作方面的具体情形、本质特征等。改革开放以来,西方专业社会工作模式开始引入中国大陆,传

统社会工作模式(本土性社会工作)与专业社会工作模式出现了并存、融合的本土化过程,中国社会工作模式正在发生深刻的转型。

1987年9月,民政部、教育部(原国家教委)、国家计委有关领导和部分高校的专家在北京马甸召开了"社会工作教育发展论证会",讨论恢复我国社会工作专业教育问题,决定适应社会发展的需要,在北京大学、中国人民大学、厦门大学、吉林大学四所高校开设社会工作专业,培养高级专门人才。此次会议在中国社会工作专业教育发展史上具有里程碑意义,史称"马甸会议"。此后,我国大陆的专业社会工作在教育和实务两个领域内分别展开。

在教育方面,经过近30年的发展,迄今设置社会工作专业的高校已逾300所,每年招收及毕业的本、专科生均在万人左右,社会工作硕士(MSW)专业学位授予点单位100多个。社会工作专业教材、著作、期刊和论文大量出版,社会工作专业教育、研究机构和团体相继建立,各类社会工作主题的学术交流活动频繁举行,呈现出快速发展的势头。

在实务方面,20世纪90年代,上海市首先尝试在浦东新区的民政、教育、卫生系统内设置社会工作岗位。2003年11月,上海举办了国内首次社会工作职业资格考试。2003—2004年,上海政法系统在药物滥用、犯罪矫治和青少年等领域建立了一支1 300多人的职业社工队伍,以社区为工作重点,从源头上加强对高危人群的管理服务。在组织体系方面,以社会团体的形式进行运作,从市、区到街道三级架构,分别建立了自强社会服务总社、新航社区服务总站、阳光社区青少年事务中心。如今,上海专业社会工作在多个领域推进,从"大社工"的理念出发,将社会工作的服务领域涵盖到民政、司法、教育、卫生、人口计生、劳动和社会保障、民族宗教以及工、青、妇、企业等多个领域。

2007年10月,深圳以市委、市政府的名义出台《关于加强社会工作人才队伍建设　推进社会工作发展的意见》等"1+7"系列政策文件,提出通过3~5年的努力,初步建立起有中国特色、深圳特点的社会工作制度体系的目标。到2010年上半年,深圳拥有39家民间社工机构、885名社工专业人才,逐步形成了"党委统一领导、政府积极推动、社会组织自主运行、公众广泛参与"的社会工作人才发展模式。在较短的时间内,深圳迅速成为全国专业社会工作发展的典范。

近年来,江苏省苏州市专业社会工作也在积极探索中起步、发展。苏州市社会福利院是苏州最早引入社会工作专业理念及方法、开拓社会工作实务领域的专业服务机构。世纪之交,该院通过考察学习,充分借鉴荷兰、日本、香港地区等地专业服务机构社会工作实践的经验,于2002年在全市率先设置了两个社会工作岗位,录用两名受过专业教育的本科毕业生,开展老年人和孤残儿童领域的社会工作。在全国同行业中,苏州市社会福利院在社会工作人才队伍建设方面起步较早、基础扎实。2007年,该院被民政部确定为全国首批社会工作人才队伍建设试点单位。2009年,该院成为民政部社会工作人才队伍建设试点示范单位。

不过总体而言,专业社会工作教育发展的速度、规模远远超过了实务的发展,职业化明显滞后于专业化,成为我国现阶段社会工作发展的瓶颈问题之一。但作为外来的新生事物,专业社会工作的引入给我国传统社会工作模式带来了一定的冲击。

(二)两类社会工作并存的格局

中国社会工作模式的转型自20世纪80年代专业社会工作引入之时开始,在转型过程中,本土性社会工作依然存在,专业社会工作逐步推广,从而形成本土性社会工作与专业社会工作并存的局面。这种社会工作并存的二元模式具体表现为两种社会工作人员队伍并存、两种社会工作实施途径并存、两种社会工作职业制度并存,等等。

首先,实际社会工作人员由于行政惯性使然,仍然挂靠在民政等政府部门或人民团体及社会福利性事业单位体制下;而专业社会工作者一方面被吸收到前一种社会工作体制中,另一方面则转入各类民间服务组织中,从事着具体的一线社会工作。其次,实际社会工作人员仍然运用传统的行政性社会工作方式对社会成员开展社会服务,而专业社会工作者则依靠民间服务组织网络,深入基层,直接面对服务人群,运用科学合理的程序和方法开展社会工作。再者,实际社会工作人员在编制、薪酬、晋升等方面通常向公务员和事业单位人员看齐,职业制度相对完善,而专业社会工作起步较晚,职业制度基础目前还比较薄弱。

2009年,民革中央在《关于进一步推动我国社会工作发展的建议》中指出,目前我国社会工作发展存在"以行政职能代替社会工作职能设置"的问题,很多政府部门和社会团体,如民政、劳动保障、教育、卫生、司法、公安、城管以及工、青、妇、残联等,其有关工作实际上就属于社会工作管理和服务的范畴,但大多没有设置社会工作专业岗位。这些部门和社会团体运用行政资源在各自负责的领域中开展了很多公共服务,由于专业化程度不高,又缺乏沟通协调,造成了社会资源的极大浪费,同时也没有能够提升服务质量。就我国社会工作现状而言,原先的社会工作模式仍占主导地位,但其非专业性特征决定了它难以适应社会发展的新要求;专业社会工作的新模式尚处于孕育、成长阶段,但从长远趋势来看将在社会发展中扮演越来越重要的角色。转型期的中国社会工作模式具有明显的过渡色彩,人们期待转型的结果是,发现中外模式的差异,发掘中国社会工作模式的本土特色,重构中国社会工作模式。

二、中国社会工作模式重构

（一）社会工作专业化

20世纪80年代，我国走上了现代化发展道路，现代化的重要特征之一是专业化的社会分工。当社会服务不是慈善式的活动，也不是管理和政治的附属物时，由专门的服务人员采用专业化的工作方法，对有需要的社会成员提供有效的服务就成为必然的趋势。社会工作成为一个专业是一个过程，这一过程被称为社会工作专业化。专业化是指某一职业越来越由受过专门的高等教育的人充任，并按照专业要求为社会服务的过程。社会工作专业化是社会分工的要求，是社会服务规范化的要求，也是社会现代化的要求。

从专业社会学角度看，专业化是一个包含着众多方面的社会过程，某社会活动专业化的过程包括如下一些方面：在专业能力方面，从事该活动人群的工作的专业化程度逐渐提高，最初人们在这些活动中只是表现为某种专长，后来它们依次变为准职业和职业，最终变成一种专业；在组织方面，该活动人群的组织程度逐渐提高，从一开始寄生于其他专业组织，到形成自己的松散组织，再演变成准专业组织、专业组织，建立起自己独特的组织规范；在活动的知识基础方面，一开始该活动人群接受的是非正式教育，后来是课程培训，再变成高等教育以至大学学位课程；在效果方面，起初该社会活动的经济与社会效果微弱，后来逐渐增大，越来越重要，进而获得政府支持和市场保护。而从该群体自身，也从一开始对其他组织存在较大的依赖性，后来逐渐独立并形成自己的专业威信。

针对本土性社会工作与专业社会工作并存的现实情况，怎样促进中国社会工作的专业化，代表性的观点及做法如下：

1. 在职培训论

通过对现在从事实际社会工作的人员进行专业社会工作知识的培训而促使他们走向专业化。

2. 专业替代论

把中国社会工作专业化的希望寄托在专业社会工作者对原有社会工作模式的替代上，专业化主要靠专业社会工作队伍的成长，靠专业人士对非专业人士的逐渐替代来完成。

3. 专业转化论

在社会转型中，根据需要设计一些社会工作岗位，承担某些原有的和新出现的社会服务工作，专业转化是以新岗位的设计为基础的，对那些欲从事该项工作的人员进行专业准入衡量,在进入该专业岗位后进一步对他们进行社会工作专业培训,从而在某些社会工作系统内实现社会工作专业化。

(二)社会工作本土化

2010年4月,由广东省佛山市顺德区委社会工作部主办的首次顺港社会工作师分享沙龙成功举行,香港社会工作人员协会会长黎永开、香港山旅学会主席石天嵩等与顺德区多名社会工作专业人员齐聚一堂,共话社会工作。顺德区社会工作目前正不断向规范化、专业化方向发展,前景十分乐观,但当下顺德区社会工作者队伍的发展仍处于起步阶段。香港资深社会工作者黎永开和石天嵩都表示,社会工作者应满怀信心发展社会工作,除了继续壮大社会工作者队伍和培育发展相关社会组织、社会团体外,还要注意在借鉴先进国家和地区经验的同时,推动社会工作本土化,那样社会工作才能符合当地群众的真正需要。

本土化是指外来事物进入本土社会文化区域,与原有的社会制度相配合,共同支持人们生活的过程。本土化对外来事物来说是文化适应的过程,对"本土"来说则是文化融合的过程。社会工作在中国的本土化是指产生于外部的社会工作模式进入中国经济、政治、社会文化的制度体系,同其相互影响进而发挥功能的过程。从20世纪80年代中期开始,我国对西方专业社会工作进行了介绍和引进。从90年代中期开始,我国社会工作学术界对西方社会工作进行了反思,越来越多地思考外来社会工作理论和实践的本土化问题。这种讨论在进入21世纪后更加活跃,我国社会工作从引进阶段走向了本土化阶段。在当代全球化背景下,社会工作本土化问题显得尤为重要。对当今中国来说,社会工作的发展实际上是在广义的文化情境和具体的文化场域中得以发育与发挥效应的,既受到国际社会工作的影响,又植根于中国社会文化的土壤。如何在全球化共识中培育出本土化的社会工作模式是中国社会工作面临的一项长期任务,"全球化思考,本土化行动"是中国社会工作发展的基本准则。

社会工作本土化与本土性社会工作是两个有着紧密联系的概念。前者是指外来的社会工作进入某一社会文化区域发生的适应性变化,后者则是该社会文化区域内原本存在的社会工作。外来的社会工作与本土性社会工作的亲和程度决定着二者之间的共生、融合,决定着社会工作本土化的进程。没有偏离专业方向的社会工作本土化,也没有脱离本土环境的社会工作专业化。要对本土性社会工作和专业社会工作进行准确定位,在此基础上寻找二者的结合点,依靠和利用现有制度体系推进制度创新,构建中国社会工作模式的本土特色。

（三）国家建构背景下社会工作的发展取向

我国社会工作模式的发展不是专业社会工作对本土性社会工作的替代，而是一个两种社会工作共同运作、有效发挥功能的进化过程，最终形成新的、符合社会发展要求的社会工作模式。目前，两类社会工作的进一步发展都遇到各自的障碍。一方面，实际社会工作从业人员存在专业化问题。目前，实际社会工作人员的专业素养和技术水平偏低，不能满足社会成员的服务需求，这就要求实际社会工作人员必须走上专业化道路。另一方面，新生专业社会工作者存在职业化问题。经过社会工作专业教育和训练，具备社会工作专业知识和素养的专业人才，至今并未很好地融入国家职业制度体系。在这种情况下，中国社会工作模式的发展趋势是，借鉴社会工作发展的国际通则，紧密结合中国实际，推动社会工作的专业化和本土化进程，最终确立完善的社会工作职业制度，实现党的十六届六中全会提出的"建设宏大的社会工作人才队伍"的目标。

中国的社会工作发展走的是一条政府主导的、自上而下的道路。党和政府的政策对社会工作的发展取向具有决定性的影响。《中共中央关于构建社会主义和谐社会若干重大问题的决定》指出：充实公共服务和社会管理部门，配备社会工作专门人员，完善社会工作岗位设置，通过多种渠道吸纳社会工作人才，提高专业化社会服务水平。从政府建构的角度来讲，我国的社会工作人才队伍中相当数量的人要进入公共服务和社会管理部门，承担与公共服务和社会管理直接相关的工作。我国将要大力发展的是以专业为基础、以公共服务和社会管理为取向的社会工作，这是我国社会工作发展的新取向。

以专业为基础、以公共服务和社会管理为取向的社会工作既不同于以往由政府部门、群团组织和工作单位实施的行政性、非专业性的社会工作，也不同于西方国家的专业社会工作。这种新取向的社会工作具有如下基本特点：

第一，政府主导。社会工作人才队伍建设的定位、设计、要求、规定反映了执政党和政府对社会工作制度建设的主导作用。

第二，注重提供社会服务。既关注困难群体的问题，也关注广大群众的民生问题。

第三，具有社会管理功能。社会工作发展是社会管理体制改革的重要组成部分，体现了执政党和政府努力维持社会稳定的追求。需要注意的是，社会工作可以帮助实现社会管理目标，但过多地赋予社会工作以社会管理职能可能会使社会工作偏离其合法性目标，也会影响社会管理功能的实现。

第四，以专业为基础。我国要发展的社会工作不同于以往的行政性、非专业性的社会工作,而是专业社会工作,或者说新的社会工作以专业为基础。"助人自助"是国际社会工作专业领域的共识,如何在宏大的社会工作人才队伍建设中牢固确立社会工作的专业价值观,在社会上弘扬社会工作理念,是建立社会工作制度所面临的深层次挑战。

社会工作模式的建立,既需要良好的设计,也需要认真的实践。通过不断学习、实践、探索和反思,逐渐建立符合我国国情的社会工作模式。中国的社会工作模式是全球化背景下积极回应和参与全球化的社会发展模式,是一种从计划经济向市场经济转型的模式,是一种以人的全面发展为依归的模式,是一种关注社会功能、挖掘社会潜力、发挥社会作用的模式,是一种从实际出发,倡导不同形态社会工作共处、合作的模式。以改革传统的本土社会工作为基础,将社会工作的一般性知识嵌入中国特定文化背景中,构建一个既超越传统又有别于西方的全新的中国社会工作模式。

第三节 社会工作发展的推进策略

一、观念基础:创造良好的社会工作认知、认同环境

社会工作发展是一项系统工程,转变观念,建立起对社会工作正确的认知、认同,是推进社会工作的前提。目前,社会工作发展过程中还存在专业认知不清、社会认同程度不高等问题,具体地说表现在以下几点:一是混淆专业属性,容易把专业社会工作者等同于政府行政部门和事业单位实际工作人员;二是混淆工作角色,容易把专业社会工作者等同于社区工作人员;三是混淆职业特征,容易把专业社会工作者等同于义工或志愿者。虽然专业社会工作者的活动与上述人员的工作有一定的相似、相通之处,但他们在专业属性、工作角色和职业特征上有着本质区别,不能混为一谈,否则将有可能误导社会工作的发展。为社会工作发展创造良好的认知、认同环境,需针对不同的对象,采取多方面措施。

(一)针对党政机关领导干部开展社会工作培训,提高其发展社会工作的认识

在我国,社会工作发展在很大程度上靠政府的主导力量去推动,各级党政机关领导干部对社会工作的了解程度、重视程度,以及在他们的观念中,社会工作的地位和意义是什么,将直接决定某一地区社会工作发展的广度和深度。为此,国家在《2006—2010年全国干部教育规划》中专门提出了大力开展社会工作人员专业培训的要求。2007年以来,国家多次举办各种形式的培训班,对党政机关领导干部进行社会工作培训。2007年6月12—17

日,由中组部、民政部联合主办的"加强社会工作人才队伍建设"专题研究班首期地、市级领导干部班在上海举行,学习贯彻党的十六届六中全会精神,深刻理解我国社会工作及其人才队伍建设的基本内涵,充分认识社会工作人才队伍建设在构建社会主义和谐社会和加强党的执政能力建设中的作用,认真分析当前面临的形势和存在的问题,共同研究加强我国社会工作人才队伍建设的基本思路。

(二)针对社会公众普及社会工作知识,提高其发展社会工作的参与程度、支持力度

在社会工作发展比较成熟的国家或地区,社会公众对专业社会工作往往有着较为深刻的理解,从而积极地参与、支持社会工作的发展。而我国目前社会工作刚刚起步,公众对社会工作还比较陌生,专业社会工作的社会知晓度、认同度普遍较低,不利于社会工作的广泛、深入开展。要营造良好的舆论氛围,让人们不断认识、理解、尊重、接纳社会工作者,提高公众对社会工作的认同度。应当充分发挥各类信息渠道的作用,宣传社会工作的理念、职责、功能等,扩大专业的社会影响力。

(三)针对社会工作者进行专业价值观教育,增强其从事社会工作的信心、动力和自觉性

专业价值观是社会工作健康发展的"心灵砝码",它不仅规范了社会工作的目标和意义,也规范了社会工作者的行为和态度。专业价值观教育主要是倡导对专业的忠诚、高度的责任心与使命感,对专业伦理规范的严格遵守,对专业永无止境的探求,强调社会工作者对专业规定性的坚守,要求其恪守专业的价值观念、运用专业的知识体系、发挥专业的工作技能,将助人的观念置于首位,实施平等的、个别化的助人服务,注重服务对象改善问题的自主性与能动性,伸张社会的公平与正义。社会工作专业价值观一方面决定了社会工作者对受助者负有解难、帮困和发展的责任,另一方面确立了社会工作者对社会负有增进和谐和促进发展的使命。社会工作专业发展根基是否扎实,这一新兴专业能否保持旺盛的生命力,需要有专业价值观作为内在支撑。

二、制度保障:建立科学的社会工作领导体制和运行机制

社会工作的发展需要相应的制度建设作为保障,包括领导体制、运行机制、职业体系及法律、法规建设。

(一)创新社会工作领导体制

领导体制是指党和政府对国家事务、经济文化事业和社会事务实行政治领导的形式、手段和方法的总称。科学、有力的领导体制是社会工作发展

的基本制度保障。社会工作领域宽阔,广泛分布于党政机关、人民团体、事业单位、城乡社区、公益类民间组织和企业等,具有跨部门、跨行业的特点。应按照"优化结构、提高效能"的原则,创新社会工作领导体制。在党委层面,坚持"党管人才"的原则,建立党委统一领导、组织部门牵头抓总、有关职能部门具体负责、其他部门和团体密切配合的工作格局,切实加强对社会工作人才队伍的管理。在政府层面,加大机构整合力度,探索实行社会建设与社会管理职能有机统一的大部门体制。在社会层面,完善社会工作行业管理体制,建立健全社会工作行业自律管理组织,不断提高社会工作的行业管理水平。

(二) 健全社会工作运行机制

从根本上说,健全社会工作运行机制,关键在于建立政府和社会之间良性互动的合作关系,加快社会工作的社会化过程。这方面我国香港的经验值得借鉴,在发展专业社会工作的过程中,香港形成了以政府为主导、以非政府的社会工作机构为主体、由社会志愿者广泛参与的社会工作运行机制。但我国大陆地区受阶段性社会发展水平的制约,在社会工作领域政府与社会之间的互动关系还不尽完善,呈现出多样化的特征。目前,已经初步形成了以上海浦东为代表的政府与社会组织相结合的社会工作发展模式,以深圳为代表的社会组织运作为主的社会工作发展模式,以江西万载为代表的政府运作为主的社会工作发展模式。这些模式都是与一定地区的经济水平、政治环境、文化氛围相适应的,制度体系相对健全,专业化水平相对较高,社会效果较好,为其他地区发展社会工作,推进社会工作人才队伍建设树立了良好的榜样,提供了鲜活的经验。

从长远趋势看,我国社会工作运行应走多元化治理的道路,形成政府和社会互补的格局。一方面,政府负责解决政策性和区域性问题,通过行政力量帮助人们解决困难;另一方面,政府通过购买服务等方式支持民间组织,鼓励它们作为社会工作代理系统更好地为社会成员提供服务,最终形成一个分工合作、责任共担的社会工作服务体系。要积极转变政府职能,大力发展民间组织,构建"小政府,大社会"的格局,搭建社会工作人才发挥作用的广阔舞台。

政府购买民间组织的专业服务项目是一种常见的社会工作运行机制。近年来,我国一些地区在探索"政府购买服务"方面进行一些有益的尝试,为推进社会工作服务社会化奠定了基础。但是,由于传统行政管理模式的转轨、公共财政体制的转制以及"买物不买智"观念的转变需要相当长的时间,要真正建立起"政府购买服务"的社会工作运行机制,还需要一段时间。参考世界各地及我国香港、澳门和上海、深圳、广州、珠海等城市近年来积极扶持建立社工组织和实行专业化社会服务的经验,建立起"政府、专业性社工机构和服务对象三者互动,以政府购买社工服务为主,以各类企业、个人捐赠和慈善基金会赞助为辅"的模式,应该是当前我国各地建立和完善社会工作服务体系的不二选择。就现实情况而言,在"政府购买服务"实施过程中,有以下几点需要改进:

1. 从临时性向科目化转变

目前,政府购买服务临时性、应急性的色彩较浓,规范化程度不高,可尝试在公共财政预算中新增"购买社会工作服务"的"科目",建立政府购买服务常态机制。

2. 从部门性向社会化转变

目前,一些社会工作服务组织的财政支持大多来自它们的上级业务主管部门,资金基本是在原有行政管理体制内部循环,应通过社会化运作方式,让更多的民间社会工作服务组织公平竞争,使财政资源合理分配。

3. 从人头性向项目化转变

目前,政府购买社会服务仍然多沿用行政预算的思路,以"人头费"的方式"拨付"资金,缺乏激励效应,应转而采取项目化的方式,把社会工作者的人力资源成本作为政府购买服务的主要成本,综合考虑服务项目的难易程度、服务时间的前后跨度等因素,形成能者多得、勤者多得的激励机制。

4. 从财政性向基金化转变

社会工作发展靠政府财政收入来"包打天下"并不现实,应增强企业、社会组织和公民的社会责任感,通过建立各种公益性的基金会,集聚社会富余(闲散)资金。

(三)完善社会工作职业体系

2006年7月20日,国家人事部、民政部颁布了《社会工作者职业水平评价暂行规定》和《助理社会工作师、社会工作师职业水平考试实施办法》,明确规定国家将社会工作者职业水平评价制度纳入全国专业技术人员职业资格证书制度统一规划,对于取得《社会工作者职业水平证书》的专业技术人员,用人单位可根据工作需要和岗位要求聘任相应级别的专业技术职务。这表明社会工作者已经成为我国专业技术人员体系的重要组成部分。目前,我国社会工作人才队伍建设正面临前所未有的有利形势和难得的发展机遇。2008年,人力资源社会保障部、民政部联合发布了《关于民政事业单位岗位设置管理的指导意见》,从国家层面上确定了民政事业单位的专业属性,明确了社会工作者的职级待遇。2009年以来,民政部先后印发了《社会工作者继续教育办法》《社会工作者职业水平证书登记办法》以及促进民办社会工作服务机构发展等文件,推动解决了社会工作者登记管理、继续教育、机构发展等问题。2010年4月,中共中央、国务院印发的《国家中长期人才发展规划纲要(2010—2020年)》,将社会工作人才列为与党政人才、企业经营管理人才、专业技术人才、高技能人才、农村实用人才并列的第六类人才,进一步明确了社会工作人才在国家人才发展格局中的重要地位,提出了到2015年社会工作人才总量达到200万人,到2020年社会工作人才总量达到300万人的发展目标。

社会工作职业体系的基本组成部分是社会工作者评价制度、使用制度和激励制度。评价制度主要是对职业社会工作者专业能力进行评价,从国际经验看,分为执照制度、注册制度、职业资格制度、职称管理制度等。评价制度是社会工作职业体系的关键和核心,是联系理论教育和实务工作的中间环节,通过评价制度,既可以引导理论研究和专业教育与我国实际需要相结合,也可以引导实际社会工作者通过参加能力评价提升专业服务水平。应通过比较研究国际上各种社会工作者评价方法,选择符合我国实际的社会工作者评价制度。使用制度是指专业社会工作者在什么领域、什么机构和什么岗位发挥作用的制度。社会工作者的使用问题是我国社会工作职业体系建设的重点和难点,也是建立社会工作职业体系的目的所在。《社会工作者职业水平评价暂行规定》和《助理社会工作师、社会工作师职业水平考试实施办法》的颁布,《关于民政事业单位岗位设置管理的指导意见》的制定,表明我国社会工作者评价制度和使用制度初步建立,关键在于制度的落实,真正让符合社会工作职业资格的人在社会工作岗位上发挥作用。

与评价制度、使用制度相配套的是社会工作激励制度,激励社会工作人才可采取多种方法:

首先,为社会工作者提供公平的薪酬和福利。无可否认,社会工作是社会工作者的一份职业,社会工作者一般需要依靠这份职业谋生,应为社会工作者提供与其能力和贡献相符的薪酬与福利,让其体面劳动。就现状而言,我国社会工作者薪酬福利待遇普遍偏低,已成为制约我国社会工作发展的重要因素。鉴于社会工作奉献、利他的职业特点,国家在统筹制定薪酬福利制度时,应注意向社会工作职业倾斜。其次,注重内部激励。激励的来源不仅来自薪酬等外部因素,更重要的是来自工作本身等内部因素,注重工作设计和岗位安排,让社会工作者在工作中体会到愉悦感、成就感、责任感,体会到专业价值观的感染力,更好地满足其自我实现的心理需求。

(四)加快社会工作立法进程

法制化是社会工作发展的必然趋势。在一些社会工作比较发达的国家及地区,均建立了完备的社会工作法律制度体系。一些国家和地区纷纷通过制定《社会工作者条例》、颁布《社会工作师法》等一系列政策、法规和法律,实现对社会工作者的职业保护和监管。其中,我国香港地区在1997年通过《香港社会工作者注册条例(第505章)》后,"社会工作"随即成为一个具备法律定义的名称。而台湾地区在1997年也通过了《社会工作师法》。这些法案的立法宗旨都是一方面希望确保社会工作的专业服务体系能受到相关法规的保障,另一方面也通过对社会工作者的权利和义务的各项规定,来维护服务对象的权益。从长远看,我国专业社会工作要得到长足发展,必须加快社会工作的立法进程,通过法律确立社会工作者的专业地位,维护服务对象的合法权益。目前,我国专门的社会工作法律、行政法规、部门规章、政策性文件都十分缺乏,社会工作职业的法律地位尚未确立。应重视社会工作的立法研究及实践,充分借鉴发达国家和地区社会工作立法和我国其他行业立法的经验,紧紧围绕社会工作发展及其人才队伍建设,加强社会工作政策法规体系建设。

三、技术条件:培育社工机构,培养社工人才

社会工作实施的主体是各类专业社会工作服务机构及专业社会工作者,他们具体承担了提供直接或间接社会工作服务的功能,是社会工作发展的技术条件。

(一)培育社工机构

机构服务的多元化和专业化是未来社会工作发展的一大趋势。结合我国实际,可从两个方面着手培育发展一批专业社会工作服务机构:一是全面推动传统机构的社会工作专业化改革,二是大力扶持民间社会工作服务机构的发展。用业内人士的话说,就是"盘活存量,激活增量"。

1. 传统机构的社会工作专业化改革

目前,我国已经拥有了相当数量的社会服务机构,形成了全覆盖、多层次的社会服务网络。全面推动传统机构的社会工作专业化改革,重点在于引入社会工作的专业观念及方法,设置专业岗位,聘用专业人才,开展专业服务。通过这些专业化改革措施,更新机构的服务观念、服务方法,促成原有的社会服务行业发生"质"的飞跃。

2. 培育发展社会工作民间组织

借鉴国外和我国港、澳、台地区社会工作的发展经验可知,民间服务组织是吸纳专业社会工作者的主要载体,也是提供专业服务的主要社会力量。民办社会工作服务机构是以社会工作者为主体,坚持"助人自助"宗旨,遵循社会工作专业伦理规范,综合运用社会工作专业知识、方法和技能,开展困难救助、矛盾调处、权益维护、心理疏导、行为矫治、关系调适等服务工作的民间组织。近年来,我国各地积极探索实践,涌现出一批具有一定规模、管

理规范、作用明显的民办社会工作服务机构,但从总体上看,目前我国民办社会工作服务机构的发展还面临总量不足、成长缓慢、服务水平不高、发展不平衡等问题,与日益增长的社会服务需求相比还存在较大差距。

为充分发挥民办社会工作服务机构的重要载体和阵地作用,推进社会工作及其人才队伍建设深入开展,2009年10月12日,民政部专门发出《关于促进民办社会工作机构发展的通知》(民发〔2009〕145号),提出了培育发展社会工作民间组织的几项措施:

(1)进一步加强民办社会工作服务机构登记管理工作,包括做好民办社会工作服务机构登记工作,加强对民办社会工作服务机构的监督管理,推进民办社会工作服务机构行业自律。

(2)进一步完善支持民办社会工作服务机构发展的政策措施,包括推进政府购买民办社工机构服务、完善促进民办社工机构发展的激励和保障措施,加大对民办社工机构人才队伍建设的支持力度。促进民办社会工作服务机构的发展,既是一个重大现实课题,也是一项长期任务,涉及不同部门和多个方面,必须结合实际,因地制宜,加强领导,周密部署,稳步推进。

(二)培养社工人才

党的十六届六中全会关于"建设宏大的社会工作人才队伍"的决定指出,建立健全以培养、评价、使用、激励为主要内容的政策措施和制度保障。其中,人才培养(社会工作教育培训制度)是基础,应不断完善我国的社会工作教育体系,加快社会工作的专业化过程。社会工作教育培训制度分为两个层面:一是对大专院校社会工作专业学生的教育制度;二是对目前实际社会工作从业人员的专业培训。即一方面制定人才培养规划,加快高等院校社会工作人才培养体系建设,抓紧培养大批社会工作急需的各类专门人才;另一方面,确定职业规范和从业标准,加强专业培训,提高社会工作人员的职业素质和专业水平。

1. 发展社会工作学历教育

目前,我国已有300多所高等院校设置了社会工作专业,每年培养的毕业生达万人左右。经过20多年的发展,我国大陆的社会工作专业教育日渐成熟,在教学、科研、实务等方面均取得了显著成果。但由于先天性基础不足(新中国成立后社会学、社会工作专业教育中断多年),加之后天性条件缺乏(社会工作职业化进程滞后,多年来社会工作专业学难以致用的现象一直存在,专业化与职业化之间严重脱节),社会工作专业教育发展层次总体上仍然偏低,有人称之"刚刚步入科学阶段",具体表现在社会工作教育实务和理论之间存在一定断层,社会工作教育师资队伍总体水平不高,人才培养层次较低,教学规范化程度较低等。

当前，发展社会工作的措施如下：

首先，加强社会工作理论体系的本土化建设。如何吸收西方社会工作理论与社会工作理论的"本土化"的问题一直是学者们讨论的议题。我们在积极探索社会工作、总结的经验过程中，不仅要注重本土社会工作的实务积累，而且应该认真研究马克思主义指导下的中国社会工作理论框架。

其次，强化师资队伍建设。专业人才的培养有赖于高质量的师资队伍实施专业化的知识和技能培训，针对目前专业师资力量薄弱的情况，各类高校应积极引进高素质的专业师资，并采取多种方式，包括通过与西方和港澳台社会工作教育机构的交流与合作，对现有师资进行继续教育。

再次，强化实践教学。社会工作作为一门实践性很强的专业，除了要求学生掌握专业理论、概念等知识外，更重要的是培养学生运用专业知识直接为社会提供服务的技能。一门专业只有在它的服务功能获得社会承认以后，才能真正具有专业权威。这种技能的培养，依赖于经验的传递以及在直接服务案主的过程中获得工作的艺术，技能培养的过程就是专业实习。因此，应注重社会工作实践教学，培养学生的实务能力。

最后，提高社会工作教育国际化水平。在全球化时代，为适应社会工作发展的要求，20世纪80年代以来的西方社会工作教育发生了很大的变化，国际社会工作教育获得了前所未有的重视，已经发展出了新的教学内容、模型和实践，国际化的社会工作教育已经成为重要的趋势。我国社会工作教育应该结合全球化时代的要求，不断更新教学内容、教育模式和教育实践。

2. 实施社会工作继续教育

《社会工作者职业水平评价暂行规定》实施以来，民政等系统许多工作人员通过了全国社会工作者职业水平考试，获得了"助理社会工作师""社会工作师"的称号。但这种通过突击复习、考试而成为社会工作者的人，显然并未系统掌握社会工作的知识体系，况且社会在变化，社会工作的知识更新较快。因此，有必要对社会工作者实施继续教育，使社会工作者保持良好的职业道德，不断更新、补充知识，提高专业水平和能力，提高服务质量。社会工作者继续教育内容安排根据岗位需要而定，以提高社会工作者的理论水平和分析、解决实际问题的能力为主，注重针对性、实用性和科学性，主要包括专业价值观和伦理，相关法律、法规、规章及政策，社会工作实务，相关理论知识等。

3. 加强志愿者队伍建设

社会工作发展除了依靠专业社会工作者外，还要依赖志愿者的参与、支持。大力加强志愿者队伍建设，广泛开展志愿服务，对动员公众参与社会建设、弥补政府和市场服务的不足、彰显社会关怀、促进社会群体和谐共处具有重要意义。2010年6月,民政部发出《关于进一步推进志愿者注册工作的通知》,要求根据志愿服务工作的需要,以多种形式和手段,吸引更多的社会热心人士注册成为志愿者,稳步壮大志愿人员力量。要加强注册志愿者培训,对已注册的志愿者,要进行志愿服务理念和内涵、基本要求和知识技能,志愿者权利义务,风险和安全知识等基础培训;从事特殊领域志愿服务项目的,要进行相关志愿服务所需的特定专业知识和技能培训。要把注册志愿者的初次培训、阶段性培训和临时性培训结合起来,不断改进服务态度,增强服务技能,提高服务质量,提升服务水平。志愿者队伍建设是国家赋予民政部门的一项重要职责。各地民政部门要提高认识、明确责任、统筹规划志愿者队伍建设工作。

主要参考文献

[1] S. Bowers. The Nature and Definition of Social Casework[J]. Journal of Social Casework,1949(10):311-317.

[2] Helen Harris Perlman. Social Casework:A Problem-solving process [M]. The University of Chicago Press,1957.

[3] R. E. Smalley. Theory for Socail Work Practice[M]. Newyork:Columbia University Press,1967:29.

[4] Rosemary. C. Sarri. Administration in Social Welfare[J]. Encyclopedia of Social Work,1977(1):47-48.

[5] [美]R. M. 克朗著. 系统分析和政策科学[M]. 陈东威译. 北京:商务印书馆,1985.

[6] 施教裕. 志愿机构团体在劝募活动上的因应和推展[J]. 社会福利月刊(台北),1985(125).

[7] [美]理查德·克伦塔尔著. 老年学[M]. 兰州:甘肃人民出版社,1986.

[8] [英]邓肯·米切尔主编. 社会学新辞典[M]. 上海:译文出版社,1987.

[9] 白秀雄. 社会福利行政[M]. 台北:三民书局,1989.

[10] 雷洁琼. 燕京大学社会工作服务三十年[J]. 社会学与社会调查,1989(1).

[11] 吴桢. 试论社会工作的职业化专业化[J]. 江海学刊,1989(3).

[12] 梁伟康编著. 社会服务机构行政管理与实践[M]. 香港:集贤社,1990.

[13] 王刚义. 社会工作学[M]. 长春:吉林大学出版社,1990.

[14] 宋林飞主编. 社会工作概论[M]. 南京:南京大学出版社,1991.

[15] 廖荣利主编. 社会个案工作[M]. 台北:幼狮文化事业公司,1992.

[16] Mary E. Richard. What is social work?[M]. New York:Russell Sage Foundation,1992:98-99.

[17] 梁伟康,黄玉明编著.社会服务机构管理新知[M].香港:集贤社,1994.

[18] 兰秉洁,刁田丁编著.政策学[M].北京:中国统计出版社,1994.

[19] 李增禄.社会工作概论(增订二版)[M].台北:巨流图书公司,1995.

[20] 黄维宪,曾华源,王慧君主编.社会个案工作[M].台北:五南图书出版公司,1996.

[21] Philip. Kotler & Alan R. Andreasen. Strategic Marketing for Nonprofit Organizations. (5th ed.)[A]. Adapted by permission of Prentice-Hall, Inc.[C]. Upper Saddle River: NJ. 1996. pp.632.

[22] 李增禄主编.社会工作概论[M].台北:巨流图书公司,1998.

[23] 林崇德.发展心理学[M].台北:东华书局,1998.

[24] 黎熙元,何肇发主编.现代社区概论[M].广州:中山大学出版社,1998.

[25] [美]罗伯特·L.伯格等著.人类行为与社会环境[M].陈怡洁译.台北:扬智文化事业股份有限公司,1998.

[26] 徐震,林万亿.当代社会工作[M].台北:五南图书出版公司,1999.

[27] 王思斌主编.社会工作概论[M].北京:高等教育出版社,1999.

[28] [德]滕尼斯.共同体与社会[M].北京:商务印书馆,1999.

[29] [美]彼德·德鲁克.大变革时代的管理[M].赵干城译.上海:上海译文出版社,1999.

[30] 叶海平,李冬妮编著.社会政策[M].上海:华东理工大学出版社,2000.

[31] 张雄编著.社会个案工作[M].上海:华东理工大学出版社,2000.

[32] 刘斌,王春福等编著.政策科学研究[M].北京:人民出版社,2000.

[33] 林玉莲,胡正凡主编.环境心理学[M].北京:中国建筑工业出版社,2000.

[34] 郑杭生,李迎生主编.中国社会学史新编[M].北京:高等教育出版社,2000.

[35] 何志安,林彩珠编著.追求卓越:前线社会福利服务管理技巧[M].香港:香港城市大学社会科学部,2000.

[36] [美]吉拉德·伊根.高明的心理助人者[M].郑维廉译.上海：上海教育出版社,2000.

[37] 秦晖.共同体·社会·大共同体——评滕尼斯《共同体与社会》[J].书屋,2000(2).

[38] 杨团.社会政策的理论与思索[J].社会学研究,2000(4).

[39] 徐永祥.社区发展论[M].上海：华东理工大学出版社,2001.

[40] 王青山主编.城市社区建设读本[M].北京：中共中央党校出版社,2001.

[41] 翟进,张曙编著.个案社会工作[M].北京：社会科学文献出版社,2001.

[42] [美]拉雷·N.格斯顿.公共政策的制定：程序和原理[M].朱子文译.重庆：重庆出版社,2001.

[43] 郑怡世.个人捐款行为分析[J].社会工作学刊(台北),2001(7).

[44] 陈钟林编著.团体社会工作[M].北京：中国时代经济出版社,2002.

[45] 宋林飞主编.社会工作概论[M].南京：南京大学出版社,2002.

[46] 张曙编著.社会工作行政[M].北京：社会科学文献出版社,2002.

[47] 周沛.社区社会工作[M].北京：社会科学文献出版社,2002.

[48] 花菊香.社会政策与法规[M].北京：社会科学文献出版社,2002.

[49] 库少雄编著.社会工作实务[M].北京：社会科学文献出版社,2002.

[50] 王永慈,许临高,张宏哲,罗四维主编.社会工作伦理应用与省思[M].台北：台湾辅仁大学出版社,2002.

[51] 杨伟民.社会政策与公民权利[J].江苏社会科学,2002(3).

[52] 王婴.社会工作与社会政策的发展历程与启示[J].江苏社会科学,2002(3).

[53] 周永新.社会工作的哲理基础[J].社会福利,2002(4).

[54] 徐愫主编.人类行为与社会环境[M].北京：社会科学文献出版社,2003.

[55] 黄丽华.团体社会工作[M].上海：华东理工大学出版社,2003.

[56] 刘梦主编.小组工作[M].北京：高等教育出版社,2003.

[57] 丁少华,史柏年,罗观翠编著.小组社会工作[M].北京：社会科

学文献出版社,2003.

[58] [英]安东尼·吉登斯.社会学[M].赵旭东等译.北京：北京大学出版社,2003.

[59] 赵晓阳.中国基督教青年会早期创建概述[J].陕西省行政学院学报,2003(1).

[60] 王思斌主编.社会工作导论[M].北京：高等教育出版社,2004.

[61] 李迎生主编.社会工作概论[M].北京：中国人民大学出版社,2004.

[62] 范志海,阎更法编著.社会工作行政[M].上海：华东理工大学出版社,2004.

[63] 陈振明著.公共政策学——政策分析的理论、方法与技术[M].北京：中国人民大学出版社,2004.

[64] 古学斌,苑曾媛琪主编.本土中国社会工作的研究、实践与反思[M].北京：社会科学文献出版社,2004.

[65] 林孟平.辅导与心理治疗[M].上海：上海教育出版社,2004.

[66] [英]米切尔·黑尧.现代国家的政策过程[M].赵成根译.北京：中国青年出版社,2004.

[67] [美]O.威廉姆·法利.社会工作概论[M].隋玉杰等译.北京：中国人民大学出版社,2004.

[68] 孙铃,陈会昌,单玲.儿童期社交退缩的亚类型及与社会适应的关系[J].心理科学进展,2004(12).

[69] 张洪英.小组工作：理论与实践[M].济南：山东人民出版社,2005.

[70] 萧洪恩主编.社会工作行政[M].武汉：华中科技大学出版社,2005.

[71] 吕新萍,范明林,冯喜量,刘继同编著.小组工作[M].北京：中国人民大学出版社,2005.

[72] [美]乔斯·B.阿什福德.人类行为与社会环境：生物学、心理学与社会学视角(第二版)[M].王宏亮等译.北京：中国人民大学出版社,2005.

[73] [美]法利,史密斯,波义耳.社会工作概论(影印版)[M].上海：华东理工大学出版社,2005.

[74] [美]雷克斯·A.斯基德莫尔.社会工作行政[M].张曙译.北京：中国人民大学出版社,2005.

[75] [美]拉尔夫·多戈夫,弗兰克·M.洛温伯格,唐纳·哈林顿著.

社会工作伦理实务工作指南[M].北京:中国人民大学出版社,2005.

[76] 王思斌主编.社会行政[M].北京:高等教育出版社,2006.

[77] 王广宇.志愿者管理是组织管理[J].中国发展简报,2006(1).

[78] 王思斌.社会政策实施与社会工作的发展[J].江苏社会科学,2006(2).

[79] 苏苏.志愿者管理的误区解读[J].NPO纵横,2006(4).

[80] 关信平主编.社会工作法规与政策[M].北京:中国社会出版社,2007.

[81] 张国庆主编.公共政策分析[M].上海:复旦大学出版社,2007.

[82] 张乐天主编.社会工作概论[M].上海:华东理工大学出版社,2007.

[83] 张洪英.小组工作理论与实践[M].济南:山东人民出版社,2007.

[84] 林卡,苏科.论北欧社区工作发展的动力及其制度环境[J].浙江社会科学,2007(1).

[85] 何雪松.社会工作的四个传统哲理基础[J].南京师范大学学报,2007(2).

[86] 田思路.有偿志愿者的劳动者性[J].法学杂志,2007(5).

[87] 李鹏,张成虎.现代企业组织的冲突分析与管理对策[J].经济纵横,2007(8).

[88] 顾东辉主编.社会工作概论[M].上海:复旦大学出版社,2008.

[89] 黄晨熹.社会政策概念辨析[J].社会学研究,2008(4).

[90] 中国社会工作协会组编.中国社会工作发展报告(1988—2008)[M].北京:社会科学文献出版社,2009.

[91] [美]詹姆斯·E.安德森.公共政策制定[M].谢明等译.北京:中国人民大学出版社,2009.

[92] 李迎生主编.社会工作概论[M].北京:中国人民大学出版社,2010.

[93] [美]罗纳德·W.特斯兰,罗伯特·F.理瓦斯.小组工作导论(第5版)[M].刘梦等译.北京:中国人民大学出版社,2010.

[94] [美]威廉·N.邓恩.公共政策分析导论[M].谢明等译.北京:中国人民大学出版社,2010.

[95] 王思斌,马凤芝主编.社会工作导论[M].北京:北京大学出版社,2011.

[96] 陈钟林,黄晓燕主编.社会工作价值与伦理[M].北京:高等教

育出版社,2011.

［97］ 肖林."社区"研究与"社区研究"——近年来我国城市社区研究述评[J].社会学研究,2011(4).

［98］ 全国社会工作者职业水平考试教材编写组.社会工作综合能力(中级)[M].北京:中国社会出版社,2015.

［99］ 李迎生:中国社会工作模式的转型与发展[M].人民出版社,2016.

后 记

现代社会工作起源于西方发达国家,是工业化、城市化和现代化的产物。经过近百年的发展,社会工作更加专业化,并以"以人为本、助人自助"的理念,综合运用专业知识、技能和方法,为有需要的个人、家庭、社区和全体社会成员提供专业服务,协调社会关系,预防和解决社会问题,维持社会稳定,促进社会发展,成为现代社会治理的重要方法和制度之一。在我国,中共十六届六中全会提出"建设宏大的社会工作人才队伍"、"造就一支结构合理、素质优良的社会工作人才队伍"以来,社会工作得到了快速发展。

社会工作概论课程是高校社会工作专业基础课,为了满足专业教学改革课程建设的需要,我们编写了这本《社会工作概论》教材。本书各章的编者是:张明(第一、二、七章),汪萍(第三、四、六章),杨建勋(第五章),徐斌(第八章),叶继红(第九章),马德峰(第十章),李泽才(第十一章),刘素素(第十二章),朱爱华(第十三章)。王盛、郭扬、李春桃等社会工作专业研究生参与了资料的收集整理和校对工作。主编对全书进行了统稿和修订,副主编协助主编审阅了全书并参与了部分章节的修改。

在本书的编写过程中,我们参考了大量国内外文献资料,吸取了其中的一些研究成果,部分章节进行了较多引用,以供读者学习借鉴。本书的出版得益于苏州大学出版社的大力支持和责任编辑许周鹣老师耐心细致的工作。同时,本书还获得了苏州大学精品教材建设立项资助,在此一并表示衷心的感谢!

由于编者水平有限,书中难免存在错误和不足之处,敬请广大读者批评指正。

编 者
2015 年 12 月于苏州